WESTEND

THOMAS R. KÖHLER

VERNETZT, VERWANZT, VERLOREN

Die unglaublichen Methoden der Wirtschaftsspionage

WESTEND

Alle Fälle und Ereignisse, die in diesem Buch geschildert sind, wurden nach bestem Wissen und Gewissen recherchiert. Dennoch können Unrichtigkeiten durch Verzerrung von Tatsachen auf Quellenebene nicht ausgeschlossen werden ebenso wenig wie eine Vollständigkeit bei der Übersicht über die Bedrohungslage garantiert werden kann. Dies liegt in der Natur der Sache dieses besonders sensiblen Themas und der rasanten technischen Entwicklung. Die Empfehlungen in diesem Buch sollen anleiten, sich weitergehend mit der Problematik des Schutzes von Informationen vertraut zu machen. Sie können jedoch keine persönliche Beratung durch IT-Security-Experten ersetzen, sondern diese höchstens vorbereiten.

Mehr über unsere Autoren und Bücher:
www.westendverlag.de

Die Deutsche Nationalbibliothek verzeichnet diese Publikation in der Deutschen Nationalbibliografie; detaillierte bibliografische Daten sind im Internet über http://dnb.d-nb.de abrufbar.

ISBN 978-3-86489-052-9
© Westend Verlag GmbH, Frankfurt/Main 2014
Satz: Publikations Atelier, Dreieich
Druck und Bindung: CPI – Clausen & Bosse, Leck
Printed in Germany

Inhalt

Vorwort

»Only the paranoid survive.«
(Andy Grove, ehemaliger Chef von Intel)

Es war ein Mittwochvormittag, daran erinnere ich mich genau, auch wenn mir das genaue Datum nicht mehr präsent ist. Anfang der Neunzigerjahre, ich war Student, die Semesterferien hatten gerade begonnen. Anders als andere Kommilitonen fand ich mich nicht am Strand, sondern in einem großen Maschinenbaubetrieb im Süden Deutschlands wieder. Sechs Wochen Arbeit in der Fabrik halfen mir dabei, mein Studium zu finanzieren. Das Unternehmen und die Arbeit dort kannte ich bereits, nur an das frühe Aufstehen – Arbeitsbeginn war stets um 7 Uhr – konnte ich mich nicht gewöhnen. Immerhin war es mir gelungen, für diesen Sommer einen der begehrten Jobs in der Besucherbetreuung zu ergattern. Das bedeutete zwar den Verzicht auf allerlei mögliche Zuschläge – und damit am Ende weniger Geld –, aber eben auch angenehme Arbeitsbedingungen bis hin zu ausgedehnten Mittagessen im eigentlich nur für die Geschäftsleitung und deren Besucher reservierten Kasino, wie die Vorstandskantine genannt wurde.

Alles, was ich dafür tun musste, war, Besucher abzuholen – stets mindestens zu zweit – und nach einem vorgegebenen Regieplan durch verschiedene Stationen von Konstruktion, Fertigung und Logistik zu begleiten und zwischendurch zum Mittagessen und

Kaffeetrinken zu führen. Meist gab es auch für mich das eine oder andere über die Abläufe im Unternehmen zu lernen: An jeder Station in der Fabrik wurde nämlich genau nach Plan in kurzen Vorträgen von den jeweiligen Fachverantwortlichen erläutert, was denn nun das Besondere des gezeigten Vorgangs war. Doch davon ist mir im Wesentlichen nur das lustige Englisch in Erinnerung geblieben – Marke: »Wir können alles außer Englisch!«

An einem Mittwoch geschah es dann. Es sollte mein persönliches Schlüsselerlebnis werden, mich mit dem Thema der wirtschaftlich motivierten Spionage auseinanderzusetzen – ein Thema, das mich mein weiteres Berufsleben lang begleiten würde und nun, beinahe ein Vierteljahrhundert nach dem Vorfall, in dieses Buch mündet.

Zum Mittagessen kamen wir wie immer im Kasino an – doch ein Platz an der festlich gedeckten Tafel blieb unbesetzt. Einer der Gäste fehlte, aber welcher, das war nicht auszumachen. Bei der Gruppe handelte es sich um Asiaten in dunklen Anzügen und weißen Hemden. Zu ähnlich sahen diese für mich und meine Kollegin aus, mit der ich mir diese Aufgabe teilte. So war auch das Abhandenkommen eines Gruppenmitglieds uns bis zu jenem Augenblick nicht aufgefallen. Ein schnelles Nachzählen bestätigte den Verdacht: Die Tafel war korrekt eingedeckt, nur ein Teilnehmer, der am Morgen bei der Ausgabe der Besucherausweise noch anwesend war, blieb verschwunden – ein Fall für den Werksschutz. Erst eine halbe Stunde später wurde er in einer orchestrierten Suchaktion über den gesamten Unternehmenscampus entdeckt: in einem Kopierraum des Hauptgebäudes – weit weg von der mit der Gruppe abgelaufenen Route. Offenbar hatte es ihm besonders ein Ordner mit Konstruktionsplänen aus einem Meisterbüro an einer neu eingerichteten Fertigungslinie angetan. Diesen trug er nämlich bei sich, samt einiger weniger Fotokopien, denn er war gezielt vorgegangen und hatte nur sehr selektiv Material kopiert.

Was danach allerdings geschah, sorgte bei mir für höchstes Erstaunen: Anders als erwartet, gab es kein Donnerwetter. Der abtrünnige Besucher wurde vom Werksschutz zu seiner Gruppe zurückeskortiert, das Mittagessen wurde mit etwas Verspätung gemeinsam eingenommen, und auch das Besuchsprogramm am Nachmittag wurde wie geplant durchgeführt – mit leichten Kürzungen bei den Erklärungen. Der wesentliche Unterschied: Neben meiner Kollegin und mir waren an jenem Nachmittag bis zur Verabschiedung der Besucher noch vier Werksschützer immer in der Nähe der Gruppe, ganz unauffällig – so unauffällig, wie man in schwarzer Uniform und mit Funkgerät am Hosenbund eben sein kann.

Im Grunde aber passierte nichts: Weder rief jemand die Polizei, noch wurde der Vorgang selbst justiziabel gemacht. Im Gegenteil: Man gab sich alle Mühe, nur nichts nach außen dringen zu lassen und gegenüber den Besuchern »das Gesicht zu wahren«. Erst Jahre später begriff ich, warum in eben jenem so offensichtlichen Fall des versuchten Know-how-Diebstahls das Unternehmen nicht nur nichts unternommen hatte, sondern auch noch alles dafür tat, den Vorgang zu vertuschen: Man wollte ein in China geplantes Joint Venture auf keinen Fall gefährden.

Heute, fast 25 Jahre später, hat sich bei dem Maschinenbauer einiges geändert. Das nach einigen Höhen und Tiefen prosperierende Unternehmen ist Teil eines großen deutschen Konzerns, Informationsverarbeitung und Kommunikationstechnik im Unternehmen haben sich dramatisch weiterentwickelt – so viel weiter, dass heute vielfach von einer umfassenden »Digitalisierung« oder »digitalen Transformation« die Rede ist. Es darf vermutet werden, dass auch der versuchte Know-how-Diebstahl, den ich damals miterlebte, heute nicht mehr am Kopierer erfolgen, sondern sich der neuen Möglichkeiten bedienen würde, welche die umfassende Vernetzung unserer Gesellschaft mit Internet und Smartphone bringt.

Geräuschlos und ohne Aufsehen, aber effektiv: So beschreibt man in der Tat am besten die neuen Methoden dessen, was im allgemeinen Sprachgebrauch mit Wirtschaftsspionage bezeichnet wird. Dieses Buch spürt anhand einiger konkreter Beispiele diesen neuen gefährlichen und teilweise kaum zu glaubenden Methoden nach – nicht als Anleitung zum Nachmachen, sondern als Warnung und zum Schutz der betroffenen Unternehmen vor den akuten Spionagegefahren des 21. Jahrhunderts. Gefährdet sind Organisationen aller Größen – vom Einzelunternehmer bis zum multinationalen Konzern.

Rottach-Egern, im August 2014
Thomas R. Köhler

1 Spionage: ein unterschätztes Thema

Es liegt in der menschlichen Natur, Risiken unzureichend einzuschätzen. Ganze Gruppen von Gefahren werden systematisch unterschätzt, andere dafür deutlich überschätzt. Ein Musterbeispiel für eine überschätzte Bedrohung ist die Wahrnehmung des Risikos, durch einen Haiangriff zu Schaden zu kommen. Die Bedrohung scheint enorm, Haiangriffe sind aus den Sommerschlagzeilen der großen Publikumszeitungen nicht wegzudenken.

Bei genauer Betrachtung stellt man jedoch fest, dass weltweit jährlich nur 70 bis 100 Attacken von Haien auf Menschen mit 5 bis 15 Todesfällen stattfinden. Diese quasi amtliche Dokumentation derartiger Vorfälle durch das International Shark Attack File (ISAF) der Universität Florida liefert dazu die harten Fakten.[1] Ob und wie viele deutsche Staatsbürger durch Haiattacken zu Schaden kommen, ist im Detail nicht bekannt. Man kann jedoch getrost davon ausgehen, dass diese eher unterproportional vertreten sind, da an deutschen Küsten Haie üblicherweise nicht vorkommen.

Würde man nun die Angst vor dem Hai als rational betrachten und demzufolge als Maßstab für die Einschätzung von Lebensrisiken nehmen, so müsste man sich noch viel mehr davor fürchten, bei jeder Mahlzeit an verschlucktem Essen zu sterben: Immerhin 615 Menschen sind alleine in Deutschland 2008 auf diese Weise zu Tode gekommen.[2] Von massiven Ängsten breiterer Bevölkerungsgruppen, während der Mahlzeit zu verunglücken, ist jedoch nichts bekannt.

Menschliche Ängste und Befürchtungen sind nur selten rational. Die Gefahr, beim morgendlichen Brötchenholen unter ein Auto zu geraten, dürfte deutlich höher sein, als im Urlaub ein Opfer von Haien zu werden. Ebenso gravierend höher ist das Risiko, im Internet Opfer eines Identitätsdiebstahls zu werden – wobei derartig »unsichtbare« Risiken für Menschen kaum einzuschätzen sind. Beim Hai hat man immerhin spätestens nach dem Kinofilm *Der weiße Hai* ein plastisches Bild der Gefahr vor Augen.

Generationen von Psychologen haben sich bereits mit der Frage auseinandergesetzt, warum auch und gerade Menschen, die sich sonst sehr nüchtern und statistikfixiert verhalten, bei der Risikoeinschätzung so irrational reagieren. Forscher der Universität Dartmouth und andere Verhaltenswissenschaftler sehen hier unser Unterbewusstsein am Werk und verweisen auf die erwiesene Nützlichkeit unserer intuitiven Risikoeinschätzung in früheren Jahrtausenden, die in der Folge auch zu diffusen Ängsten vor von Menschen gemachten Gefahren führen.[3] Nur zu dumm, dass unsere moderne Zeit bis dato zu kurzlebig war, um langfristig geprägte Vorstellungen zu ändern.

Das Problem der unzureichenden Fähigkeit zur Risikoeinschätzung haben wir nicht nur als Privatpersonen, sondern ebenso auch Verantwortliche in Unternehmen. Insbesondere im Bereich der Unternehmenssicherheit ist die Wahrnehmung oft der Vater der Sorgen – und ebenso der Nachlässigkeiten. IT-Security-Spezialisten können ein Lied davon singen. Ganz gleich, ob dafür der IT-Leiter zuständig ist, die Abteilung Unternehmenssicherheit oder gar die Geschäftsführung selbst: Nicht zu Unrecht gilt der Job eines Verantwortlichen für Computersicherheit als eine der undankbarsten Aufgaben, die man in einem Unternehmen übernehmen kann – eine Ansicht, die ich über Jahre bei meiner Arbeit für den

Aufbau sicherer IT- und TK-Infrastrukturen immer wieder bestätigt gefunden habe. Ein Lob ist nie zu erwarten, denn als Selbstverständlichkeit gilt, wenn alles gut läuft. Wenn etwas schiefgeht, sich also ein sicherheitsrelevanter Vorfall ereignet, wird die Verantwortung beim Sicherheitschef gesucht – der sich vielleicht gleich um einen neuen Arbeitgeber bemühen darf.

Selbst in »Friedenszeiten« ist die Aufgabe nicht trivial, da Mittel für notwendige Investments in Sicherheitsprodukte von der Geschäftsleitung oft als nicht besonders wichtig angesehen werden, schließlich lässt sich hier kein Return on Investment (RoI) berechnen. Dieser RoI ist eine Renditekennzahl, die den wirtschaftlichen Erfolg einer Investitionsmaßnahme beziffert. Auf den ersten Blick scheint das eine gute Idee, bei Investitionen in die Unternehmenssicherheit ist der RoI jedoch fehl am Platz, weil diese Kennzahl im besten Fall eine zukünftige Ersparnis zur Folge hat – wenn alles gut geht. Aufgrund dieses Dilemmas sind nur wenige Unternehmen in Sachen Sicherheit so gut positioniert, wie sie eigentlich sein sollten.

Die Paranoia von gestern ist die Bedrohung von morgen

Es bedurfte der Enthüllungen von Edward Snowden über die Aktivitäten von NSA und britischem Geheimdienst sowie der medialen Empörung über das Abhören des Mobiltelefons der deutschen Bundeskanzlerin, um in der Öffentlichkeit Bewusstsein für eines der wichtigsten Themen unserer Zeit zu schaffen: Spionage. Dabei ist jedoch die Tatsache, dass nationale Geheimdienste auch »befreundete« Länder ausspionieren, der falsche Grund für die öffentliche Debatte. Denn wir dürfen getrost annehmen, dass es zur Aufgabe eines jeden Geheimdiensts zählt, die politischen Befindlichkeiten der eigenen Bündnispartner zu kennen. Es gehört aber auch zum Auftrag der Spionageabwehr eines jeden Landes, die Spione der Gegenseite auf Abstand zu halten. Plumpe Vertraulichkeiten zwischen den Diensten – wie sie im Zuge der Enthüllungen ans Tageslicht gekommen sind – verbieten sich eigentlich von selbst.

Das eigentlich Beunruhigende an den von Edward Snowden veröffentlichten Dokumenten ist die Vielzahl von technischen Detailinformationen, die uns die Verwundbarkeit unseres auf Informations- und Telekommunikation basierenden wirtschaftlichen und gesellschaftlichen Austauschs gegenüber unbefugten Zugriffen von Dritten zeigen. Sie öffnen uns, hoffentlich, die Augen für eine unglaubliche Vielfalt von technischen Hilfsmitteln und Verfahren, die das Ausspähen von Individuen und Unternehmen erlauben und von denen wir annehmen dürfen, dass sich deren Anwendung nicht nur auf Geheimdienste beschränkt.

Beschäftigt man sich beruflich mit Sicherheit von Organisationen, so steht man nicht selten unter Verdacht, ein Schwarzmaler und Verschwörungstheoretiker zu sein. Die Snowden-Enthüllungen über die Machenschaften des amerikanischen Geheimdiensts NSA haben dabei vor allen Dingen eines bewirkt: Dinge an die Öffentlichkeit zu bringen, die in Fachkreisen schon lange diskutiert wurden, etwa die Möglichkeit, Hintertüren in Hard- und Software einzubauen. Ob Smartphone, Drohne oder selbstfahrendes »autonomes« Fahrzeug: Jede neue Entwicklung bringt neue Möglichkeiten, aber auch neue Sicherheitsrisiken mit sich. Hinzu kommen täglich neue Lücken, die in bereits eingesetzten Technologien entdeckt werden. Die Frage nach der Sicherheitslage einer Organisation oder eines Unternehmens muss damit täglich neu gestellt werden.

Geht es bei einer Diskussion um technische Sicherheit, ist man inzwischen geneigt, in ein Zeitalter vor und ein Zeitalter nach

Snowden zu unterscheiden – so sehr hat sich die Aufmerksamkeit auf dieses wichtige Thema entwickelt. Als Sicherheitsexperte gilt man inzwischen nicht mehr automatisch als der Spinner, als der man bis vor Kurzem häufig abgestempelt wurde, sondern findet plötzlich Gehör – zumindest ab und zu. Betrachtet man die Entwicklung neutral und ohne Emotionen, so muss man festhalten: Die Paranoia von gestern ist die Sicherheitsbedrohung von morgen.

Digitale Transformation und Spionage

Ob wir wollen oder nicht: Wir stecken alle mitten in einem gewaltigen Wandel, dessen Tragweite nur mit der industriellen Revolution zu vergleichen ist. Die sogenannte digitale Transformation verändert unser Leben und Arbeiten, das ist Konsens in der zweiten Dekade des 21. Jahrhunderts. In nur wenigen Jahrzehnten hat sich in puncto privater und beruflicher Kommunikation fast alles verändert.

Dabei waren die Anfänge ziemlich unspektakulär: Mitte der Neunzigerjahre schwappte die Internetwelle über den Rand der akademischen Welt hinaus und eroberte zunächst technikaffine Teile der Bevölkerung. »Sind Sie schon drin?«, ein Satz aus der Werbung eines Online-Diensts, wurde zum geflügelten Wort. Aber das Internet ist längst keine reine Spielwiese von »Techies« mehr: Eine Visitenkarte ohne E-Mail-Adresse ist inzwischen genauso wenig vorstellbar wie eine Firma ohne Website – das Internet ist zu einem festen Bestandteil unser Lebens- und Arbeitswelt geworden.

Offizielle Zahlen sprechen eine deutliche Sprache. Die *ARD/ ZDF-Onlinestudie 2013* sieht nicht nur gut drei Viertel der erwachsenen Bevölkerung als Internetnutzer an, sondern zeigt auch eine intensive Nutzung von fast drei Stunden täglich; bei den 14- bis 29-Jährigen sind es sogar fast vier Stunden, jeden Tag.[4] Die Durchdringung mit Mobilfunkanschlüssen liegt sogar schon deutlich über 100 Prozent. Die Statistik der Bundesnetzagentur weist für 2013 bereits rund 115 Millionen SIM-Karten aus: Damit besitzt jeder Einwohner rein statistisch gesehen 1,4 Mobilfunkkarten.[5] Knapp zwei Jahrzehnte haben genügt, dass weite Teile der Bevölkerung ihr Kommunikationsverhalten signifikant verändert haben. Dank Internet und Mobilfunk sind wir heute immer online – immer in Kontakt.

Einen wesentlichen Anteil an der steigenden Online-Nutzung in Privat- wie Berufsleben hat in den letzten Jahren das sogenannte Smartphone. Erst im Sommer 1992 wurde der Mobilfunk auf Basis des weitverbreiteten GSM-Standards als sogenanntes D-Netz eingeführt und infolge für jedermann erschwinglich. Seither hat das »Handy«, wie es im deutschsprachigen Raum genannt wird, eine beispiellose Erfolgsgeschichte erlebt. Bereits 2002 gab es laut Internationaler Fernmeldeunion (ITU) weltweit mehr Mobiltelefone als Festnetzleitungen, seit 2006 beobachtet die ITU sogar einen Rückgang bei den Anschlusszahlen im Festnetz.

Eine besondere Rolle spielt dabei die relativ junge Gattung der Smartphones, deren Verbreitung und Nutzung rasant wachsen. Nach Angaben des Marktforschungsinstituts Gartner wurden alleine 2013 rund 968 Millionen Geräte verkauft. Jenseits von Telefonfunktionen haben Smartphone-Nutzer die Möglichkeit, damit E-Mails zu senden und zu empfangen, weitere Internetdienste zu nutzen und ähnlich wie am Computer Applikationen zu installieren. Diese Programme, sogenannte Apps, haben nicht nur einen privaten Hintergrund vom Videospiel über den Fitness-Tracker und die Taschenlampe bis hin zum Navigationssystem, sondern dienen zunehmend Business-Anwendungen, etwa dem Zugriff auf firmenspezifische Software, unternehmensinterne Kalender und andere Firmendatenbestände.

Zur Erfolgsgeschichte wurde das Smartphone mit dem 2007 von Apple eingeführten iPhone. Seine intuitive Bedienung via Touchscreen – und später auch Sprachsteuerung – verhalf dem Konzept des »Mobiltelefons mit Mehrwert« und damit auch der mobilen Internetnutzung zum Durchbruch. In dessen Windschatten startete das von Google initiierte Android-Betriebssystem und wurde zum Welterfolg – dank der Unterstützung durch eine Vielzahl von Herstellern. Ergänzt wurde die Gerätegattung durch Tablets, die ausgehend von Apples iPad ihren Siegeszug zunächst in den Privathaushalten antraten und inzwischen aus dem Geschäftsleben nicht mehr wegzudenken sind.

Der Zugriff auf Unternehmensdaten steht klar im Vordergrund der Nutzenmodelle – auch wenn man etwa im ICE oder in der Flughafenlounge vielfach »Dienst-iPads« zu sehen bekommt, die eher für Online-Spiele oder Videos genutzt werden. In der Praxis vermischen sich bei diesem sehr persönlichen Stück Technik – egal ob Smartphone oder Tablet – geschäftliche und private Nutzung, was im Laufe dieses Buchs noch eine wichtige Rolle spielen wird.

Sicherheitsrisiken sind inklusive

Glaubt man den Versprechen der IT-Anbieter, so wird jedes Unternehmen zum »Mobile Enterprise«, das überwiegend von unterwegs und aus dem Home-Office gesteuert wird. Die allgegenwärtige Vernetzung durch Internet und Mobilfunk ermöglicht die Auflösung der räumlichen Grenzen dessen, was früher ein Unternehmenscampus war. Schon existieren manche Firmen nur als sogenannte virtuelle Organisationen, die de facto aus einem Netzwerk bestehen, dessen Enden von den jeweiligen Aufenthaltsorten der Mitarbeiter bestimmt werden – und dieser kann eben auch ein Kaffeehaus, ein ICE oder eine Flughafen-Lounge sein.

Die schöne neue Arbeitswelt ist aber potenziell auch eine schöne neue Spionagewelt. Warum noch einen Mitarbeiter einschleusen zum heimlichen Kopieren wichtiger Konstruktionsunterlagen, wenn man bequem »von zu Hause aus« per Internet angreifen kann? Denkt man die Möglichkeiten der neuen Kommunikationswelten zu Ende, so sind ganz neue Angriffsmuster vorstellbar – und werden vermutlich bereits erprobt. Denn die wesentliche Lektion der bisherigen Technikgeschichte lautet: Alles, was gemacht werden kann, wird auch gemacht.

Das Kernproblem unserer heutigen Situation ist simpel: Die auf dem Internet aufbauenden standardisierten Verfahren für Kommunikation, die sogenannten Internetprotokolle, sind nicht für eine sichere Kommunikation angelegt. Das geflügelte Wort, dass eine E-Mail gegen unerwünschte Mitleser ähnlich unsicher sei wie eine Postkarte, ist mehr als leeres Gerede. In Wahrheit ist es noch viel schlimmer: Auch dem Absender kann man nicht trauen. Zwar gibt es E-Mail-Verschlüsselungsverfahren, doch ist deren Handhabung so komplex, dass die Akzeptanz in Privat- und Berufsleben gering ist. Man hat sich mit der Situation arrangiert und behilft sich manchmal damit, zumindest die Anlage als verschlüsseltes Dokument zu versenden.

Ähnliches gilt auch für das World Wide Web und dessen Nutzung für Transaktionen: Hier gibt es zwar zusätzliche Sicherheitsmechanismen, von denen sich jedoch erst vor Kurzem eine gängige Implementierung als sicherheitstechnisch extrem problematisch herausgestellt hat. Unter dem Namen »Heartbleed« wurde im April 2014 eine Lücke in OpenSSL bekannt,[6] mit der die Verschlüsselung von Internetverbindungen, wie sie etwa beim E-Commerce wichtig ist, in vielen Anwendungsfällen ausgehebelt werden konnte. Das Erschreckende daran: Es war ein Programmierfehler eines einzelnen

Entwicklers eines Open-Source-Projekts, der zu dieser gefährlichen Sicherheitslücke geführt hatte. Niemand hatte den Programmtext kontrolliert – eingesetzt wurde die Software jedoch vielfach. Der Fehler blieb letztlich mehr als zwei Jahre unentdeckt. Der Statistikanbieter Netcraft geht davon aus, dass eine halbe Million Websites von diesem Fehler betroffen waren.[7]

Nicht vergessen werden darf zudem, dass bei der Nutzung des Internets im Regelfall, das heißt ohne zusätzliche technische Maßnahmen, keine Qualitäts- und Verfügbarkeitsgarantien ausgesprochen werden. Der Fachmann spricht hier von »best effort« – und meint damit, dass es eben geht, wenn es geht, und dass man es hinzunehmen hat, wenn es nur langsam und für bestimmte Anwendungen möglicherweise überhaupt nicht funktioniert. Was aber, wenn es ein Wettbewerber darauf anlegt, die Unternehmenskommunikation Ihres Unternehmens so weit »auszubremsen«, dass Sie nicht mehr vernünftig arbeiten können? Das kommt nicht vor, das ist ein theoretisches Problem, meinen Sie? Nun ja, die Realität des 21. Jahrhunderts sieht leider anders aus.

Die Unzulänglichkeiten der Internetinfrastruktur sind so groß, dass Forscher ernsthaft darüber nachdenken, reinen Tisch zu machen und diese neu zu entwickeln – mit »eingebauten« Sicherheitsfunktionen. Aber dieser unter dem Begriff »clean slate« bekannte Ansatz scheint wenig Chancen auf Verwirklichung zu haben, zu stark ist die Kraft der installierten Basis. Auch im Mobilfunk hinken wir in Sachen Sicherheit den technischen Möglichkeiten weit hinterher. Hier liegen die Ausgangsvoraussetzungen aber anders: Der GSM-Standard und die eingesetzte Verschlüsselung sind unsicherer, als sie bei der Einführung hätten sein können. Staatliche Geheimdienste sollen darauf Einfluss genommen haben – ein Sachverhalt, der mir gegenüber von einem ehemaligen hochrangigen Entwickler des GSM-Standards bestätigt wurde.

Hinzu kommen weitere Sicherheitsrisiken. Auch wenn Linux und Mac-OS gelegentlich Verwendung finden, wird unsere PC-Landschaft von Microsoft-Betriebssystemen beherrscht. Ähnlich wie in Monokulturen in der Land- und Forstwirtschaft macht dies die Strukturen besonders anfällig für Schädlingsbefall. Folglich haben wir mit dem Aufstieg des Internets auch einen dramatischen Anstieg des Auftretens von Computerschädlingen wie Viren, Würmern und Trojanern erlebt. Schadprogramme für Computer sind dabei keine Erfindung des Netzwerkzeitalters: Früher beschränkte sich der Verbreitungsweg meist auf Disketten.[8] Damit waren Ausbreitungsweg und -geschwindigkeit einer Infektion stark limitiert, während heute im Extremfall innerhalb weniger Stunden Tausende von Rechnern mit einem neuen Schädling infiziert sein können.

Weniger Monokultur gibt es bei den Smartphones. Hier dominiert, von der Verbreitung betrachtet, das Android-Betriebssystem von Google, das von einer Vielzahl von Herstellern eingesetzt wird. Das große Problem hierbei ist der beinahe unkontrollierte Wildwuchs an verschiedenen Geräten mit unterschiedlichen Android-Varianten und -Versionsständen. Die Folge: Die meisten am Markt angebotenen Geräte bekommen keine oder nur unzureichende Updates. Sicherheitslücken bleiben so oft lange offen.

Wer sich jetzt die Frage nach dem Sinn von Updates für Handys stellt und darüber nachdenkt, dass es früher auch ohne ging, sollte sich Folgendes vor Augen führen: Heute haben wir es nicht mehr mit Handys im ursprünglichen Sinn zu tun, sondern im Prinzip mit Rechnern, die teilweise die Leistung weniger Jahre alter PCs mitbringen und die permanent mit dem Internet via Mobilfunknetz verbunden sind – ein lohnendes Angriffsziel aus der Perspektive eines Hackers. Kein Wunder, dass in den letzten Jahren die aufgetauchte Schadsoftware für Smartphones, insbesondere für solche mit Android-Betriebssystem, geradezu explodiert ist.

Das wäre nicht weiter schlimm, würde sich der Einsatz dieser Geräte auf das Privatleben beschränken. Tatsächlich finden jedoch viele dieser privaten Geräte den Weg in die Unternehmen, wo sie im Wege von modernen BYOD-Konzepten (»bring your own device«) plötzlich auch im betrieblichen Einsatz stehen – unter Umständen sogar zusätzlich zu den offiziellen Dienst-Smartphones, deren gelegentliche private Verwendung sich ebenfalls kaum verhindern lässt. Unkontrollierte Kommunikation durch BYOD und private Endgeräte erhöht dabei nochmals die Verwundbarkeit des Unternehmens gegenüber gezielten wie ungerichteten Angriffen.

Es gibt sie, die Stimmen, die an dieser Stelle nach der Abschaffung von Smartphone und Netzzugang rufen. Doch das ist im Unternehmensalltag, der im Wesentlichen auf Austauschbeziehungen mit Lieferanten und Kunden beruht, nicht praktikabel. Kurzum: Wir sind im Geschäftsleben durchweg abhängig von der Technik. Wir müssen uns damit arrangieren, ganz gleich wie wir die weitere Entwicklung der damit einhergehenden Risiken einschätzen. Um nicht aus Furcht vor dem vermeintlichen »Killerhai« in Schockstarre zu verfallen, ist es höchste Zeit, sich detailliert mit den Herausforderungen zu beschäftigten, die das Internetzeitalter für die Sicherheit Ihres Unternehmens gegen Informationsabfluss, Sabotage und andere Schädigungen der Wettbewerbs- und Überlebensfähigkeit bereithält.

Technischer Fortschritt

Nach allen Erfahrungen, die wir bereits mit dem digitalen Wandel gemacht haben, ist leicht nachvollziehbar, dass eine zunehmende Vernetzung neue Sicherheitsrisiken mit sich bringt. Dabei wird oft übersehen, dass auch die Weiterentwicklung altbekannter Technologien dazu führt, dass sich neue Gefahren auftun und alte neu bewertet werden müssen.

Ein Beispiel hierfür liefert ausgerechnet eine Technologie, die bereits Hunderte von Jahren alt ist: das Türschloss mit mechanischem Schlüssel, wie es praktisch überall Standard ist. Einbrecher wie Spione befanden sich schon immer in einem Wettlauf mit Schlossherstellern um Sicherheit und Zugangsschutz. Schon seit Jahren wird in den Medien der unbeschränkte Handel von Einbruchswerkzeugen beklagt mit dem Argument, dass mit deren Verfügbarkeit das Einbruchsrisiko für die Bevölkerung anstiege. Instrumente für das sogenannte »Lockpicking«, wie das Öffnen von Schlössern ohne Schlüssel inzwischen genannt wird, sind auf den großen Internetmarktplätzen frei erhältlich. Doch diese Sets von Dietrichen, wie die Werkzeuge traditionell heißen, helfen Laien kaum weiter: Es bedarf schon einer Anleitung und einiger Übung, um damit mehr als allereinfachste Schließanlagen zu überwinden. Man kann nach Anleitungsbuch und Youtube-Video versuchen, sich die benötigten Fertigkeiten selbst beizubringen, aber man kann sich natürlich dazu auch einem Verein anschließen wie den Sportsfreunden der Sperrtechnik e. V., auf deren Website der Vereinszweck wie folgt umschrieben ist:[9]

> »Pflege der Sperrtechnik als sportliche Herausforderung. Unter dem Begriff Sperrtechnik verstehen wir sämtliche Verfahren und Kenntnisse, welche mittels mechanischer und/oder elektronischer Maßnahmen (Schlösser, Schließsysteme und andere Sicherheitstechnologie) den Zugang beschränken.«

Der Verein distanziert sich dabei ausdrücklich von allen illegalen Aktivitäten. Wer als Laie und Gelegenheitsspion ohne viel Aufwand und Vereinsmeierei weiterkommen will, hat dank marktgängiger Tools und Anleitungen jedenfalls gute Chancen, eine Vielzahl von Schlössern zu überwinden. Das dafür notwendige Wissen ist keinesfalls mehr Herrschaftswissen, sondern durch das Internet jedermann zugänglich.

Aber es geht auch anders, denn der technische Fortschritt macht auch vor der altehrwürdigen Technik des mechanischen Türschlosses nicht halt. Das Start-up Key.me in den USA hilft dabei: Ein Handyfoto des Schlüssels mit der praktischen iPhone-App genügt, und schon lassen sich wenige Augenblicke später die automatisch nachgefertigten Schlüssel aus einer Art »Mister-Minit-Automat« abholen – passgenau und mit Garantie. Zielgruppe des Unternehmens und vergleichbarer Anbieter sind natürlich nicht Einbrecher und Informationsdiebe, sondern Privatleute und Inhaber kleiner Firmen, die bei Key.me für den Fall des Schlüsselverlusts oder Sich-selbst-Aussperrens eine Art elektronische Version ihres Schlüsselbunds hinterlegen wollen.[10] Oder anders formuliert: Einbruch und Spionage in fremden Büros und Hotelzimmern? Dafür gibt es nun eine App: Handyfoto vom Schlüsselbund genügt, alles Weitere wird dem Laienspion von Key.me abgenommen. Wem das nicht reicht: Mit geeigneter Kameraoptik lässt sich der Schlüssel unter Umständen auch aus mehreren Metern Entfernung abfotografieren, während er beispielsweise gerade in der Hand gehalten wird – und das in ausreichender Qualität.

Natürlich ist diese Lösung nur ein Beispiel für die zunehmende Allgemeinzugänglichkeit und immer bessere Nutzbarkeit von Wissen und Werkzeugen, die sich zum Ausspähen der Konkurrenz verwenden lassen. Es lohnt sich jedoch bei einer Analyse des Sicherheitsniveaus im Unternehmen hinsichtlich möglicher Einfallstore für Spione, nicht nur die elektronischen Medien im Auge zu behalten, sondern auch auf die klassischen Zugangswege und auf Veränderungen herkömmlicher Technologien zu achten. Denn Sicherheitsrisiken lauern überall.

Verlust ist überall

Das Ponemon-Institut, eine auf Informationssicherheit spezialisierte Beratungsfirma, sorgte 2008 für Schlagzeilen mit den Ergebnissen einer Studie. Diese war der Frage nachgegangen, wie
viele Laptops jedes Jahr auf amerikanischen Flughäfen abhandenkommen und wie viele davon wieder auftauchen. Die Zahlen waren erschreckend:[11] Demnach verschwinden – das heißt werden gestohlen oder verloren – pro Woche mehr als 12 000 Laptops
an US-Flughäfen. Vergleichszahlen für Europa liegen nicht vor,
wir können jedoch davon ausgehen, dass die Größenordnungen
ähnlich sind. Besonders problematisch dabei: Nur ein kleiner Teil
der Laptops, etwa 35 Prozent, ist gegen den unberechtigten Zugriff auf die darauf befindlichen Unternehmensdaten geschützt,
zum Beispiel durch geeignete Verschlüsselungsmechanismen, und
nur 48 Prozent der Befragten verfügen über ein Back-up des darauf befindlichen Datenbestands.

Das wiegt besonders schwer vor dem Hintergrund, dass knapp
die Hälfte der untersuchten Laptops vertrauliche Geschäftsinformationen oder Kundendaten enthalten und auf immerhin noch
14 Prozent Daten zu finden sind, die man als Geschäftsgeheimnis
sehen kann, also Programmcodes, CAD-Zeichnungen oder Ähnliches. Wenn man nun hinzunimmt, dass zwei Drittel der Besitzer
ihren verlorenen, vergessenen oder gestohlenen Laptop nie zu-
rückerhalten, wird das Ausmaß dieses Problems deutlich.

Nach einer von Intel 2010 in Auftrag gegebenen Untersuchung[12]
kommen auf Unternehmen nach dem Verlust eines Laptops Kosten
von durchschnittlich fast 50 000 US-Dollar zu – für jedes einzelne
Gerät. Und davon entfallen nur etwa 3 Prozent auf den Ersatz von
Hard- und Software. Welche Zahlen hier in Europa anzusetzen
sind, bleibt offen. Mir sind jedoch mehrere deutsche Unternehmen
bekannt, bei denen circa 10 Prozent des Laptop-Bestands pro Jahr

verloren gehen oder gestohlen werden. Bleibt die Frage, warum Unternehmen so selten Sicherheitsmaßnahmen ergreifen, um die Folgen eines – statistisch gesehen nicht unwahrscheinlichen – Diebstahls ein wenig in Grenzen zu halten.

Welche Ziele ein Dieb konkret verfolgt, lässt sich im Einzelfall kaum nachvollziehen. Wir können jedoch davon ausgehen, dass Laptop-Diebstähle auf Flughäfen und Bahnhöfen, in Konferenzzentren und anderen von Geschäftsreisenden frequentierten Orten häufig auch gezielt vorgenommen werden, weil man sich vielversprechende Datenbestände erhofft.

Ich habe noch kein Gerät verloren, bin aber selbst mehrfach Ziel von Diebstahlattacken geworden: Einmal versuchte ein Mitreisender, an der Sicherheitskontrolle des Münchener Flughafens mein (passwortgesichertes) Smartphone aus dem Behälter vom Band »zu fischen«, und ein anderes Mal war mein (mit Festplattenverschlüsselung versehener) Laptop im Konferenzraum eines Hotels am Frankfurter Flughafen bereits am »Wegwandern«. Meine Aufmerksamkeit bewahrte mich in beiden Fällen erfreulicherweise vor echtem Schaden. Besonders bemerkenswert ist, dass beide Vorfälle unter den Augen von Sicherheitsleuten stattfanden, die angeblich nichts gesehen hatten. Die Täter versuchten übrigens, sich mit einem »Versehen« aus der Affäre zu ziehen.

Eine ähnliche Entwicklung hinsichtlich der Verlustrate haben Smartphones zu verzeichnen: Bereits im Jahr 2005 sollen angeblich rund 63 000 Mobiltelefone und fast 5 000 Laptops in Londoner Taxis liegen geblieben sein.[13] Solche Zahlen mag man getrost bezweifeln, dennoch bleibt der Verlust von Endgeräten, auf denen Firmendaten gespeichert sind – ganz gleich, ob es nun Smartphones oder Laptops oder Tablets sind –, ein hohes Risiko.

Warum wir so wenig über Industriespionage erfahren

Mehr als 20 Prozent aller Unternehmen hatten in den letzten drei Jahren einen konkreten Spionagefall zu beklagen, so haben es die Experten der Beratungsfirma Corporate Trust bereits 2012 ermittelt.[14] Dennoch sind Medienberichte über derartige Vorgänge sehr dünn gesät. Die Öffentlichkeit erfährt zumeist erst dann etwas, wenn tatsächlich ein Täter vor Gericht steht oder sogar verurteilt wird – was selten genug vorkommt.

Es gibt aus Unternehmenssicht gute Gründe, warum Berichte über Wirtschaftsspionage nur selten an die Öffentlichkeit gelangen. Einzuräumen, dass man Opfer von Wirtschaftsspionage geworden ist, lässt ein Unternehmen verwundbar erscheinen. Ein Ruf als einfaches Ziel wird dabei unter Umständen auch von anderen »Interessenten« als Einladung gewertet, die Firma zu attackieren. Auch der Reputation bei Geschäftspartnern und Kunden ist derartige PR nicht zuträglich. Und bei Unternehmen, die sich am Kapitalmarkt finanzieren, kann ein solcher Vorfall den Börsenkurs beeinträchtigen – was Topmanager, deren Bonus oft an eben jener Kursentwicklung hängt, nicht riskieren wollen. Die Folge: Selbst – oder gerade – wenn eigene Mitarbeiter verwickelt sind, trennt man sich häufig lieber »geräuschlos«, als ein Gerichtsverfahren anzustrengen, was unangenehme Öffentlichkeit bedeuten würde. Ich bin aufgrund meines beruflichen Engagements zu der Überzeugung gelangt, dass Sicherheitsvorfälle, die auf Spionage hindeuten, vielfach bereits in der IT-Abteilung oder von den Sicherheitsverantwortlichen unter den Tisch gekehrt werden – schließlich hängen auch sie an ihren Jobs.

Ein völlig anderes Bild als von Corporate Trust ergibt sich auch von offizieller Seite: Laut polizeilicher Kriminalstatistik sind es »nur« 5500 bis 7000 Fälle, die jedes Jahr zur Anzeige gebracht werden, wo sie dann unter »Wettbewerbsdelikte« und »Ausspähen von Daten« auftauchen.[15] Die Dunkelziffer dürfte enorm sein: Seriöse Schätzungen gehen von mehreren Milliarden Euro Schaden pro Jahr alleine für deutsche Unternehmen aus. Die Sicherheitsexperten von Corporate Trust gehen in ihrer zusammen mit Aon Risk Solutions, Securiton und der Zurich-Gruppe erstellten Studie *Industriespionage 2014. Cybergeddon der deutschen Wirtschaft durch NSA & Co.?* von einem jährlichen Schaden durch Industriespionage für deutsche Unternehmen von 11,8 Milliarden Euro aus.[16] Andere Schätzungen liegen noch deutlich darüber: Der Bundesverband der Deutschen Industrie (BDI) rechnet mit etwa 50 Milliarden Euro und der Verein Deutscher Ingenieure (VDI) sogar mit mindestens 100 Milliarden Euro.[17] Für Österreich kommt Corporate Trust übrigens auf einen jährlichen Schaden von 1,6 Milliarden Euro, aber auch hier existieren abweichende Schätzungen.

Der Präsident des nordrhein-westfälischen Landesamts für Verfassungsschutz (LfV), Burkhard Freier, sagte in einem Interview mit dem *Focus*-Magazin, dass allein im bevölkerungsreichsten Bundesland »370 000 Unternehmen bereits attackiert« worden seien.[18] In erster Linie seien Rüstung, Satellitentechnik und Umwelttechnik das Ziel der Angriffe. Die Herkunft der Attacken gibt Freier zu über 50 Prozent mit China und Russland an: »In China oder Russland übernehmen die Nachrichtendienste den Hauptanteil der Wirtschaftsspionage. […] Das politische Ziel ist das Stehlen von Knowhow, nicht mehr von Produkten. Hauptsächlich werden Forschungs- und Entwicklungsergebnisse, Lieferanten- und Kundendaten sowie Unternehmensstrategien abgeschöpft.«

Die Gefahr ist also äußerst real, betroffene Firmen gibt es in hoher Zahl. Dennoch waren nur wenige Unternehmen im Zuge der Recherchen bereit, sich für dieses Buch zu öffnen. Selbst unter Zusicherung einer anonymen Darstellung sicherheitsrelevanter Vorfälle wollten zahlreiche Verantwortliche keine Angaben machen, ob und in welcher Form sie Opfer derartiger Machenschaften geworden sind. Selbst in Fällen, die infolge mehr oder weniger ausführlicher Medienberichterstattung nicht zu leugnen sind, bleiben Auskünfte oft spärlich. Dennoch ist es im Rahmen der Recherchen gelungen, eine Vielzahl von Fällen zusammenzutragen und deren Hintergründe zu analysieren.

Letztlich wird nur eine vom Gesetzgeber definierte öffentliche Berichtspflicht diese Mauer des Schweigens durchbrechen können. Eine solche ist mit dem angekündigten IT-Sicherheitsgesetz vorgesehen, das im Rahmen der »Digitalen Agenda 2014 – 2017«, welche im August 2014 vorgestellt wurde, auf den Weg gebracht werden soll. Freilich unterliegt laut Gesetzentwurf diese Meldepflicht Einschränkungen hinsichtlich der betroffenen Firmen, die allesamt als Anbieter sogenannter »kritischer Infrastrukturen« eingestuft sein müssen. Außerdem soll in den meisten Fällen eine anonyme Meldung ausreichen. Kritiker dieses Gesetzentwurfs sehen daher Lobbyisten am Werk und befürchten eine Verwässerung des Ansatzes. In der Tat hatte zuvor der Branchenverband Bitkom eigens eine Studie anfertigen lassen, die zu dem Schluss kam, dass bei erwarteten 2,3 Millionen Meldungen pro Jahr bei den Unternehmen Kosten von rund 1,1 Milliarden Euro entstehen könnten.[19]

2 Vom Wettbewerb zum Wirtschaftskrieg

Globalisierung intensiviert den Wettbewerb – eine Binsenweisheit mit unerwünschten Nebenwirkungen. Denn nicht immer ist Wettbewerb gleichbedeutend mit einem fairen Umgang. Das gilt insbesondere in Situationen, in denen Unternehmen über einen technologischen Vorsprung verfügen oder schlicht günstiger anbieten können. Hier führt die Unterlegenheit eines Marktteilnehmers mitunter dazu, dass dessen Verantwortliche zu unfairen Mitteln greifen, wenn es um Ausbau und Sicherung der eigenen Position geht. Nicht selten scheint der Wettbewerber auch wenig greifbar und eher eine abstrakte Entität an einem anderen Ende der Welt. Schnell fallen dann alle Hemmungen. Auch die kulturellen Vorstellungen von dem, was fairer Wettbewerb bedeutet, sind nicht überall auf der Welt identisch. Von dieser Ausgangssituation ist es oft nicht weit zu dem, was möglicherweise andernorts als kriegerischer Akt angesehen wird.

Wirtschaft ist Krieg

In der Ökonomie wird oft vom Krieg gesprochen, wenn es um den Wettbewerb von Unternehmen geht. Die Sprache in Unternehmen und Wirtschaftsmedien strotzt nur so vor Kriegsmetaphern: Manager werden »kaltgestellt«, der Vertrieb »in Stellung gebracht«, dann geht es »an die Front«, es werden »keine Gefangenen gemacht« und möglicherweise wird abschließend die »Friedenspfeife« geraucht. Definiert man Krieg als Abwesenheit von Frieden, so kann man durchaus zu der Erkenntnis gelangen, dass Wirtschaft eine besondere Form einer kriegerischen Auseinandersetzung ist.

In jedem Fall greifen Managementtheoretiker und Strategen gerne auf die Theorien von Niccoló Machiavelli (*Dell'Arte della Guerra*) und Carl von Clausewitz (*Vom Kriege*) zurück, deren Aufzeichnungen aus dem 16. beziehungsweise dem 19. Jahrhundert bis heute nachwirken und reichhaltiges Echo in der Managementliteratur finden. Dabei scheinen sich viele Unternehmenslenker besonders von Aufzeichnungen inspirieren zu lassen, die noch erheblich älter sind und zudem gar nicht aus dem abendländischen Kulturkreis stammen. Die Rede ist hier von dem Werk *Die Kunst des Krieges* von Sunzi, in anderer gängiger Schreibweise Sun Tzu.[1] Das auf 13 Kapitel angelegte Werk des »Kriegerphilosophs« aus dem 6. und 5. Jahrhundert vor Christus gilt als ältestes Buch über Strategie. Es lässt sich auf gut ein halbes Dutzend wesentliche Aspekte verdichten, die zum militärischen Erfolg führen:[2]

1. *Die Gute Sache.* Jeder Anführer muss für eine gute Sache in den Krieg ziehen, sonst sind die Truppen nicht optimal motiviert.
2. *Führung.* Der Anführer muss weise und mutig, aber auch streng und wohlwollend sein, sonst werden ihm seine Truppen nicht folgen.
3. *Umweltbedingungen.* Wenn man plant, muss man sich immer der Umweltbedingungen bewusst sein. Änderungen bei diesen können selbst den besten Plan vereiteln.
4. *Terrain.* Der Befehlshaber muss sich mit dem Gelände vertraut machen, sonst fallen seine Truppen Überraschungsangriffen zum Opfer.

5. *Organisation und Disziplin.* Um in einer militärischen Konfrontation die Oberhand zu erlangen und Chaos zu vermeiden, müssen die Truppen gut organisiert und diszipliniert sein.

6. *Spionage.* Sun Tzu erklärt die verschiedenen Arten von Spionen und ihren Einsatz (ortsansässig, Insider, Doppelspion, todgeweiht und lebendig). Ohne Spione ist es unmöglich, zuverlässige Informationen und Erkenntnisse über den Gegner zu bekommen. Denn, ›… wenn du den Feind und dich selbst kennst, brauchst du den Ausgang von hundert Schlachten nicht zu fürchten …‹«

Sunzi schätzte die Bedeutung von Spionage hoch ein. Der Originaltext enthält ein eigenes Kapitel zum Thema, in dem es sich auch heute, 2500 Jahre später, zu lesen lohnt, will man das Wesen des Phänomens Konkurrenzausspähung in der rauen Wirklichkeit des globalen Wettbewerbs verstehen lernen. Sunzi sieht das »Vorherwissen« als zentral an und ist aufgeklärt genug anzugeben, dass man dieses ebenso wenig Geistern entlocken kann wie durch Erfahrung und Schlussfolgerung. Was die Pläne des Feinds angeht, sind sie jedoch nur durch Spione zu ermitteln. Hier unterscheidet er fünf Klassen: eingeborene Spione, innere Spione, übergelaufene Spione, todgeweihte Spione und überlebende Spione. Die höchsten Weihen seiner Strategie sieht Sunzi erreicht, wenn alle fünf Arten im Einsatz sind:

Eingeborene Spione sind Einwohner eines Gebiets, deren Hilfe man sich durch freundliche Behandlung sichert. Als innere Spione werden Beamte des Feinds gesehen, die degradiert, bestraft oder bei der Verteilung von Post übergangen wurden oder die begierig auf Gold sind. »Auf diese Weise wirst du fähig sein, die Verfassung des feindlichen Landes zu erkennen und die Pläne zu erfahren, die gegen dich geschmiedet werden; und außerdem kannst du die Harmonie stören und einen Keil zwischen den Herrscher und seine Minister treiben. Doch es ist äußerste Vorsicht geboten, wenn man sich mit inneren Spionen einläßt.«[3] Diese wie auch übergelaufene Spione des Feinds sind mit großen Geldsummen und Versprechungen zu ködern. Sunzi scheut aber auch nicht davor zurück, Menschen gezielt zu opfern: Seine todgeweihten Spione dienen dazu, Desinformationen zu verbreiten und den Gegner bewusst über die Angriffspläne zu täuschen. Dass diese in der Folge vielleicht zum Tode verurteilt werden, nimmt er dabei in Kauf.

Überlebende Spione dienen dazu, Informationen aus dem Lager des Gegners zurückzubringen. Dies ist die übliche Klasse von Spionen, die in keiner Armee fehlen darf. »Dein überlebender Spion muss ein Mann von überragendem Verstand sein, doch mit der äußeren Erscheinung eines Narren; von schäbigem Äußeren, doch mit einem eisernen Willen. Er muss tatkräftig sein, widerstandsfähig, stark und mutig: gründlich gewöhnt an alle Sorten Schmutzarbeit, fähig, Hunger und Kälte zu ertragen und Schmach und Schande auf sich zu laden.«[4] Sunzi schließt nicht, ohne auf die Führung und Steuerung der Spionage einzugehen und darauf hinzuweisen, wie diskret und vertraulich die Beziehungen zu Spionen behandelt und wie gut sie honoriert werden sollten.

Die folgenden Beispiele zeigen deutlich, dass sich rein menschlich, aber auch hinsichtlich der Beweggründe während der letzten 2 500 Jahre wenig geändert hat, wenn es um den Erkenntnisgewinn über die Pläne des Gegners oder des Wettbewerbers geht. Technisch hat sich in den letzten Jahrzehnten, insbesondere seit dem Aufkommen von universeller Vernetzung über Internet und Mobilfunk, allerdings so viel getan, dass man getrost davon ausgehen kann, dass sich auch wesentliche Spielregeln geändert haben – vor allen Dingen im Wettbewerb um die beste Information über seine Gegner.

Die große Begriffsverwirrung

Folgt man der Diskussion rund um das Ausspähen von Informationen, so tauchen die unterschiedlichsten Begriffe auf, deren Bedeutung nicht immer klar und deren Verwendung nicht immer eindeutig ist: Industriespionage, Wirtschaftsspionage, Konkurrenzausspähung sind die gängigsten. Der deutsche Verfassungsschutz – die für die Abwehr von staatlich gesteuerter Spionage zuständige Stelle – definiert die wesentlichen Begriffe dabei wie folgt:[5]

>»Unter Spionage versteht man die gezielte Ausforschung eines anderen Staates in den Bereichen Wirtschaft, Wissenschaft, Politik und Militär durch einen fremden Nachrichtendienst. [...] Unter dem Begriff Wirtschaftsspionage versteht man die staatlich gelenkte Ausforschung von Wirtschaftsunternehmen oder Forschungseinrichtungen durch fremde Nachrichtendienste. [...] Ziele der Wirtschaftsspionage sind die aktive Unterstützung der eigenen Wirtschaft, Einsparung von Forschungs- und Entwicklungskosten sowie die Steigerung der weltwirtschaftlichen Bedeutung. Von der Wirtschaftsspionage zu unterscheiden ist die so genannte Konkurrenzspionage, die von einem anderen Unternehmen ausgeht. Die Abwehr dieser Form der Bedrohung von Unternehmen gehört nicht zum Aufgabenbereich des Verfassungsschutzes.«

So weit die offizielle Definition. Diese amtlicherseits getroffene Unterscheidung richtet sich nach dem Auftrag der in Deutschland auf Bundeslandebene etablierten Verfassungsschutzbehörden, deren Aufgabe es ist, »Spionagetätigkeiten fremder Nachrichtendienste zu beobachten und abzuwehren«.[6] Im Umkehrschluss fällt die Abwehr von Spionageaktivitäten, die nicht von fremden Nachrichtendiensten ausgehen, nicht in den Verantwortungsbereich der Landesbehörden. Hierfür ist die Polizei zuständig. Daher wird von der öffentlichen Hand diese strikte Unterscheidung der Begrifflichkeiten gepflegt, die in der Praxis der Unternehmen so nicht vorkommt.

Aus Sicht der Behörden ist dieses Vorgehen nachvollziehbar. Für die betroffenen Unternehmen spielt es aber keine Rolle, woher die konkrete Bedrohung kommt, im Gegenteil: Solange die eigenen Geschäftsgeheimnisse nur beim Wettbewerber ankommen, ist es schlicht unerheblich, auf welchem Wege diese dorthin gelangen. Das Schadenspotenzial ist in beiden Fällen identisch. Noch ein weiteres gewichtiges Argument spricht gegen die vom Verfassungsschutz getroffene Aufteilung: Bei der im Online-Zeitalter dominierenden Nutzung von Internet- und Mobilfunktechnologien für Angriffe auf Unternehmen – um die es in diesem Buch schwerpunktmäßig geht –, kann man nur eingeschränkt oder gar nicht unterscheiden, ob die Cyberspionage-Aktivitäten indirekt von einem fremden Nachrichtendienst oder direkt von einem Konkurrenten ausgehen oder vielleicht sogar der Vorbereitung anderer krimineller Machenschaften dienen und damit streng genommen gar nicht in den Definitionsbereich von Spionage fallen. Im *Verfassungsschutzbericht 2013* des Bundesamtes für Verfassungsschutz heißt es folglich zu den nachrichtendienstlichen Aktivitäten, die von China ausgehen:[7]

»Aufgrund der Bedeutung der ökonomischen Entwicklung für die Stabilität des Staates sind die Nachrichtendienste aufgefordert, aus anderen Staaten Informationen aus der Wirtschaft und technische Neuentwicklungen zu beschaffen. In Deutschland wurden wiederholt illegale Ausspähungsversuche in Firmen und Forschungsinstituten festgestellt. Ob es sich hierbei um eine staatlich betriebene Wirtschaftsspionage oder um private (Konkurrenz-)Ausspähung handelt, ist wegen der engen Verflechtung von Wirtschaft und Staat in China im Einzelfall nur schwer zu unterscheiden.«

Wenn in diesem Buch nun von Wirtschaftsspionage oder auch Industriespionage die Rede ist, wird daher mit gutem Grund stets die breitestmögliche Definition verwendet. Das heißt, es wird zunächst nicht unterschieden, ob es staatlich gelenkte oder privatwirtschaftlich getriebene Angriffe sind. Im belegbaren Einzelfall wird nach der Herkunft und Motivation der Attacken selektiert. Unabhängig von der jeweils gewählten Begrifflichkeit für die Aktivitäten, die zulasten von Unternehmen gehen, betrachte ich in diesem Buch die Entwicklung im Wesentlichen aus einem Blickwinkel: der Perspektive des Betroffenen.

Beschäftigt man sich mit Konkurrenzanalyse und -spionage, so stechen sofort einige Fachbegriffe ins Auge, die sonst eher nicht gebräuchlich sind, namentlich OSINT, HUMINT und SIGINT:

- *OSINT* steht im Geheimdienst-Slang für »Open Source Intelligence« und beschreibt die Informationsgewinnung aus öffentlich frei zugänglichen Quellen. Eine weitergehende Verwandtschaft mit dem in der Informationsverarbeitung gebräuchlichen Begriff besteht nicht.
- *HUMINT* steht für »Human Intelligence«, die Informationsgewinnung durch menschliche Quellen – also das, was man sich am ehesten unter traditioneller Geheimdienstarbeit vorstellt.
- *SIGINT* steht für »Signals Intelligence«, auf Deutsch etwa übersetzbar mit Fernmelde- und elektronischer Aufklärung.

Diese Begriffe kommen nicht zufällig aus dem Umfeld amerikanischer Geheimdienste beziehungsweise lassen sich darauf zurückführen.

OSINT: Open Source Intelligence

Die Informationsgewinnung durch die Sammlung und Auswertung öffentlicher Unterlagen bildet die Grundlage jeder Art von Ausspähung. Dazu zählen beispielsweise frei zugängliche Informationen, etwa aus Zeitungen, Zeitschriften und anderen Medien, Firmendatenbanken oder Vereinsregistern, aber auch der Besuch von Messen, auf denen das Zielunternehmen als Aussteller auftritt. Ein Besuch am Messestand als Interessent – ohne Aufdeckung der wahren Identität – offenbart unter Umständen entscheidende Mehrwerte über aktuelle und zukünftige Aktivitäten. Selbst ganz simple Tätigkeiten lassen sich unter OSINT fassen, etwa das Beobachten des Werksverkehrs an Lastwagen an bestimmten Unternehmensstandorten, was Rückschlüsse auf Umsätze und Marktentwicklung erlaubt.

Besonders dankbar sind außerdem Fachkongresse, bei denen Mitarbeiter des Zielunternehmens eine aktive Rolle, zum Beispiel als Referent oder Teilnehmer einer Podiumsdiskussion, einnehmen. Dabei geben diese oft genug bereits in ihrem Vortrag mehr Informationen preis, als im Interesse des Unternehmens liegt; Nachfragen aus dem Publikum werden meist ebenso bereitwillig beantwortet. Insbesondere Fachspezialisten sind selten ausreichend für die Öffentlichkeitsarbeit geschult und neigen beim Kontakt mit einem vermeintlichen Fachkollegen dazu, mehr vertrauliche Details zu kommunizieren, als aus Unternehmenssicht angeraten ist. Unter einem geeigneten Vorwand ist auch jenseits der Welt der Konferenzen und Kongresse ein »Fachdialog« mit diesen Experten möglich. Eine passende Legende ist natürlich Voraussetzung für eine erfolgreiche Ansprache – und weist schon wieder über OSINT hinaus auf das gleich diskutierte HUMINT.

Ähnliche Rechercheerfolge sind möglich, wenn man – bei forschungsgetriebenen Unternehmen – die Experten identifiziert und deren Veröffentlichungen in Fachmedien analysiert. Dies gilt nicht nur für Mitarbeiter selbst, sondern auch für eventuelle Partnerorganisationen aus der Forschung und deren Fachpersonal.

Ganz einfach und ebenfalls völlig legal: Das Zielunternehmen und dessen Schlüsselpersonal werden Gegenstand umfassender Internetrecherchen. Nicht selten geben Firmen auf diesem Wege mehr von sich preis als notwendig. Gar nicht so selten ist die versehentliche Veröffentlichung von eigentlich nur für interne Zwecke vorgesehenen Unterlagen im Internet. Zwar stehen diese meist nur für wenige Stunden im Netz – bis jemand den Fehler bemerkt. Eine gut konzipierte Beobachtungsstrategie kann sich jedoch einen derartigen Fehler blitzschnell zunutze machen.

Natürlich kann man auch auf Gelegenheiten warten, bei denen mehr Informationen als sonst zugänglich sind. Dies ist regelmäßig bei Verhandlungen über Joint Ventures oder Übernahmen der Fall. Nicht ausgeschlossen ist auch die Veranlassung einer Anfrage mit dem Ziel, eine solche Situation herbeizuführen. Es ist aber durchaus eine Definitionsfrage, inwieweit man auf diese Weise erlangte Informationen noch als »frei zugänglich« gelten lassen will.

Gerne genutzt, um an Preisinformationen oder an detaillierte technische Produktinformationen zu kommen, sind verdeckte Angebotsanforderungen. Bei dieser auch »Mystery-Shopping« genannten Vorgehensweise werden gezielt und ohne jedwede Kaufabsicht Anfragen gestellt bis hin zu aufwendigen Ausschreibungen. Auch hier ist eine passende Legende entscheidend für den Erfolg, das heißt den Erhalt valider Detailinformationen. Ansatzpunkte sind hierbei etwa spezialisierte Marktforschungsagenturen, welche teilweise in Kooperationen mit Unternehmen, die als Kundenklientel für das auszuspähende Unternehmen infrage kommen, derartige Anfragen vorbereiten, durchführen und auswerten.

Bis hierher betrachtet, klingt das Arsenal der Vorgehensweisen noch akzeptabel. Kaum jemand würde Anstoß daran nehmen, sich allein aufgrund der Auswertung frei verfügbarer Informationen ein Bild vom Wettbewerb und damit vom eigenen Marktumfeld zu machen. Insofern verwundert es auch nicht, dass die hier im Ansatz geschilderten Methoden zum Werkzeugkasten einer Disziplin gehören, die sich explizit von Geheimdienstarbeit und Spionagetätigkeit distanziert und – ebenfalls aus den USA stammend – inzwischen in Deutschland unter dem Begriff »Competitive Intelligence« (CI) bekannt ist.

HUMINT: Human Intelligence

Unter HUMINT (Human Intelligence) fasst man die Informationsgewinnung durch menschliche Quellen. Neben der Geheimdienstwelt bezeichnet HUMINT auch einen wesentlichen Teil der Arbeit von Journalisten, qualitativen Marktforschern, Polizei- und Justizbehörden. Entscheidendes Merkmal ist immer die Ansprache von Personen – die sich nicht selten freiwillig, teilweise sogar unentgeltlich zur Verfügung stellen.

Die Wege der Informationsbeschaffung sind dabei sehr vielfältig. Eine Möglichkeit ist die Ausnutzung von Gesprächssituationen auf Messen und Kongressen, was streng genommen unter OSINT fällt, wie eben schon erwähnt. Fortgeschrittene Fragetechniken helfen jedoch unter Umständen dabei, den Gesprächspartnern – oder besser Opfern – Dinge zu entlocken, die sie eigentlich nicht preisgeben wollten. Die Grenzen zwischen OSINT und HUMINT, das auch als soziale Manipulation bekannt ist – gebräuchlicher ist der englische Begriff »Social Engineering« –, sind dabei fließend. Durch Vorspiegelung falscher Tatsachen wird das Lebensumfeld des Opfers mit dem Ziel ausspioniert, darüber zu einem späteren

Zeitpunkt an geheime Informationen zu kommen. Diese sind unter Umständen nicht das Endziel der Spionageaktivitäten, sondern dienen wie etwa Zugangspasswörter dazu, an die eigentlichen Informationen heranzukommen. Sowohl bei Gesprächsabschöpfung als auch bei Social Engineering ahnt die Zielperson nicht, dass sie gerade von Dritten für deren Zwecke missbraucht wird.

Das ist natürlich nicht die einzige Situation, bei der es um HUMINT geht. Ebenso wichtig ist, auf die Illoyalität einzelner Mitarbeiter zu bauen, sei es durch finanzielle Zuwendungen oder durch simples Ausnutzen der Gefühlslage eines möglicherweise von seinem Arbeitsumfeld frustrierten Mitarbeiters. Auch in diesem Zusammenhang zu sehen sind Erpressungsversuche, bei denen ein Mitarbeiter ausgespäht oder sogar gezielt in kompromittierende Situationen gebracht wird, um ihn anschließend durch entsprechenden Druck zur Kooperation zu bewegen.

Im vorigen Absatz ist übrigens ganz bewusst nur ganz allgemein von »Mitarbeiter« und nicht von »Know-how-Träger« die Rede, denn oft reicht es völlig aus, einen Praktikanten, eine Reinigungskraft oder eine andere Person anzusprechen und zur Mitarbeit zu bewegen. Diese verfügen häufig über unkontrollierten Zugang zu Büros und Unterlagen und können wichtige Informationen auch ohne genaue Sachkenntnis kopieren und an den Auftraggeber weiterleiten.

Nicht immer sind die Mitarbeiter im Unternehmen selbst aktiv beteiligt. Langfristige Spionageaktivitäten können beispielsweise auch durch die Einschleusung von geeignetem Personal berücksichtigt werden. Gezielt werden dabei Stellenanzeigen durchforstet und passende Bewerber an die Unternehmen weitergereicht; Zeugnisse und Bewerbungsunterlagen werden dafür entsprechend manipuliert. Derartige Aktivitäten sind allerdings eher selten, da sie einen langen zeitlichen Vorlauf benötigen, um greifbare Ergebnisse zu erzielen.

SIGINT: Signals Intelligence

SIGINT steht für die Informationsgewinnung durch elektronische Maßnahmen. Darunter fallen bekannte Klassiker wie das Abhören von Büro- und Konferenzräumen oder von Hotelzimmern. Das Auffangen von Funkübertragungen in allen denkbaren Formen zählt ebenso dazu. Hierbei geht es nicht allein um Sprachübertragung, sondern zum Beispiel auch um das Mitlauschen bei schnurlosen Tastaturen. Ganz allgemein fällt das Abhören der Telekommunikation unter SIGINT. Das beinhaltet nicht nur ein Abhören auf Dienstanbieterebene, sondern unter Umständen auch das Anzapfen von Unternehmenstelefonanlagen. Nicht unter den Tisch fallen sollte bei der Betrachtung von SIGINT zudem die Beobachtung beziehungsweise visuelle Überwachung, etwa mittels versteckt angebrachter Kameras auf dem Firmengelände.

Mit zunehmender Vernetzung unserer Lebens- und Arbeitswelt erweitern sich die Einsatzbereiche von SIGINT immer mehr bis hin zu vollkommen neuen Anwendungsbereichen. So kann man inzwischen auch die Erstellung und Auswertung von Bewegungsprofilen zu SIGINT auf Basis der Mobiltelefonnutzung des Spionageziels dazu zählen.

COMINT, ELINT und TECHINT

Verwendet wird im Zusammenhang mit Spionageaktivitäten auch der Begriff COMINT für »Communications Intelligence«, zu Deutsch Fernmeldeaufklärung, als einer Unterkategorie von SIGINT. Die zweite dazu komplementäre Bezeichnung ist ELINT (»Electronic Intelligence«), also elektronische Aufklärung, bei welcher es um die Erfassung und Auswertung elektronischer Signale geht. Gelegentlich ebenfalls gebräuchlich ist der Begriff TECHINT (»Technical Intelligence«). Darunter wird die Gewinnung von Informationen durch Nutzung von technischen Hilfsmitteln zusammengefasst – was sich von SIGINT allerdings nicht klar abgrenzen lässt.

In gewisser Weise sind die zuletzt genannten Begriffe obsolet, wenn man heutige Infrastrukturen betrachtet, bei denen sich Informationstechnologie (IT) und Telekommunikation (TK) nicht mehr klar trennen lassen. Man denke beispielsweise nur an eine zeitgemäße Telefonanlage als Ziel für eine Spionageattacke: Ein derartiges System besteht heutzutage im Wesentlichen aus einem Stück Software, das auf einem mehr oder weniger standardmäßigen Server läuft. Fällt eine Telefonanlage in einer derartigen aktuellen Bauform nun unter IT oder unter TK? Um eine eindeutige Antwort ringen hier selbst Experten vergeblich. Eine Trennung zwischen IT und TK ergibt nach dem aktuellen Stand der technischen Entwicklung wenig Sinn, entsprechend wird dies im Folgenden nicht unnötig ausdifferenziert.

An den Grenzen von Recht und Ethik

Der »Geheimdienstsprech« OSINT, HUMINT und SIGINT verrät in seiner neutralen Behördensprache nur wenig von den rechtlichen und ethischen Grenzen, die hierbei überschritten werden, wenn es um Spionageaktivitäten geht. Bei einer oberflächlichen Betrachtung fällt oft unter den Tisch, dass ein Teil dieses Instrumentariums auch vollkommen legal und teilweise auch ethisch unbedenklich verwendet werden kann. Daher soll zunächst der oben bereits kurz genannte Begriff der Competitive Intelligence beleuchtet werden und in seiner Abgrenzung zur »dunklen Seite« der Informationsgewinnung dargestellt werden: der Spionage zulasten von Unternehmen.

Competitive Intelligence

Bei der noch relativ jungen Disziplin der Competitive oder Competitor Intelligence geht es darum, so viel wie möglich über die Wettbewerber des eigenen Unternehmens und deren Pläne herauszufinden, ohne den Boden der Legalität zu verlassen. Competitive Intelligence (CI) bezeichnet also das systematische und permanente Sammeln und Auswerten sowie (interne) Verteilen von Informationen über Wettbewerber, über deren Produkte und Dienstleistungen. Berücksichtigung finden auch Marktentwicklungen, Branchentrends, Patentanmeldungen, neue Technologien und unter Umständen sogar Kundenerwartungen, wobei hier eine strenge Abgrenzung zur klassischen Marktforschung nicht unbedingt gegeben ist. Anders und wertfrei formuliert: CI ist das Wissen über die Pläne der Konkurrenz und die Anwendung dieses Wissens zur Steigerung der eigenen Wettbewerbsfähigkeit – auch um die Gefahr von Fehlentscheidungen zu reduzieren.

In der einfachsten Form besteht ein CI-Projekt aus drei Elementen: Zunächst ist es wichtig zu definieren, welche Informationen überhaupt gewonnen werden sollen. Üblicherweise beginnt man zunächst mit einer Sekundärrecherche. Dabei handelt es sich um das, was oben unter OSINT definiert wurde: Alle potenziell relevanten Informationen werden aus öffentlich zugänglichen Quellen zusammengetragen, darunter Geschäftsberichte, Registereinträge, Patentanträge, Gerichtsentscheidungen, Medienberichte, Stelleninserate, Blogeinträge oder Webinhalte. Je nach Zielobjekt und Auftragsinhalt kann diese Liste erheblich länger ausfallen.

Daran schließt sich dann typischerweise eine Phase der Primärrecherche an, also mit Menschen zu sprechen. In der Praxis dient die Sekundärrecherche im Wesentlichen dazu, die »richtige« Person zu identifizieren, die sich für eine Konversation eignet. Die per

Sekundärrecherche ermittelten Inhalte dienen als Einstieg in das Thema und machen den CI-Researcher zu einem gut informierten Gesprächspartner, mit dem es sich aus Sicht der Zielperson zu reden lohnt – zumeist unter falschen Voraussetzungen und mit falschen Erwartungen, was ethische Fragen aufwirft. Der wesentliche Unterschied zur Industriespionage liegt in der Beschränkung auf legal zu erlangenden Informationen, wobei es einen großen Graubereich gibt, der in der Praxis häufig betreten wird.

Der Prozess der Competitive Intelligence folgt dem sogenannten »Intelligence Cycle«. Es handelt sich hierbei um ein Konzept der Informationsbeschaffung und Auswertung, das in den Sechzigerjahren zuerst von Nachrichtendiensten beschrieben wurde. Dieser Prozess besteht unter anderem aus den folgenden Schritten:[8]

- *Planung:* Formulierung des Informationsbedarfs, Definition von KITs (»Key Intelligence Topics«) und daraus abgeleitet KIQs (»Key Intelligence Questions«);
- *Datenerhebung und Informationssammlung (basierend auf KITs und KIQs):* Primärquellen sind Branchenexperten, (ehemalige) Mitarbeiter von Wettbewerbern, Kunden, Lieferanten, Händler, Messen, Kongresse. Sekundärquellen sind Geschäftsberichte, Bundesanzeiger, Handelskammern, Kreditgeber, Marktforschungs- und Firmeninformationsdienste, Branchenzeitschriften, Zeitungen, Internet, Patente oder Fachdatenbanken;
- *Sortieren der Fundstücke, Filterung und Aufbereitung:* Übersetzung (bei fremdsprachigen Quellen), Evaluierung, Strukturierung, Interpretation und elektronische Speicherung der gewonnenen Informationen;
- *Analyse der gewonnenen Erkenntnisse und Aufbereitung der Ergebnisse:* Benchmarking, SWOT-Analyse (Stärken-Schwächen-Analyse), Wettbewerberprofilierung, Branchenstrukturanalyse, Simulationsmodelle, War-Gaming;

- *Entscheidungsgrundlage:* Entwicklung und Ableitung von Empfehlungen;
- *Verbreitung der Ergebnisse:* Erstellung des CI-Reports vom Entwurf bis zur Freigabe und Übergabe an den Entscheidungsträger.

In Deutschland, Österreich und der Schweiz ist Competitive Intelligence als Disziplin erst seit den Neunzigerjahren bekannt und wird nur an wenigen Hochschulen gelehrt. Anders in den Vereinigten Staaten: Die Anfänge des CI-Gedankens lassen sich dort in den Siebzigerjahren verorten, wobei Competitive Intelligence zunächst ausschließlich Teil der Marktforschung war. Entscheidend für den Durchbruch dieser Idee und deren breite Akzeptanz in Unternehmen wie Ausbildungseinrichtungen war eine Studie des Wirtschaftsprofessors Michael Eugene Porter, der an der Harvard Business School lehrt. Seine Publikation *Competitive Strategy*[9] gilt als Wegbereiter für die gesamte Debatte rund um die Sammlung und Auswertung von Informationen über Wettbewerber.

Aufgegriffen und weithin promotet wurde CI durch die 1986 in den USA gegründete Society of Competitive Professional (SCIP, inzwischen bei gleichem Kürzel umbenannt in Strategic and Competitive Professionals). Diese entwickelte nicht nur eine weithin gebräuchliche Definition von Competitive Intelligence, sondern auch eine Art Wissensfundus und vor allem einen sogenannten »Code of Ethics«. Doch ob ein bestimmtes Verhalten im Wettbewerbskontext ethisch einwandfrei oder inakzeptabel ist, ist selbst bei näherer Betrachtung oft nur äußerst schwierig festzustellen und abhängig vom kulturellen oder zeitlichen Kontext: Ein Vorgehen, das heute hierzulande völlig unbedenklich erscheint, kann morgen in einem anderen Land vielleicht große Probleme aufwerfen.

Eine interessante Studie zur Frage nach kulturellen Unterschieden bei der Einschätzung, ob bestimmte CI-Praktiken ethisch einwandfrei sind, lieferte bereits im Jahr 2001 die amerikanische Unternehmensberatung Fuld:[10] Darin wurden verschiedene Szenarien vorgestellt und Studienteilnehmern aus Nordamerika und aus Europa zur Bewertung vorgelegt. Befragt wurden mehr als hundert »CI-Professionals« aus Nordamerika und Europa, also ausschließlich Personen, die sich im Berufsleben intensiv mit dem Thema auseinandersetzen. Dabei wurden die Teilnehmer der Untersuchung zunächst mit unterschiedlichen Szenarien konfrontiert und anschließend gebeten, diese zu bewerten als »normales Vorgehen«, als »aggressives Verhalten« (aber als noch akzeptables), als »unethisches Verhalten« oder als »illegales Verhalten«.

- *Dokumente im Tagungshotel (Szenario 1):* »Ihnen wird bekannt, dass Ihr Wettbewerber eine Führungskräftetagung in einem bestimmten Hotel abhält, Sie schauen vorbei gegen Ende des Tages, um zu sehen, ob jemand (interne) Dokumente zurückgelassen hat.«
  Ergebnisse: Weniger als 10 Prozent der Befragten sahen dies als »normales« CI-Vorgehen an. Etwa 10 Prozent der Europäer waren der Meinung, dies wäre »illegal«, während nur wenige befragte Amerikaner der gleichen Meinung waren. Jeweils etwa 50 Prozent der Befragten charakterisierten die Situation als »aggressiv« und 42 Prozent der Amerikaner sowie ein Drittel der befragten Europäer betrachteten dieses Verhalten als »unethisch«.
- *Unterhaltung im Flugzeug (Szenario 2):* »Sie sitzen im Flugzeug und hören zufällig, wie ein Mitarbeiter eines Wettbewerbers zu einem Sitznachbarn spricht und dabei Informationen weitergibt, die vertraulich zu sein scheinen. Dabei wissen die beiden nicht, wer Sie sind und dass Sie das Gespräch mitverfolgen können.«
  Ergebnisse: 70 bis 80 Prozent der Antwortenden sahen dies als

»normale« Aktivität. Nur 20 Prozent betrachteten dies als »aggressiv«, eine kleine Gruppe amerikanischer Führungskräfte als »unethisch« und niemand als »illegal«.

- *Ohne Namensschild auf der Messe (Szenario 3):* »Sie besuchen eine Branchenmesse. Sie nehmen dabei das Schild ab, das Sie als Wettbewerber identifiziert, und gehen dann zu einem Messestand und geben dem dortigen Ansprechpartner zu verstehen, dass Sie Interesse an dem vorgestellten Produkt haben.« *Ergebnisse:* Anders als bei den vorigen zwei Sachverhalten bewerteten amerikanische und europäische Befragte das Szenario unterschiedlich. 56 Prozent der Europäer sahen dieses Vorgehen als »normal« an, der gleichen Meinung waren aber nur circa 10 Prozent der Amerikaner. Etwa ein Drittel der Befragten aus beiden Regionen hielt das Verhalten für »aggressiv«. Die Hälfte der Amerikaner und etwa 11 Prozent der Europäer fanden das Verhalten »unethisch«, und eine kleine Anzahl von Amerikanern hielt es sogar für »illegal«.

- *Ohne Namensschild im Privatbereich eines Ausstellers auf der Messe (Szenario 4):* »Sie besuchen eine Branchenmesse. Sie nehmen dabei das Schild ab, das Sie als Wettbewerber identifiziert, und gehen dann zu einem Messestand und betreten einen als ›für Kunden der Firma X‹ als privat bezeichneten Bereich.« *Ergebnisse:* Beinahe die Hälfte aller Amerikaner sah dieses Verhalten als »unethisch« an, 44 Prozent sogar als »illegal«. Weniger als 10 Prozent der Amerikaner hielten es für »normal« oder »aggressiv«. Im Vergleich dazu betrachteten 39 Prozent der Europäer dieses Vorgehen als »aggressiv« und 55 Prozent als »unethisch«.

Fazit der Studie war, dass die meisten Befragten die von Competitive Intelligence geforderten grundlegenden Prinzipien ethischen Handelns zwar verinnerlicht haben, aber unterschiedlich interpretieren. Dabei existieren erhebliche Unterschiede zwischen Nordamerikanern und Europäern – und das bereits zwischen zwei eigentlich als ähnlich geltenden Kulturen. Auch wenn Fuld diese Frage nicht aufwarf, stellt sie sich ganz automatisch: Wie können wir annehmen, dass andere Kulturen – man denke etwa an China – unsere grundlegenden Vorstellungen und Werte im Umgang mit Informationen Dritter teilen, wenn es schon zwischen Nordamerika und Europa derartig deutliche Unterschiede gibt?

Orientiert man sich an den Ethikvorgaben der SCIP-Organisation, kann man durchaus zu einer allgemein akzeptablen Einteilung kommen. Im Buch *Competitive Intelligence in der Praxis*[11] wird ein Ampelcode eingeführt: Grün steht dabei für legal und Fair Play, Gelb für den Grenzbereich, in dem es ethisch bedenklich ist, und Rot für illegal, was vom Autor als Wirtschaftsspionage angesehen wird. Im Einzelnen werden unter anderem folgende Beispiele genannt:

- *Grün:* Auswertung von Messen, Informationsbroschüren, Publikationen, Werbematerialien, Informationen im Internet, Pressemitteilungen, Tagungen und Kongressen sowie vom Außendienst erhaltene Informationen et cetera;
- *Gelb:* Auswertung von zufällig liegen gelassenen Dokumenten, »Durchstöbern« von Terminkalendern, Scheinverhandlungen (Mystery-Shopping) et cetera;
- *Rot:* Knacken von Passwörtern, Verwanzen von Räumen, Abhören von Telefonaten, Aushorchen von Mitarbeitern der Wettbewerber, Einschleusen von »Maulwürfen«, Diebstahl, Bestechung et cetera.

Diese Aufstellung liefert eine hilfreiche Abgrenzung zum weiten Feld der Wirtschaftsspionage, dem Kern der Betrachtungen in diesem Buch. Wie oben bereits erwähnt, dürfen wir jedoch nicht davon ausgehen, dass in anderen Kulturen ähnliche Wertvorstellungen herrschen, wie wir sie kennen. Hier zu argumentieren ist gefährlich: Zu leicht sieht man sich mit Vorwürfen konfrontiert, wenn man beispielsweise auf kulturelle Unterschiede zwischen Deutschland und China verweist und die immer wieder für China beschworene »Nachahmung als Verehrung des Meisters« als angeblich wesentliche Triebfeder der dortigen Entwicklung benennt. Noch gefährlicher ist es, wenn man den Sozialismus, wie er für Osteuropa lange Jahre prägend war, mit der Realität in Westeuropa vergleicht: In einer gemeinsamen Forschungsarbeit der Duke University und der Ludwig-Maximilians-Universität München[12] wurde etwa festgestellt, dass Personen, die jahrelang im Sozialismus gelebt haben, bei einem abstrakten verhaltenswissenschaftlichen Experiment eher zum Betrügen neigen als andere. Dieses Ergebnis dürfte vor allem mit Blick auf osteuropäische Staaten und den von dort ausgehenden Spionageaktivitäten zulasten deutscher Unternehmen interessant sein. Denn nur weil wir uns alle als Europäer sehen, müssen wir noch lange nicht im Detail die gleichen Wertvorstellungen teilen.

Spionage zulasten von Unternehmen

Bei der Spionage mit Zielrichtung Unternehmen spielen ethische und juristische Grenzen keine Rolle mehr. Es geht allein darum, an die gesuchten Erkenntnisse zu kommen und dabei so wenige Spuren wie möglich zu hinterlassen.

Die Wege, um an die gewünschten Informationen zu kommen, sind vielfältig. Jeder Zuschauer von Agentenfilmen kennt die Szene, in welcher der Held über das Dach, an Kameras und Alarmsystemen vorbei, in das Chefbüro eindringt, den Safe mit den geheimen Plänen knackt und wenige Sekunden, bevor der Wachdienst um die Ecke biegt, gerade noch aus dem Gebäude entkommt. Mit der Realität hat dies alles wenig zu tun. Dennoch gibt es Fälle, bei denen in ein Gebäude oder einen temporär genutzten Aufenthaltsbereich wie ein Hotelzimmer oder ein Kraftfahrzeug eingebrochen wird – um Informationen zu stehlen oder um mittels einer dabei platzierten Wanze an Unternehmensinterna zu kommen. Weitaus häufiger wird jedoch der indirekte Weg gewählt, sei es über die Positionierung eines eigenen Mitarbeiters im Unternehmen oder über das Anwerben eines dort Beschäftigten oder eines Externen, der über den entsprechenden Zugang verfügt, etwa ein Reinigungstrupp.

Die Methoden sind so vielfältig wie die Angreifer und ihre Ziele. So werden Unternehmen abgehört, indem Wanzen angebracht werden oder geeignetes Equipment von außerhalb. Richtmikrofone kommen dabei genauso zum Einsatz wie Geräte, welche etwa die Abstrahlung von Funktastaturen und Monitoren empfangen und im Klartext darstellen können. Neu im Zeitalter der Vernetzung sind technische Angriffe über die Anbindung von Unternehmen an das Internet, Cyberspionage genannt. Dabei muss sich der Angreifer nicht mal in der Nähe des Zielobjekts befinden: Ein Internetzugang irgendwo auf dem Planeten reicht aus, um praktisch jedes Unternehmen zu attackieren. Inwieweit diese und andere oben angedeutete Methoden zum Erfolg führen, steht allerdings auf einem anderen Blatt.

Spionage als Geschäftsmodell

Industriespionage ist nicht immer eine Tätigkeit, die man als Unternehmen unbedingt selbst in die Hand nehmen muss. Rund um den Globus gibt es zahlreiche Dienstleister, die – unter dem Deckmantel einer legalen Firma – gerne zur Hand gehen, wenn es darum geht, einen speziellen Informationsbedarf abzudecken. Meist geschieht dies im Verborgenen, aber manchmal auch vollkommen öffentlich. So wurde ein Geschäftspartner von mir auf einer Messe in Moskau auf einen Stand aufmerksam, wo ehemalige Geheimdienstagenten ganz offen für ihre Art von Informationsbeschaffung warben – mehrsprachig und mit »Erfolgsgarantie«. Die zugehörige Website jedoch verlor sich im Ungefähren über die Leistungsfähigkeit der »Marktforscher«, die man als Angestellte beschäftigte.

Auch aus den USA und aus Großbritannien wurde die Existenz derartiger Recherchefirmen bekannt. Nicht wenige dieser Firmen, die manchmal als Detekteien firmieren, beschäftigen ehemalige Mitarbeiter von Geheimdiensten oder Polizeibehörden. Es darf vermutet werden, dass die eine oder andere Abfrage auf dem »kleinen Dienstweg« bei den Ex-Kollegen, die noch in Staatsdiensten stehen, bearbeitet wird. Auch nutzen derartige Firmen ab und an Werkzeuge, die üblicherweise nur staatlichen Stellen zur Verfügung stehen. Es ist eine extrem intransparente, aber faszinierende Branche, die sich hier entwickelt hat.

Es kann jeden treffen

Spricht man mit Unternehmenslenkern, IT-Chefs oder Sicherheitsverantwortlichen über deren Einschätzung zu einer möglichen Bedrohung des eigenen Unternehmens durch den Diebstahl von Geschäftsgeheimnissen, so stößt man nicht auf Anzeichen von Nervosität und Verunsicherung. Noch vor wenigen Jahren dominierte die Auffassung: »Uns wird es schon nicht treffen, wir sind zu klein oder zu unbedeutend oder zu unbekannt …«

Infolge immer neuer Sicherheitsvorfälle, die in den Medien bekannt wurden, hat sich diese Einstellung zwischenzeitlich grundlegend verändert. Allerdings verfügt noch immer kaum einer der

Interviewten über eine klare Strategie für den Umgang mit diesen Bedrohungen der Unternehmenssicherheit. Zudem ist das Bild der Gefahrenlage vielfach verzerrt durch die Marketingbemühungen einer Vielzahl von IT-Security-Firmen, die ihr jeweiliges Produkt als den wichtigsten Teil einer funktionierenden Abwehrstrategie gegen die Gefahren von Cyberspionage promoten.

Die in den Kapiteln 3 und 4 diskutierten Beispiele zeigen sehr deutlich, dass es sprichwörtlich jeden treffen kann: Ob Weltkonzern oder Einzelunternehmer – dies ist im Prinzip unerheblich, wenn der Wettbewerb ein starkes Interesse an Firmeninterna hat. Ebenfalls ist es nicht möglich, einzelne Branchen bei einer Risikobewertung auszuschließen, wenngleich es natürlich Branchen gibt, die wegen ihres Know-hows ein besonders lohnendes Angriffsziel sind: Dazu zählen Unternehmen aus den Bereichen Rüstung, Raumfahrt, Mikroelektronik, Chemie, Pharma und Gentechnik.

Diese Auffassung bestätigt auch der Verfassungsschutz in Bayern: »Die Größe eines Unternehmens ist gar nicht entscheidend. Vielmehr geht es darum, ob eine Firma innovatives Fachwissen besitzt. Das kann ein Betrieb mit zehn Mitarbeitern sein oder ein großer Konzern.«[13] Ziel seien meist »Entwicklungsdaten und Innovationen in Hochtechnologien, aber auch das Know-how des Mittelstandes sowie strategische Informationen über die unternehmerischen Pläne«.[14] Muss man sich deswegen als Bauunternehmer oder Sägewerksbetreiber weniger Sorgen machen?

Ein Geschäftsführer eines bekannten international tätigen Bauunternehmens formulierte es mir gegenüber einmal so: »Ich arbeite nach den gleichen Plänen, mit den gleichen Maschinen, Materialien und Werkzeugen und sogar den gleichen Subunternehmern wie meine Wettbewerber. Was davon ist meiner Konkurrenz nicht in gleichem Maß bekannt wie mir selbst?« Die Antwort hierauf ist ganz einfach: Es ist die Preiskalkulation, die den alles entscheidenden Unterschied macht. Gelangt sie an die Konkurrenz, so kann diese in Ausschreibungen leicht das bessere Angebot vorlegen. In der Tat gibt es Indizien dafür, dass Informationen zur Preisgestaltung zu den häufigsten Spielen der Konkurrenzausspähung zählen.

Die Vorstellung, dass nur eine »geheime Formel« für einen Späher von Interesse ist, führt also in die Irre. Scheinbare Nebensächlichkeiten können – in der richtigen Kombination – dem Angreifer detaillierte Schlussfolgerungen ermöglichen. So reicht zum Beispiel die Information, dass mehrere Vorstandsmitglieder einer großen Münchner Brauerei am »Provinzflughafen« Paderborn-Lippstadt gerade angekommen sind, aus, um Rückschlüsse auf eine möglicherweise anstehende Übernahme in der Branche zu ziehen – sofern man den Hintergrund vor Augen hat: Paderborn-Lippstadt ist der nächstgelegene Flughafen zum an Großbrauereien reichen Sauerland. Auf den Kontext kommt es eben an! Solche auf den ersten Blick banalen Informationen können der Konkurrenz wichtige Munition für die Erarbeitung von Gegenstrategien oder für Störmanöver liefern.

Interessante Ziele der auf Unternehmen gerichteten Spionage können sein – in alphabetischer Reihenfolge und ohne Anspruch auf Vollständigkeit: Aufenthaltsorte von Geschäftsleitungsmitgliedern und Fachexperten, Aufsichtsrats- und Vorstandsprotokolle, Ausschreibungen, Ausweise und Informationen zur Zugangskontrolle, Baupläne und Bebauungspläne, Designvorlagen, Einkaufspreise, Erfindungen, Fehlerberichte und Qualitätsreports, Fertigungsdetails, Gehälter und Boni der Mitarbeiter, Gewinn- und Umsatzkalkulationen, innovative Ideen aus Workshops oder unternehmensinternen Wettbewerben, Kalkulationen, Kaufabsichten aller Art, Lagepläne, Lagerbestände, Lieferantenlisten, Lieferanten- und Serviceverträge, Logistikinformationen, Materialproben, Messestrategien, Passwörter und Zugangsdaten, Patentanmeldungen, personenbezogene Daten zu Mitarbeitern, insbesondere Führungskräften, Pilotprojekte und Experimente, Produktbestandteile, Reisepläne und Kongressbesuche, Roadmaps für Produktvarianten oder Marketingaktivitäten, Sicherheitssysteme, Strategiekonzepte, Studienergebnisse, technische Detailkenntnisse, Telefondurchwahlnummern, Testanordnungen und -ergebnisse, Transportwege und -zeiten, Unfallanalysen und -berichte, Unternehmenskennzahlen, Verkaufsabsichten, Vertragsdetails, Vertriebsstrategien, Warenproben, Zahlungs- und Kontodaten, Zugriffsmöglichkeiten per Internet oder VPN et cetera. Viele dieser Informationen sind alles andere als geheim, dienen aber – gesammelt, ausgewertet und verdichtet – möglicherweise nur als Basis für den Angriff auf zentrale Unternehmensdaten.

Harte Fakten und belastbare Statistiken zu den »letzten Zielen« der Wettbewerbsspione sind jedoch rar. Eine bereits 1996 im Auftrag von amerikanischen Regierungsbehörden von Richard Heffernan, dem Geschäftsführer einer Firma zur Bewertung von Geschäftsrisiken und Mitglied im Beirat des National Counterintelligence Centers (NACIC), erstellte Studie zum Thema wirtschaftlich motivierte Spionageaktivitäten zeigte, dass die wichtigsten Spionageziele sich wie folgt verteilen: 56 Prozent auf Preisinformationen, 33 Prozent auf Informationen zur Produktentwicklung, 6 Prozent auf Informationen zur Fertigungstechnik und die restlichen 5 Prozent auf sonstige Angriffsziele. Ob und inwieweit diese Angaben valide, unter den heutigen Bedingungen noch aktuell und auf Deutschland beziehungsweise Europa übertragbar sind, darf bezweifelt werden.

Die Wirtschaftsprüfungsgesellschaft Ernst & Young kam im Jahr 2013 in ihrer Studie *Datenklau. Neue Herausforderungen für deutsche Unternehmen*, für die 400 Unternehmen befragt wurden, zu einem etwas differenzierteren Ergebnis. Demnach sind die wesentlichen Spionageziele nach Geschäftsbereich: 52 Prozent Forschung und

Entwicklung, 21 Prozent Vertrieb, 14 Prozent Fertigung, 11 Prozent Finanzwesen, Rechnungslegung und Kreditabteilung sowie ebenfalls 11 Prozent Personal. Aus meiner Arbeit mit deutschen Unternehmen sind mir allerdings zahlreiche Fälle bekannt, bei denen gezielt nur Preisinformationen ausgeforscht werden sollten, die aber verschiedene Geschäftsbereiche tangierten.

Natürlich ist nicht jedes Unternehmen gleichermaßen gefährdet. Die sogenannten unternehmensspezifischen Risiken hängen dabei ab von der Wettbewerbssituation in der Branche sowie der eigenen Position am Markt beziehungsweise dem Weltmarkt. Kurz zusammengefasst lässt sich festhalten: Global Player sind immer gefährdet, wobei es – wie einige der folgenden Beispiele belegen – nicht immer nur direkte Konkurrenten sind, die Ausgangspunkt von Spähattacken sind. Es sind teilweise auch Abnehmer und Partnerunternehmen, die ihr eigenes Geschäftspotenzial zu erweitern trachten. Vorsicht ist also in jede Richtung geboten.

Die Zeitschrift *WIK – Zeitschrift für Sicherheit in der Wirtschaft* veröffentlicht alle zwei Jahre eine umfassende Studie zum Thema Unternehmenssicherheit, bei der unter anderem auch Unternehmen nach der Gefährdung durch Ausspähung befragt werden. Diese kam in der neuesten Ausgabe von 2013 zu folgenden Ergebnissen auf Basis von 279 ausgewerteten Fragebögen:[15]

	Wie bewerten Sie die aktuelle Gefährdung der Wirtschaft?		Wie bewerten Sie die künftige Gefährdung der Wirtschaft?	
	2010/11	2013	2010/11	2013
Kriminalität	3,2	3,3	3,8	3,9
Konkurrenzausspähung und Wirtschaftsspionage	3,4	3,4	4,2	4,1
Politischer Extremismus und Terrorismus	2,8	2,8	3,6	3,4
Angriffe auf die IT und Telekommunikation	3,7	3,7	4,7	4,7
Kriege und Militäreinsätze	2,0	2,0		

Bewertung: 1 = sehr gering, 6 = sehr hoch

Höher als die Gefährdung durch Ausspähung wurde nur das Risiko eingeschätzt, zum Opfer von Sabotage im Bereich Informationstechnologie und Telekommunikation zu werden. Dass diese Meinung nicht grundlos ist und dass beide Bereiche eng zusammenhängen, zeigen die folgenden Kapitel.

3 Von der Old-School-Spionage zu modernen Angriffsmethoden

Wenn wir heute von wirtschaftlich motivierter Spionage sprechen, so haben die meisten Menschen bestimmte Vorstellungen oder, besser gesagt, Klischees im Kopf: von der Wanze unter dem Konferenztisch im Besprechungszimmer bis hin zum Spion, der sich irgendwo eingeschlichen hat und per Minikamera geheime Unterlagen fotografiert. Ebenso geprägt ist unsere Vorstellungswelt von kulturellen Vorurteilen: Industriespione beispielsweise müssen aus China kommen. Die »gelbe Gefahr«, in der Presse vielfach beschworen, ist ein eingängiges Bild der wahrgenommenen Spionagerisiken. Auch der »böse Russe« muss nach dem Ende des Kalten Kriegs als Symbol für die Gefahren herhalten, die unseren Unternehmen und unserer Volkswirtschaft durch Spionage drohen. Nicht immer war die Lage scheinbar so eindeutig: Geht man in der Geschichte zurück, kommt die westliche Welt nicht immer gut weg.

Das Belauschen des Gegners nimmt in den Überlieferungen seit der Antike breiten Raum ein. Schon der Tyrann von Syrakus soll im 4. Jahrhundert vor Christus attische Kriegsgefangene in einer künstlich angelegten Höhle namens »Ohr des Dionysios« mit besonderer Akustik gefangen gehalten haben, um mitzulauschen, was seine Feinde vorhatten. Das Buch *Reise in den Orient* von Friedrich Wilhelm Hackländer beschreibt den Aufbau jener Einrichtung wie folgt:

»Die Höhle selbst ist gegen achtzig Schritte lang, schlangenförmig gewunden und führt zu einem kleinen, in Trichterform zusammenlaufenden Gemach, in welchem der Sage nach Dionys die Gefangenen vermittelst eiserner Ringe an die Wand fesseln ließ. Die Decke bildet mit den Seiten fast einen gotischen Bogen, und in die Spitze ist eine fußtiefe runde Rinne gehauen, die oben durch den Gang läuft, wenige Fuß vor dem Eingang die rechte Wand durchbricht und in das von außen sichtbare kleine Gemach führt. Letzteres ist das sogenannte Ohr des Dionys, in welchem der Tyrann auf die Reden der im Gemach am Ende der Höhle eingesperrten Gefangenen zu lauschen pflegte.«

Ob die von diesem und anderen Berichten erwähnte Nutzung tatsächlich beabsichtigt war, bleibt offen. Lokale Reiseführer erzählen die Geschichte aber auch heute noch gerne jedem, der dort vorbeikommt.

Die Faszination des Abhörens packte nicht nur den Mitte des 19. Jahrhunderts sehr bekannten Schriftsteller Hackländer, sondern fast zwei Jahrhunderte zuvor den Universalgelehrten Athanasius Kicher. In seinem 1662 erschienenen Buch *Musurgia Universalis*, das er der Musik widmete, beschrieb er verschiedene Architekturmodelle zur akustischen Überwachung. Die Ingredienzen sind stets ähnlich: Der Schall wird durch einen großen Trichter aufgefangen und durch einen Gang in Form eines Schneckenhauses weitergeleitet. Ob seine Ausführungen einen weitergehenden praktischen Bezug hatten oder nur der Faszination für das Neue geschuldet waren, dem sein vielseitiges Werk entsprang, ist unklar.

Ein konkreter Fall, in dem eine derartige bauliche Abhöreinrichtung eine Rolle in einem wirtschaftlichen Konflikt spielte, ist nicht überliefert. Wir dürfen jedoch davon ausgehen, dass am Hof der großen Herrscherhäuser durchaus Lauscher mit Blick auf die Erlangung wirtschaftlicher Vorteile zugange waren. Alleine die Kunstgeschichte ist voll von Bildmotiven, bei denen überwiegend an Türen gelauscht wird – ganz ohne technische Ausrüstung.

Frühzeit der Wirtschaftsspionage

Die aus der Frühzeit der Wirtschaftsspionage überlieferten und hier dokumentierten Fälle lassen sich allesamt dadurch charakterisieren, dass sehr gezielt spioniert wurde. Stets standen bestimmte technische Verfahren oder Erkenntnisse im Mittelpunkt des Interesses. Um diese zu ergründen, wurden teilweise jahrelange Recherchen in Kauf genommen und nicht selten das eigene Leben aufs Spiel gesetzt. Die folgenden Beispiele zeigen nicht nur, wie alles begann, sondern liefern auch Belege für den Wandel der Problemstellungen und Angriffsmethoden im Lauf der Zeit.

Das Ende des Seidenmonopols

Der Ursprung der Seide liegt in China. Über lange Zeit blieb die Herstellung von Seide ein gut gehütetes Geheimnis und die Basis für einen ertragreichen Handel zwischen Ost und West. Die Seidenstraße als Handelsweg zwischen China und Europa verdankt ihr den Namen. Zeitweise wurde Seide sogar mit Gold aufgewogen.

Wie die Seidenherstellung trotz strenger Sicherheitsvorkehrungen – auf die Ausfuhr von Seidenraupen beziehungsweise deren Eiern stand die Todesstrafe – den Weg aus China fand, darum ranken sich Legenden. Angeblich soll Anfang des 5. Jahrhunderts nach Christus die Tochter des chinesischen Kaisers Eier der Seidenraupe und Samen des Maulbeerbaums in ihrer Frisur nach Kothan im heutigen Myanmar geschmuggelt haben, weil sie nach ihrer Heirat mit dem Fürsten nicht auf ihre Seidenkleider verzichten wollte. Von Kothan aus verbreiteten sich die Kenntnisse über die Seidenherstellung weiter nach Japan und Indien.[1] In anderen Versionen der Geschichte war der König von Kothan und Bräutigam eben jener Dame von königlicher chinesischer Herkunft die treibende Kraft und überredete sie zum Schmuggel. Wenn man so will, war das der erste mehr oder weniger präzise dokumentierte Fall von wirtschaftlich motivierter Spionage auf globaler Ebene.

Ebenfalls aus dem 6. Jahrhundert, nämlich aus dem Jahr 522, wird berichtet, dass es zwei Mönchen gelungen war, in Hohlräumen ihrer Wanderstöcke sowohl Eier von Seidenraupen als auch Samen des Maulbeerbaumes nach Byzanz zu schmuggeln. Auf Basis dieser »Mitbringsel« begann die Herstellung von Seide im Mittelmeerraum. Das chinesische Monopol auf die Seidenherstellung war damit endgültig Geschichte, auch wenn die Qualität des Endprodukts noch lange Zeit nicht mit dem chinesischen Original konkurrieren konnte. Anders gesagt: Man hätte sich vorab auch etwas genauer über die Produktionsverfahren informieren sollen, denn rudimentäre Kenntnisse der Seidenspinnerei waren nicht genug, um mit der in China über Jahrtausende verfeinerten Produktionstechnik Schritt halten zu können.

In jedem Fall zeigt dieser frühe Fall der Konkurrenzausspähung nicht nur einen erheblichen zeitlichen Einsatz. Auch die Protagonisten nahmen enorme persönliche Risiken auf sich. Aus heutiger Sicht hat sich das im Fall der Seide für Europa kaum gelohnt: Die wichtigsten Zentren der Seidenherstellung sind heute Brasilien, China, Thailand, Indien und Japan.

Die Macht des Feuers

Von wenigen Ausnahmen abgesehen, waren es bis in die Neuzeit die militärischen Geheimnisse, die heiß begehrt waren, aber streng gehütet wurden. Die Geheimhaltung gelang aber nur selten dauerhaft: Waffentechnische Neuerungen und Verbesserungen bestehender Systeme wurden schnell von Freund wie Feind kopiert. Nur ein einziger Fall ist überliefert, bei dem es gelang, eine echte »Wunderwaffe« – eine kriegsentscheidende Waffe, gegen die der Gegner hilflos ist – über Jahrhunderte geheim zu halten.

Gemeint ist hier das »Griechische Feuer«, dessen chemische Zusammensetzung und Konstruktion bis heute umstritten sind. Es war eine Waffe der Seekriegsführung, mit der sich feindliche Schiffe in Brand stecken ließen. Im 7. Jahrhundert hatte dieses Griechische Feuer erstmals dabei geholfen, einen Angriff der arabischen Flotte auf Byzanz zurückzuschlagen. Von Historikern wird diese Waffe mit dem lang dauernden Erfolg des Reichs bis ins 15. Jahrhundert in Verbindung gebracht. Oder anders gesagt: Die wirtschaftliche Prosperität wurde entscheidend beeinflusst von der Geheimhaltung jenes militärischen Geheimnisses. Beispiele, die ein erfolgreiches Ausspähen von Militärtechnologie zeigen, sind dagegen bis heute Legion.

Der zerbrochene Spiegel

Erst viel später wurden Verfahren und Technologien, die ökonomische Vorteile versprachen, zum Mittelpunkt von Spionageaktivitäten. Wichtige Geheimnisse wurden dabei mit vielerlei Mitteln geschützt: So war in Murano, einer Insel in der Lagune von Venedig, den Glasmachern bei strengster Strafe das Verlassen der Insel verboten, und auf Verrat stand die Todesstrafe – ein wirksames Vorgehen, denn es dauerte Jahrhunderte, bis die venezianischen Technologien ausgeforscht oder nachentwickelt waren.

Ein Spiegel ist heute für niemanden etwas Besonderes mehr. Das war im Mittelalter vollkommen anders. Nur wenige – nach heutigen Maßstäben sehr reiche – Personen konnten sich einen Spiegel leisten. Um das Jahr 1300 gelang es venezianischen Glasbläsern auf Murano zum ersten Mal, Spiegel aus Glas herzustellen. Der technologische Vorsprung der in Murano konzentrierten venezianischen Glas- und Spiegelmacher war damals von Interesse für Spione aus dem Rest von Europa. Aber erst Agenten Ludwigs XIV., des Sonnenkönigs, gelang es, die Spiegelkompetenz nach Frankreich zu holen – sein Wunsch nach einem prachtvollen Spiegelsaal im Schloss von Versailles wäre zu venezianischen Preisen vermutlich sonst kaum zu erfüllen gewesen. Mit Überredungskunst und finanziellen Versprechungen gelang es, einige Meister ihres Fachs von Murano nach Frankreich zu locken. Dort wurde die Produktionstechnik aber nicht nur übernommen, sondern weiter perfektioniert. Und infolge der französischen Spionageaktivitäten verbreitete sich die Glasmacherkunst in ganz Europa.

Das Beispiel Murano zeigt deutlich, dass es sich gerade für Geschäftsgeheimnisse lohnen kann, diese vor Dritten zu schützen. Interessant ist auch die Rolle des Staats, der hier in Form des Rats von Venedig seine schützende Hand über Murano hielt als wichtiger Quelle für den Reichtum der Lagunenstadt.

Auf dem Weg zum Papier

Ulman Stromer war eines von 18 Kindern des Nürnberger Händlers Heinrich Stromer. Hineingeboren wurde er in ein ansehnliches Familienunternehmen mit Niederlassungen in Barcelona, Genua, Mailand und Krakau. Mit seinem Namen verbunden ist die erste Papiermühle nördlich der Alpen an der Pegnitz, die 1390 den Betrieb aufnahm. Ein Detail, das in Stromers Biografie jedoch meist unter den Tisch fällt, ist die Frage, wie er als Nürnberger Pfeffersack, also als Gewürzhändler, überhaupt an das Know-how für die Herstellung für das Papier kam.

1389 hatte Stromer die Rezeptur zur Papierherstellung aus dem damals arabischen Andalusien »importiert«, wo in Xativa 1150 die erste europäische Papierproduktion etabliert worden war. Der Erfolg war für die Stromers allerdings nur von beschränkter Dauer: 1407 starb er an der Pest, 1434 ging das Handelshaus bankrott, aber ein Nachkomme konnte die Papiermühle retten, bevor diese abbrannte.[2]

Stromers Rolle bei der Verbreitung von Papier macht deutlich, dass das erfolgreiche Ausspähen von Know-how den Lauf der Welt verändern kann. Denn ohne ausreichend und kostengünstig bereitstehendes Papier war der Buchdruck, wie er 1445 in Mainz von Johannes Gutenberg entwickelt wurde, überhaupt nicht vorstellbar. Die Frage ist, wie unsere Kulturgeschichte verlaufen wäre ohne den frühzeitigen Zugriff auf preiswerte Papierressourcen.

Russische Wirtschaftsförderung

Der russische Zar Peter der Große war ein Herrscher, der die Dinge gerne selbst in die Hand nahm. Sein erklärtes Lebensziel war es, den damals rückständigen russischen Staat nach europäischem Vorbild neu zu formen. 1697 bis 1698 organisierte er eine sogenannte »Große Gesandtschaft« in verschiedene Länder des europäischen Westens. Er selbst reiste inkognito unter dem Namen Pjotr Michailow als Unteroffizier des Preobraschensker Regiments.

Während dieser Zeit arbeitete der Zar unter anderem als Handwerker im Schiffsbau in Zaandam und Amsterdam. Vor allem mit Blick auf seine eigene Flotte wollte er dazulernen. Zudem warb er zahlreiche Spezialisten an – nicht nur für den Schiffsbau, sondern auch für seinen Traum von einer neuen russischen Stadt auf Weltniveau und neue Hauptstadt: St. Petersburg.

Historisch betrachtet blieb es allerdings die große Ausnahme, dass eine Führungskraft, noch dazu ein Staatschef, höchstpersönlich »undercover« tätig war. Des Zaren Wille zum Erfolg muss ein besonders starker gewesen sein.

Wie das Porzellan nach Europa kam

Die Geschichte des Porzellans in Europa ist eng verbunden mit Père d'Entrecolles. Nach allem, was wir heute über ihn wissen, war der Jesuit als Missionar Anfang des 18. Jahrhunderts in China unterwegs – manchen Quellen zufolge auch als Wirtschaftsspion. China war zu diesem Zeitpunkt führend bei der Herstellung von hochwertigem Porzellan, einem Produkt, das als kostbares Handelsgut längst Einzug in die europäischen Herrscherhäuser gehalten hatte.

Père d'Entrecolles nutzte seine Zeit in China, um sich über die Porzellanherstellung zu informieren: Er besichtigte Produktionsstätten, studierte chinesische Bücher und erhielt viele Detailinformationen von Einheimischen, insbesondere von Leuten, die in der Porzellanbranche arbeiteten. Er notierte seine zwischen 1712 und 1772 erlangten Erkenntnisse – in Briefen, die er nach Frankreich schickte. Später berief er sich auf seine Neugier als Grund für seine Recherchen, schrieb aber auch, dass die genaue Beschreibung der Details dieser Arbeit in Europa von Nutzen sein könnte. Wie recht er damit hatte!

1717 begann auch ein Deutscher, Johann Friedrich Böttger, das begehrte weiße Porzellan zu brennen – in einer Manufaktur auf der Albrechtsburg in Meißen. Der Rest der Entwicklung ist Legende: Porzellanmanufakturen mit klangvollen Namen wie Meissener oder Nymphenburger und letztlich eine ganze Branche gingen in Europa aus diesem frühen Fall von wirtschaftlich motivierter Spionage hervor.

Das Geheimnis des Tees

Woran denken Sie, wenn Sie das Wort Tee hören? Vielleicht an die englische Tradition des »five o'clock tea«, und sicher fallen Ihnen auch noch Indien und Ceylon als Hauptherkunftsländer ein. Aber die Geschichte des Tees in der westlichen Welt hält eine erstaunliche Überraschung bereit.

Im 19. Jahrhundert war Großbritannien auf Lieferungen aus China angewiesen, denn das Land besaß damals das Monopol auf Tee. Die Londoner East India Company heuerte einen schottischen Botaniker und Abenteurer mit dem schönen Namen Robert Fortune an, um das Teegeheimnis Chinas zu ergründen. Getarnt als chinesischer Kaufmann stieß er nicht nur in für Ausländer verbotene Gebiete vor, es gelang ihm auch, Pflanzen und Saatgut mitzubringen sowie das Know-how der erfolgreichen Aufzucht und Verarbeitung der Pflanzen zu erkunden. Dieses Wissen brachte er in das von den Engländern beherrschte Indien[3] – wo noch während seiner Lebenszeit die dortige Teeproduktion die Chinas überholen sollte. Für Sarah Rose, Autorin des Buchs *For All the Tea in China*, das sich kenntnisreich mit der Geschichte rund um Robert Fortune auseinandersetzt, ist dies der »größte Einzelvorfall von Konkurrenzausspähung der Weltgeschichte«.[4]

Bemerkenswert ist, dass – wie bei praktisch allen Spionagevorfällen aus dem vorindustriellen und frühen industriellen Zeitalter – teilweise über Jahre hinweg ein erheblicher persönlicher Einsatz notwendig war, um die gewünschten Ziele zu erreichen. Und genau dafür verweilte Fortune mehrere Jahre in China und ging ein hohes Risiko ein, genauso wie auch andere Wirtschaftsspione vor ihm und nach ihm.

Vom Anfang der englischen Textilindustrie

Die Anfänge der Industrialisierung waren in vielerlei Hinsicht von Spionageaktivitäten geprägt. Neuerungen in Produktionsverfahren waren ein begehrtes Ziel für findige Unternehmer in allen möglichen Ländern. So gründete die britische Textilindustrie zu einem erheblichen Teil auf den Aktivitäten von John Lombe, der 1714 in den Piemont reiste, um ein wichtiges Produktionsgeheimnis der damals führenden Seidenweberei in Lucca auszuspionieren. In seinem Buch *Straßen nach Xanadu*[5] beschrieb John Merson ausführlich das in diesem Fall besonders aufwendige Vorgehen: »Tollkühn beschloß Lombe, ein Industriespion zu werden. Er lernte Italienisch, Konstruktionszeichnen und Mathematik. [...] Lombe konnte sich der Hilfe eines Jesuitenpaters versichern, der ihm, wie die Geschichte erzählt, nach Zahlung einer ›oblazione‹, einer Bestechung, eine Stelle als Maschinenwinder in einer der Spinnereien von Lucca verschaffte.« Ausgehend davon gelang es dem Spion, abends nach Arbeitsschluss Planzeichnungen der Wurfmaschine und wesentlicher Einzelteile anzufertigen und diese schließlich zu seinem Bruder zu schmuggeln. Er wurde entdeckt, konnte jedoch unter dramatischen Umständen außer Landes fliehen. Gleich nach seiner Rückkehr nach Großbritannien reichte der Spion ein Patent auf eben diese abgezeichnete Ma-

schine ein – noch bevor er mit diesem Wissen die erste mit Wasser-
kraft betriebene Textilfabrik Englands einrichtete. Diese gilt bis
heute als Prototyp der modernen Textilfertigung.

John Lombe selbst ereilte wenige Jahre später ein düsteres
Ende: Er starb 1722 im Alter von 29 Jahren, sechs Jahre nach
Rückkehr aus Italien. In seinen Tod soll eine Italienerin verstrickt
gewesen sein, die Lombe nach Gründung der Fabrik angestellt
hatte und die nach seinem Ableben verschwand. Viele Zeitzeu-
gen waren damals der Meinung, Lombe wäre aus Rache einem
Giftanschlag zum Opfer gefallen. Jenseits dieses filmreifen En-
des dieser Geschichte ist der Fall geradezu prototypisch für die
Frühzeit der Industriespionage: ein hoher zeitlicher und logisti-
scher Aufwand bei gleichzeitig erheblichem persönlichen Risiko.

Das Ende des Gummibaummonopols

Charles Goodyear – eine bekannte Reifenfirma trägt noch heute
seinen Namen – entdeckte um 1840 die Vulkanisierung: ein Verfahren, mit dessen Hilfe man Kautschuk widerstandsfähig gegen
mechanische Beanspruchung wie auch gegen chemische und at-
mosphärische Einflüsse machen konnte. Aus Kautschuk wurde
Gummi. Daraus erwuchs eine enorme Nachfrage nach dem Roh-
stoff. Brasilien hatte zu dem Zeitpunkt ein Monopol auf die Kaut-
schukproduktion.

Der Engländer Henry Wickham versuchte 1876, dieses Monopol
zu attackieren. Er reiste nach Brasilien, um dort Samen des Kautschukbaums zu sammeln. Das Verbot, Samen, Keimlinge oder
ganze Pflanzen des Kautschukbaums auszuführen, schreckte ihn
nicht. Wickham tarnte sich – so die Berichte aus jener Zeit – als
Orchideensammler und schaffte rund 70 000 Samen außer Landes. In London wurden daraus in den Gewächshäusern des könig-

lichen botanischen Gartens rund 2 000 Setzlinge gezogen und anschließend nach Malaysia transportiert, um durch den Anbau dort das Monopol der Brasilianer zu beenden. Nur acht Setzlinge überstanden die Reise – dennoch genügten diese, um in Südostasien erfolgreich Kautschuk zu erzeugen.

Binnen 20 Jahren nach dem Start kamen beinahe 90 Prozent des weltweiten Bedarfs an dem Stoff aus dieser Region – das brasilianische Monopol existierte nicht mehr. Mit dem neuen Angebot sanken zugleich die Preise. So kann man durchaus sagen, dass im Sinne der Verbraucher dieser Fall der wirtschaftlich motivierten Spionage weltweit für Mehrwert sorgte. Die englische Königin sah dies ähnlich und erhob Henry Wickham in den Adelsstand ob seiner Verdienste für das Königreich.

Übrigens: Goodyear selbst, der den Boom ins Rollen gebracht hatte, wurde mit seiner Erfindung des Vulkanisierens – Patent hin oder her – massiv kopiert.

Die deutsche Dampfmaschine

Carl Friedrich Bückling war Bergmann, Erfinder und Industriespion. Auf Veranlassung Friedrichs II. reiste er nach England, um dort die Konstruktion von Dampfmaschinen sogenannter Watt'scher Bauart zu erkunden. Denn James Watt hatte 1769 die Dampfmaschine zum Patent angemeldet, die in der Folgezeit zum Leuchtturm der industriellen Revolution wurde.

Konkreter Anlass für die Bückling'sche Reise war der Kupferschieferbergbau in Hettstedt in Sachsen-Anhalt. Dort war man bei der Erschließung eines neuen Schachts an die Grenzen herkömmlicher Technologie gestoßen: Die damals üblicherweise von Pferden betriebenen Pumpen brachten nicht genügend Leistung, um das unter Tage in den Schaft nachfließende Wasser dauerhaft abzupumpen. Ein Angebot für eine Maschine von Boulton & Watt hatte man zuvor bereits eingeholt, konnte sich aber nicht handelseinig werden.

Stattdessen wurde Bückling auf die Reise geschickt. Zweimal fuhr er nach England, bis er genügend Detailinformationen gesammelt hatte, um eine Maschine nachbauen zu können. Am 23. August 1785 ging die erste deutsche Dampfmaschine in Betrieb. Zwei Jahre Gestehungszeit dauerte es noch, bis alles zuverlässig funktionierte. Immerhin war diese Anlage noch bis 1848 in Betrieb.[6]

Hart wie Kruppstahl – dank englischer Nachhilfe

Die Geschichte von Krupp, heute Thyssen-Krupp, liest sich auf der Website des Unternehmens wie folgt:[7]

>»Friedrich Krupp gründet am 20. November 1811 mit zwei Teilhabern eine Fabrik zur Herstellung von Gussstahl nach englischem Qualitätsmaßstab und den daraus angefertigten Produkten. Nachdem es ihm 1816 gelungen war, hochwertigen Gussstahl (Tiegelstahl) herzustellen, verarbeitet er ihn zu Gerberwerkzeugen, Münzstempeln und Walzenrohlingen. 1817 bestätigt die Königliche Münze in Düsseldorf die Qualität des Kruppschen Gussstahls. 1818 liefert Krupp erstmalig Münzstempel an das preußische Hauptmünzamt in Berlin.«

Andere Quellen stellen die Historie des Unternehmens allerdings weit weniger glamourös dar.

Das wesentliche Problem bei der Stahlherstellung in jener Zeit war der Kohlenstoffgehalt. Den Engländern war es gelungen, durch die Hinzufügung bestimmter Materialien in den Schmelzvorgang die Qualität des Stahls erheblich zu steigern. Die Engländer verteidigten ihren technischen Vorsprung: So war es Stahlarbeitern verboten, England zu verlassen. Überall in Europa versuchte man mit zahlreichen Experimenten, dem »Betriebsgeheimnis« der englischen Stahlerzeugung auf die Schliche zu kommen. Aber niemand erbrachte wirklich zufriedenstellende Ergebnisse, auch Krupp zunächst nicht – trotz unzähliger teurer Versuche. »Bis zum Herbst 1814 flossen 30 000 Reichstaler in das Unternehmen, denen Erlöse von nur 1 422 Reichstalern gegenüberstanden«, so steht es im Buch *Krupp. Deutsche Legende und globales Unternehmen* von Harold James.[8] 1824 brach das Unternehmen zusammen, obwohl man zwischenzeitlich Fortschritte in der Stahlqualität gemacht hatte, und 1826 starb Friedrich Krupp.

Erst 1839 gelang seinem Sohn Alfred Krupp der große Durchbruch, nachdem dieser das Rezept von einer Englandreise mitbringen konnte. Er hatte sich dort unter falschem Namen Crip in der Stahlproduktion herumführen lassen – so behauptet zumindest Udo Ulfkotte in seinem umstrittenen Buch *Wirtschaftsspionage*[9]. Interessant sind Ulfkottes weitere Ausführungen: Demnach schuf Alfred Krupp einen für die damalige Zeit hervorragenden Werksschutz, der den Abfluss von Betriebsgeheimnissen verhindern sollte.

Aber Krupp war nicht allein mit seinem Wissensdrang: 1823 reiste der Fabrikant Eberhard Hoesch zusammen mit dem britischen Ingenieur Samuel Dobbs, einem Fachmann für Stahlhüttenbau und in Diensten von Hoesch, nach Sheffield, um die neueste Technik der britischen Stahlindustrie zu studieren. Hoesch gab sich als Kaufmann für Fabrikmaschinen aus. Als er sich zu sehr für Details zu interessieren begann, wurde der Werkmeister der Eisenhütte misstrauisch und informierte die Polizei. Noch bevor der Deutsche festgenommen werden konnte, floh er und versteckte sich zunächst auf dem Gelände in einem Kamin eines erkalteten Ofens, musste diesen aber verlassen, als Arbeiter ihn anschürten. Er entkam in den Gassen Sheffields, bevor er schließlich über Frankreich nach Deutschland zurückreisen konnte. Trotz der abenteuerlichen Umstände war Hoesch erfolgreich und konnte später die Produktion in seiner eigenen Stahlhütte vervielfachen.

Nicht nur in Deutschland waren die Geschäftsgeheimnisse der britischen Stahlindustrie begehrt. Frankreich schickte als Lehrlinge getarnte Ingenieure, und auch Niederländer und US-Amerikaner versuchten, Details der englischen Stahlindustrie auszukundschaften. Daraufhin wurde am 26. August 1889 der Official Secrets Act beschlossen. Darin hieß es:[10]

»Wenn eine Person in der Absicht, sich unrechtmäßige Informationen zu beschaffen, (i) in einen Ort eindringt, der zu den Besitztümern ihrer Majestät der Königin gehört, sei dies eine Kaserne, ein Arsenal, eine Fabrik, eine Werft, ein Camp, ein Schiff, ein Büro oder ein ähnlicher Ort, wo er nicht sein dürfte, oder (ii) wenn er rechtmäßig oder unrechtmäßig an einem solchen, zuvor erwähnten Ort Dokumente, Skizzen, Pläne, Modelle oder Wissen von etwas erhält, das er nicht hätte erhalten dürfen, dann ist er eines Vergehens schuldig und soll zu einer Gefängnisstrafe von nicht länger als einem Jahr mit oder ohne harte Arbeit verurteilt werden oder zu einer Buße oder zu beidem, zu einer Gefängnisstrafe und zu einer Buße.«

Großbritannien hatte damit als erstes Land ein Gesetz gegen Industriespionage verabschiedet.

Spionage als internationales Business

Bis zur Zeit der Industrialisierung war Industriespionage meist das Werk von ambitionierten Einzeltätern, die oft ihr eigenes Leben aufs Spiel setzten, um die Geheimnisse anderer zu ergründen. Dies änderte sich nach Ende des Zweiten Weltkriegs. Wie die folgenden Beispiele zeigen, sind es nun vielfach große Unternehmen, die sich im Kampf um den Kunden gegenseitig bekriegen.

Der Kopierer des Grauens

Spionieren via Kopierer hat eine lange Tradition. So benutzte die USA schon während des Kalten Kriegs Xerox-Kopierer, um die Sowjetunion auszuspähen. 1961 suchte der amerikanische Geheimdienst CIA nach einem Zugang zu den Militärgeheimnissen der Sowjets und fand ihn über einen Fotokopierer in der russischen Botschaft in Washington beziehungsweise im Servicepersonal. Es wurde eine kleine Kamera im technisch sehr komplexen Fotokopierer Model 914 installiert, die alle vom Gerät fotokopierten Dokumente gleichzeitig abfotografierte. Beim nächsten Wartungstermin konnte der Xerox-Servicetechniker gleich die belichteten Negative mitnehmen und einen neuen Film einlegen.

Dieses Vorgehen erwies sich als so erfolgreich, dass man auch in anderen Botschaften so agierte. 1969 flog das Ganze per Zufall auf. Aber nicht die Sowjets hatten die Spionagemethode aufgedeckt, sondern es wurde bekannt, dass ein amerikanisches Unternehmen die gleiche Taktik gegen einen Wettbewerber angewandt hatte.[11] Dies war das Aus für diese Art von Spionage – zumindest offiziell.

Wie wir seit den Enthüllungen von Edward Snowden wissen, nutzt die NSA vergleichbare Verfahren, bei denen Geräte unerwünschte Funktionen huckepack bekommen, auch wenn diese inzwischen technisch weit fortschrittlicher sind. So werden etwa Cisco-Router beim Versand an das Kundenunternehmen abgefangen, das Paket geöffnet und das Gerät manipuliert – ein »Spionagetechniker« vor Ort ist gar nicht mehr erforderlich.

Überschallspione

Das Flugzeug der Zukunft, nichts weniger als eine Revolution des Luftverkehrs – das sollte die Concorde sein. Von Europa nach New York in weniger als vier Stunden, das war das Versprechen des Überschallpassagierflugzeugs, ein Kind des beinahe ungetrübten Zukunftsoptimismus der Sechzigerjahre des letzten Jahrhunderts. Die Concorde wurde in einer britisch-französischen Gemeinschaftsanstrengung entwickelt und gebaut. Der Erstflug fand 1969 statt, kommerziell in Dienst gestellt wurde der Flugzeugtyp im Jahr 1976.[12]

Ein weiteres Überschallflugzeug entstand praktisch zur gleichen Zeit in der Sowjetunion: die Tupolev TU-144, wegen ihrer Ähnlichkeit zur Concorde vielfach spöttisch »Concordski« genannt. Tatsächlich absolvierte die TU-144 ihren Erstflug im Jahr 1969 sogar noch vor der Concorde. Es war die Zeit des Kalten Kriegs: Neben dem Kampf um den Weltraum waren Passagierflugzeuge mit Überschallgeschwindigkeit ein weiteres Feld, in dem man die eigene technische Überlegenheit beweisen wollte, so schreibt der Autor Howard Moon in seinem 1989 erschienenen, viel beachteten Buch *Soviet SST. The Techno-Politics of the Tupolev-144*.

Eine Folge der preisgekrönten amerikanischen Dokumentationsserie *Nova* vom 27. Januar 1998 ging unter dem Titel »Supersonic Spies« (»Überschallspione«) der Frage nach, wie es zu dieser verblüffenden Ähnlichkeit beider Flugzeuge kommen konnte, und zeigte dabei ebenfalls Howard Moon,[13] der die damaligen Methoden wie folgt beschrieb:

»Es gab Listen unterschiedlicher Dinge, die man im Westen suchte. Austauschstudenten etwa konnten sich ihre Studiengebühren im Ausland refinanzieren, indem sie sich durch frei zugängliche Fachzeitschriften durcharbeiteten. Die dabei erlangten Informationen wurden zurück nach Russland gebracht. Es gab eine zentrale Sammelstelle, die alle Informationen zusammenbrachte, welche die Studenten an schwer verständlichen technischen Detailmaterialien gesammelt hatten.«

Zudem infiltrierten sowjetische Agenten erfolgreich die Concorde-Fertigungsstätte in Frankreich. Die dabei zusammengetragenen Pläne wurden auf Mikrofilm verfilmt und von Kurieren in die Sowjetunion gebracht; andere Erkenntnisse wurden per codierter Funkübertragung übermittelt. Einer der sowjetischen Agenten war gleichzeitig Statthalter der Fluglinie Aeroflot in Paris, was ihm einen Zugang in die Luftfahrtbranche brachte. Als man ihm schließlich auf die Schliche kam, führte er Unterlagen zum Lande-Equipment der Concorde bei sich. Er wurde ausgewiesen und später Vizeminister für zivile Luftfahrt in der Sowjetunion.[14] Dieses Beispiel zeigt andeutungsweise die Vielfalt von Herangehensweisen in ein und demselben Fall sowie das Zusammenwirken von OSINT und echten Spionageaktivitäten für ein gemeinsames Ziel.

1978 bereits wurde die TU-144 nach insgesamt nur 3 200 beförderten Passagieren[15] wieder außer Betrieb genommen und das Projekt Überschallflug aus Kosten- und Komplexitätsgründen beendet. Aber auch der Concorde war kein dauerhafter Erfolg beschieden: 2003 wurde sie aus wirtschaftlichen Gründen außer Dienst gestellt – nach einem schweren Unfall im Jahr 2000, bei dem 113 Personen zu Tode gekommen waren.[16]

Kampf um die Lufthoheit

Die Luftfahrtbranche ist für Außenstehende ein seltsames Geschäft: Es gibt nur wenige Anbieter – für bestimmte Produktsegmente nur Airbus und Boeing –, und die Kunden sind nicht selten staatliche oder staatlich kontrollierte Unternehmen. Gleichzeitig stehen bei jeder Auftragsverhandlung etliche Millionen Euro beziehungsweise US-Dollar Umsatz auf dem Spiel.

1994 ging es bei den Verhandlungen von Airbus und Boeing mit Saudi Arabian Airlines um einen Auftrag mit einem Volumen von 6 Milliarden Dollar. Der amerikanische Geheimdienst hatte Faxe zwischen der EADS-Tochterfirma Airbus und dem Saudischen Königshaus abgefangen sowie Telefonate abgehört und brachte damit einen Schmiergeldskandal ans Licht – der aus der Sicht der Europäer keiner war. Denn zum Zeitpunkt der Verhandlungen war es in Deutschland, Frankreich und anderen europäischen Ländern legal, wichtige Amtsträger zu begünstigen; die dafür notwendigen Aufwendungen waren sogar steuerlich abzugsfähig.

Dennoch platzte der Deal für Airbus, und Boeing erhielt den Auftrag. Ein klassischer Fall von Wirtschaftsspionage? Im Ergebnis spielte es für Airbus keine Rolle, dass die Amerikaner hier angeblich nur gegen Korruption vorgehen wollten: Airbus war der Verlierer.[17]

Wenn der Geheimdienst mithilft

Einer der bekanntesten Fälle von Spionage mit wirtschaftlichem Hintergrund ist der sogenannte ICE-Fall. Zwei Anbieter wetteiferten 1993 um einen Milliardenauftrag für einen Hochgeschwindigkeitszug in Südkorea. Ein Konsortium unter Führung von Siemens unterlag dabei dem britisch-französischen Wettbewerber GEC Alstom mit ihrem TGV. Dem Konkurrenten gelang es, alle Angebote von Siemens zu unterbieten und sich den Auftrag zu sichern.

Dabei kam der Verdacht auf, dass Alstom Unterstützung durch den französischen Geheimdienst Direction Générale de la Sécurité (DGSE) gehabt hatte, um die Angebote aus Deutschland auszuspionieren. Eindeutige Beweise oder ein Ermittlungsverfahren gab es jedoch nicht.

Hoffentlich ist es Beton

Im bayerischen Kolbermoor in der Nähe vom Rosenheim befindet sich der Produktionssitz der Rieder GmbH, einem deutsch-österreichischen Hersteller von Faserbetonelementen. Eingesetzt werden die von Rieder entwickelten und hergestellten Bauteile unter anderem im Fassadenbau, zum Beispiel beim WM-Stadion in Johannesburg.

Als Vertreter einer möglichen Partnerfirma für einen möglichen gemeinsamen Großauftrag war ein Besucher aus China zu einer Projektbesprechung und Werksbesichtigung nach Kolbermoor gekommen. Während einer Werksführung fiel der Gast einem Rieder-Mitarbeiter auf, da er eine Minikamera am Gürtel trug. Die Auswertung der Kameradaten ergab, dass die dokumentierten Erkenntnisse über Produkt und Produktionsabläufe ausgereicht hätten, um die Hightech-Platten in China kopieren und nachbauen zu lassen.[18]

Vor dem Landgericht München wurde der ertappte Spion im Dezember 2009 zu einer Bewährungsstrafe verurteilt. »Seitdem wird das Thema bei uns noch sensibler behandelt, man durchleuchtet etwa mögliche Partner intensiver«, sagt Unternehmenssprecherin Stephanie Jung.[19] Dieses Beispiel macht deutlich, dass insbesondere im Fertigungsumfeld klassische Spionagetechnik nicht ausgedient hat. Nur einem aufmerksamen Mitarbeiter war es in diesem Fall zu verdanken, dass ein Schaden abgewehrt werden konnte.

Vom Winde verweht

Seit 1984 entwickelt Aloys Wobben mit seiner Firma Enercon Windräder. Mit dem Boom der erneuerbaren Energien wuchs auch sein Unternehmen, nachdem er anfangs als »grüner Spinner« verlacht worden war. Doch mit dem Erfolg kam die Konkurrenz – mit einer besonders perfiden Vorgehensweise gegen Enercon. Das *Manager-Magazin* berichtete 2008 in einem Beitrag zum Unternehmen von dem Fall:

> »Manager des US-Unternehmens Kenetech Windpower faszinierte seine Erfindungsgabe derart, dass sie dreist zur Spionage schritten – im Verein mit dem US-Abhördienst NSA. […] Die Späher der Washingtoner Spionagebehörde NSA fingen in der Telefonzentrale von Enercon geheime Codes ab und gaben sie Kenetech weiter. Die Kenetech-Spione nutzten die Daten, um in eine Windkraftanlage von Enercon einzudringen und sie in aller Ruhe zu sezieren. Der Eindringling kopierte die Technik und ließ sie in den USA patentieren. Und verklagte die Deutschen – wegen angeblichen Abkupferns.«[20]

Die Folge für Enercon war ein mehrjähriges Exportverbot. Dennoch hat Aloys Wobben diese schlechte Erfahrung gut überstanden. Nach einem Bericht der *Ostfriesen-Zeitung* vom Herbst 2013 ist er der reichste Bürger Niedersachsens und liegt auf Platz 16 der reichsten Deutschen.[21]

Wer Wind sät, wird Sturm ernten

Enercon ist nicht der einzige Anbieter im Bereich Windkraft, der schlechte Erfahrungen machen musste und ausspioniert wurde. Aber hinter dem folgenden Fall steckt ein ganz anderer Plot: Der größte Kunde eines Unternehmens wurde zu dessen Feind.

Sinovel ist ein chinesischer Hersteller von Windturbinen mit weltweitem Vertrieb und American Superconductor Inc. (AMSC) einer der Lieferanten von Sinovel. AMSC stellt unter anderem Software für die Anbindung von Windturbinen an das elektrische Netz her – ein wesentlicher Bestandteil einer jeden Windkraftanlage. Bis März 2011 kaufte Sinovel bei AMSC Software und Geräte. Zu diesem Zeitpunkt standen bei AMSC Rechnungen in Höhe von mehr als 100 Millionen US-Dollar offen, allein vom Großkunden Sinovel. Darüber hinaus hatte sich Sinovel verpflichtet, in Zukunft für weitere 700 Millionen US-Dollar Software und Geräte abzunehmen. Doch in eben jenem Monat hörte Sinovel plötzlich auf, Produkte von AMSC abzunehmen – völlig überraschend für deren Management. Und im gleichen Monat kündigte auch noch ein Mitarbeiter der österreichischen Tochtergesellschaft, Dejan Karabasevic.

Im Juni desselben Jahres fand ein AMSC-Servicetechniker bei der Wartung einer Sinovel-Windturbine in China eine nicht lizenzierte Version der Betriebssoftware vor. Aus Angst vor Industriespionage und Lizenzdiebstahl hatte AMSC in der Vergangenheit eine Möglichkeit gefunden, die Software so zu verschlüsseln, dass sie ohne den richtigen Lizenzcode nur zwei Wochen lauffähig war – als eine Art Testinstallation. Bei der nun vorgefundenen Software waren beide Funktionen deaktiviert worden. Interne Untersuchungen führten schließlich zu Dejan Karabasevic, der vor Beendigung seines Arbeitsvertrags auffällig viele E-Mail- und Skype-Dialoge mit Mitarbeitern von Sinovel geführt hatte. Bei weiteren Ermittlungen wurde offenbar, dass Karabasevic eine Vereinbarung mit Sinovel geschlossen hatte – für ein sechsstelliges Honorar und eine schicke Wohnung in Peking. Er sollte die Software herunterladen, den Chinesen zur Verfügung stellen, falls erforderlich modifizieren und warten, damit sie mit den Windturbinen von Sinovel funktionierte.[22] Der betrügerische Mitarbeiter wurde 2011 zu einer Gefängnisstrafe verurteilt.

AMSC hingegen kämpft derzeit vor einem chinesischen Gericht um Schadenersatz von Sinovel.[23] Denn infolge der Attacke durch den bisherigen Großkunden geriet das Unternehmen in wirtschaftliche Schwierigkeiten: Es musste mehr als die Hälfte der Belegschaft entlassen und verlor über eine Milliarde Dollar an Börsenwert.[24] Nach anderen Quellen sah sich Sinovel allerdings durch den von AMSC aufgebauten Druck zwischenzeitlich genötigt, mehrere Tochtergesellschaften außerhalb Chinas zu schließen.[25] In jedem Fall ist die Windkraftbranche immer für eine Industriespionagegeschichte gut.

Böse Mitarbeiter

Die Geschichte der wirtschaftlich motivierten Spionage wäre nicht vollständig ohne einen Blick auf die Rolle des Insiders als Täter. Ob von außen eingeschleust oder aufgrund beruflicher Frustrationen erst zum Know-how-Diebstahl verführt: Die Bandbreite der Fälle ist enorm.

Ein französisches Wirtschaftsförderprogramm

Ein interessanter Fall von Mitarbeiterspionage trug sich Anfang der Neunzigerjahre in den USA zu bei der Firma Renaissance Software. Das Unternehmen war ein Start-up aus Palo Alto in Kalifornien mit damals rund 20 Mitarbeitern, das auf Risikomanagement-Software für Banken spezialisiert war. Ein Mitarbeiter, Marc Goldberg, ein französischer Staatsbürger, reichte im Juni 1990 seine Kündigung ein, weil er im folgenden Monat in sein Heimatland zurückkehren wollte. In den verbleibenden Wochen seiner Kündigungsfrist änderte sich sein Verhalten jedoch auffällig: Während Goldberg bis dato – anders als andere Softwareentwickler – nie bis spätabends in der Firma geblieben war, machte er dies nun zur Regel. Dies fiel den Kollegen auf, man präparierte entsprechend Computer und Kopierer, um das Geschehen zu dokumentieren.

Schon bald war es so weit: Am 8. Juli 1990, einem Sonntag, machte sich Marc Goldberg an die Arbeit, kopierte den Quellcode der von Renaissance vorangetriebenen Softwareentwicklung und vervielfältigte weitere Unterlagen am Fotokopierer. Noch am gleichen Tag eilten der Geschäftsführer und weitere Mitarbeiter in die Firma, fanden den Verdacht bestätigt und suchten Goldberg daraufhin in seinem Apartment auf. Dieser übergab ihnen die Unterlagen und eine Kassette eines Computerbandlaufwerks – damals ein gebräuchliches Medium, um größere Datenmengen zu speichern –, die sich später jedoch als leer erwies. Der Geschäftsführer vereinbarte für den nächsten Tag eine Aussprache im Büro, verständigte aber zugleich auch die Polizei, da er in der Wohnung einige gepackte Koffer gesehen hatte. Und tatsächlich: Goldberg wurde kurz darauf am Flughafen San Francisco festgenommen, als er ein Flugzeug nach Frankreich besteigen wollte.[26]

Zunächst sah alles wie ein typischer Fall von Mitarbeiterdiebstahl aus, aber es gab ein pikantes Detail: So versuchten der französische Konsul in San Francisco und später auch die französische Botschaft in Washington, auf die Geschäftsleitung von Renaissance Einfluss zu nehmen, damit diese ihre Anzeige gegen Goldberg fallen ließ. Dennoch wurde Goldberg im März 1991 zu einem Jahr Gefängnis und drei Jahren Bewährung verurteilt – ein Urteil, das später in 1 000 Stunden gemeinnütziger Arbeit umgewandelt wurde. Im Mai 1991 wurde Goldberg die Ausreise nach Frankreich gestattet.

Die starke Einmischung der französischen Offiziellen war höchst erstaunlich. Chantal Haage, Presseattaché beim Konsulat in San Francisco, bestritt aber, dass die französische Regierung irgendetwas mit dem Vorfall zu tun hatte. Bemerkenswert war allerdings, dass Goldberg mit einem staatlichen französischen Förderprogramm in die USA gereist war. Und bevor er seine Tätigkeit bei Renaissance aufnahm, war er Mitarbeiter bei Must Software in Norwalk in Conneticut, einem Tochterunternehmen des französischen Staatskonzerns Thomson-CSF. Alles nur Zufall oder doch ein Fall, bei dem ein Staatskonzern die Fäden zog? Die intensive Einmischung Frankreichs zugunsten des Angeklagten ließ jedenfalls viele Fragen offen.

Verrat durch ehemaligen Mitarbeiter

Elf Monate auf Bewährung: So lautete die Strafe für einen ehemaligen Mitarbeiter des Hubschrauberproduzenten Eurocopter für den Verkauf von Firmenunterlagen an den russischen Geheimdienst. Vertreter von Eurocopter beeilten sich zu verkünden, dass kein Schaden für das Unternehmen entstanden wäre, da die Unterlagen ohnehin aufgrund der Zulassung des betroffenen Zivilhubschraubers in Russland für die dortigen Behörden zugänglich seien.[27]

Ein typischer Fall: Finanzieller Notstand wird zur Triebfeder eigener Aktivitäten. Denn der in Geldnöten steckende Maschinenbauingenieur hatte rund 13 000 Euro für seine »Arbeit« erhalten.

Verwunderlich ist nur, dass dieses Geld für öffentlich zugänglich gezahlte Unterlagen gezahlt worden sein soll.

Der Würger von Detroit und Wolfsburg

Eines der dunkelsten Kapitel der Geschichte der Automobilindustrie ist eng mit einem Manager namens José Ignacio López verbunden. Er trug den wenig schmeichelhaften Beinamen »der Würger«. López war Einkaufschef bei General Motors (GM) und als Kostendrücker bekannt. Im März 1993 wechselte er zu Volkswagen – ebenfalls als Chefeinkäufer und samt einem Team von Mitarbeitern.

GM warf López vor, »kistenweise vertrauliches Material« mitgenommen zu haben, und leitete gerichtliche Schritte gegen VW ein. Tatsächlich wurden laut einem *Spiegel*-Bericht[28] mehrere Kisten mit GM-Material in der Wiesbadener Wohnung eines López-Mitarbeiters gefunden. López bestritt diese Vorwürfe zwar, musste aber 1996 seine Stelle bei Volkswagen aufgeben und sich danach als freier Berater verdingen.

Aufgekommen war die Angelegenheit nach verschiedenen Medienberichten[29] wohl dadurch, dass der amerikanische Geheimdienst NSA konzerninterne Videokonferenzen und Telefonate von VW abgehört und die Erkenntnisse an GM weitergegeben hatte. General Motors warf Volkswagen daraufhin Industriespionage sowie die widerrechtliche Nutzung von Geschäftsgeheimnissen vor und verklagte den Konkurrenten in den USA. Nach einem langen Rechtsstreit verpflichtete sich VW, Autobauteile für eine Milliarde Dollar bei GM einzukaufen.[30]

Unabhängig von der Frage, ob Kostendrückerei à la López tatsächlich ein echtes Geschäftsgeheimnis von General Motors darstellte, ist an diesem Fall eines bemerkenswert: die Fixierung auf gedruckte Unterlagen in »Kisten« und »Ordnern«. Speichermedien werden in keinem zugänglichen Dokument zu den Vorgängen rund um den »Würger« erwähnt. Heute, 20 Jahre später, ist jedenfalls kaum noch vorstellbar, dass irgendjemand »kistenweise« Unterlagen mitnimmt, wenn er von einem Unternehmen in ein anderes wechselt: Ein USB-Stick oder eine Speicherkarte sollten als Transportmedium reichen.

Wanzen für jedermann

Im Sommer 2014 erschütterte ein Spionageskandal das Hauptquartier des Automobilherstellers Ford in Dearborn im US-Bundesstaat Michigan. In mehreren Konferenzräumen waren Aufnahmegeräte gefunden worden. Nach Medienberichten waren diese unter Tischen in Konferenzräumen angebracht. Die Spur führte zu Sharon Leach, einer promovierten Ingenieurin, die im Bereich Hybridsysteme tätig war.[31]

Bei voreiliger Beurteilung könnte man das Geschehen für eine weitere Ausprägung klassischer Spionageaktivitäten halten und auf die lange Tradition des »Verwanzens« verweisen. Allerdings handelte es sich bei der gefundenen Aufnahmetechnik keineswegs um besonders hochwertiges Equipment, etwa aus einem Spy-Shop. Im Gegenteil: Die Rede war von einem »Sansa Recording Device« und einer Rechnung des Online-Shops Buy.com, einer Marke der auch in Deutschland vertretenen japanischen Handelsfirma Rakuten. Sansa ist einer der letzten verbliebenen Hersteller von MP3-Playern und bietet in den gängigen Modellen eine Aufnahmemöglichkeit (»Diktierfunktion«) an, die nur durch die Größe der Speicherkarte und die Akkulaufzeit begrenzt ist. Aber selbst mit einem einfachen Modell für circa 40 Euro lässt sich einen ganzen Tag lang oder länger alles mitschneiden, was in einem

Raum gesprochen wird. Von diesen Geräten wurden in diesem Fall acht Stück gefunden.

Der technische Fortschritt sorgt dafür, dass es für jedermann und mit wenig Aufwand möglich ist, ein Unternehmen weitreichend auszuspähen. Anders als früher benötigt man weder besondere Technik noch besondere Bezugsquellen, sondern nutzt einfach ein weitverbreitetes Gerät aus einem Online-Shop oder Elektromarkt. Wer kann schon abschätzen, wie viele ähnlich gelagerte Fälle es bereits gegeben hat und laufend aktiv gibt?

Starwood vs. Hilton

Auch die Hotelbranche bleibt nicht von Spionageaktivitäten verschont. Auf den ersten Blick ist das verwunderlich, denn es bedarf nach landläufiger Meinung nicht viel, um an die »Betriebsgeheimnisse« eines Hotels zu kommen: Man buche sich ein Zimmer, reise an und halte dann die Augen offen, wie es auch ein Hoteltester tut – und schon lassen sich Detailerkenntnisse sammeln und Rückschlüsse ziehen.

Dennoch wurde im April 2009 die Hotelkette Hilton vom Konkurrenten Starwood Hotels & Resorts wegen des Diebstahls von Geschäftsgeheimnissen verklagt. Starwood hatte angegeben, dass zwei ehemalige Starwood-Manager, die inzwischen bei Hilton arbeiteten, Geschäftsgeheimnisse von Starwoods Hotelmarke W gestohlen und auf dieser Basis das Hilton-Denizen-Hotelkonzept entwickelt hätten. Konkret wurde den Managern vorgeworfen, sie hätten dafür vertrauliche Starwood-Informationen von firmeneigenen Rechnern gestohlen. Dabei war von einer »Lastwagenladung« von Dokumenten die Rede, welche die beiden Führungskräfte heruntergeladen haben sollen. Die Diktion hat sich im Vergleich zum bereits geschilderten Vorfall zwischen Volkswagen und General Motors also nur wenig geändert, auch wenn die fraglichen Unterlagen nun in elektronischer Form anstelle von Aktenordnern bereitstanden und folglich nicht mehr in Umzugskartons transportiert werden mussten.

Der Fall wurde 2010 außergerichtlich beigelegt: Hilton verpflichtete sich nicht nur zu einer Ausgleichszahlung, sondern auch dazu, bis 2013 keine neue Luxushotelmarke auf den Markt zu bringen.[32] Das Beispiel zeigt, dass es nicht immer nur Paris Hilton ist, wenn der Name Hilton mit dem Gesetz in Konflikt kommt.

Programmcode auf Abwegen

Nicht unbedingt ein echter Fall von Spionage lag bei Sergey Aleynikow vor, einem ehemaligen Programmierer in Diensten der Investmentbank Goldman Sachs. Dieser hatte einen Programmcode entwendet, was vom New Yorker Staatsanwalt als Unternehmensspionage verfolgt wurde, der sich mit dem Statement zitieren ließ, dass es sich bei dem Programmcode um etwas so Vertrauliches handele wie eine »Geheimrezeptur«.[33]

In diesem Fall wurde nicht bekannt, ob Dritte Interesse an den Daten gehabt hatten oder ob Aleynikow diese vielleicht zum Kauf angeboten hatte. Alleine die Tatsache der Bewertung des Unternehmensgeheimnisses durch das Gericht spricht eine deutliche Sprache über die Bedeutung, der solchen immateriellen Werten inzwischen beigemessen wird.

Scharfe Rasierer

Die Rasierbranche steht im Ruf, zweifelhafte Pseudoinnovationen zu verfolgen. Nach drei sind nun vier oder gar fünf Klingen das Maß aller Dinge – das zumindest behauptet die Werbung der wenigen großen Anbieter, die den Markt oligopolartig beherrschen. Ähnlich dem Geschäft mit Kaffeekapseln und Druckerpatronen verkaufen sie ihre Grundgeräte, also die Rasierer, sehr günstig, um später mit Ersatzprodukten, den Klingen, umso höhere Margen einzufahren.

In den Neunzigerjahren kam es zu einem bemerkenswerten Vorfall, an dem sich der Zeitenwandel beim illegalen Abgreifen von Geschäftsgeheimnissen ablesen lässt: Steven Louis Davis, ein Mitarbeiter eines Zulieferers für den Rasiererhersteller Gillette, gab vertrauliche Informationen an die Konkurrenz weiter. Er faxte und mailte Konstruktionszeichnungen eines neuen Rasierdesigns an Warner-Lambert, Bic und American Safety Razor.

Davis wurde erwischt, angeklagt und für schuldig befunden: des Diebstahls von Geschäftsgeheimnissen und des sogenannten »wire fraud«, also des Betrugs via Telekommunikation, der mit bis zu 20 Jahren Gefängnis bestraft werden kann.[34] Dem Gericht gegenüber gab Davis an, dass er die Informationen aus Ärger über seinen Vorgesetzten und Angst um seinen Arbeitsplatz gestohlen hatte.[35] Es war ein typischer Fall einer unüberlegten Racheaktion eines unzufriedenen Mitarbeiters und ein früher Fall, bei dem E-Mails eine Rolle bei der Durchführung der Tat spielten.

Mülltonnenarchäologie

1 200 Dollar kann eine Tonne Papiermüll wert sein – zumindest wenn es um Spionage unter Unternehmen geht. So viel hat nach Medienberichten die von Oracle beauftragte Detektei Investigative Group International im Jahr 2000 einer Putzkolonne geboten, welche die Papierabfälle einer von Microsoft unterstützten Lobbyorganisation gerade pflichtgemäß entsorgen wollte. Der dabei ertappte Oracle-Chef Larry Ellison sah es laut eigenen

Aussagen als seine staatsbürgerliche Pflicht an, die aus seiner Sicht skandalösen Finanzierungspraktiken von Microsoft aufzudecken.[36] Außerdem sollte die Detektei potenziell diskreditierende Informationen über Bill Gates zusammentragen. Hintergrund der »Recherchen« war ein Kartellverfahren gegen Microsoft.

Dieser Fall zeigt, mit welch klassischen und vielfach noch als legal angesehenen Methoden die Ausspähung von Konkurrenten immer noch erfolgt. Unter dem Schlagwort »Dumpster-Diving« (Mülltonnentauchen) oder »Rubbish-Archaelogy« (Abfallarchäologie) werden dabei aus dem Abfall der gegnerischen Seite potenziell relevante Erkenntnisse ermittelt. Dass man wie im geschilderten Fall ein bisschen nachhilft und sich den direkten Zugriff auf die Tonne etwas kosten lässt, kann dabei schon mal vorkommen. Ganz nebenbei wirft dieser Fall auch ein Schlaglicht auf die Gepflogenheiten im Geschäftsleben amerikanischer Unternehmen – und vermutlich nicht nur dieser.

Alden Taylor von der New Yorker Detektei Kroll Associates gab dazu in der Zeitung *USA Today* an, dass nahezu alle amerikanischen Top-500-Unternehmen eigene Abteilungen zur Bespitzelung von Konkurrenten unterhielten. Seiner Ansicht nach sei wirtschaftlich motivierte Spionage im Silicon Valley am weitesten verbreitet. In der Regel, so Taylor, würden Gewinnspannen und Projektdetails ausgespäht. Er betont, dass es in den meisten Fällen legal zuginge und es nur selten zu illegalen Aktionen käme.[37] Was Taylor hier beschrieb, ist mehr oder weniger das, was unter Competitive Intelligence zu verstehen ist. Man darf getrost davon ausgehen, dass er als Vertreter eines Dienstleisters in diesem Segment illegale Aktivitäten tendenziell eher herunterspielte.

Zwischen Mülltonnen und falschen Identitäten

Auch an der Shampoo-Front wird mit harten Bandagen gekämpft. So berichtete das Magazin *Fortune* im August 2001 davon, dass Procter & Gamble (P & G) seinen Konkurrenten Unilever ausspioniert haben soll. Ziel der Spionageaktivitäten war der Haarpflegemarkt.

Rund 3 Millionen US-Dollar soll P & G unter anderem für »Dumpster-Diving«, das Wühlen im Müll, bezahlt haben. Beauftragte des Unternehmens hatten sich als Marktanalysten und Journalisten ausgegeben, um an Informationen zu kommen. Rund 80 Dokumente mit detaillierten Plänen für die Weiterentwicklung des Haarpflegegeschäftes in drei Jahren, inklusive Daten zu Launchplänen, Preisen und Gewinnmargen wurden angeblich bei diesen Aktivitäten gesammelt.[38]

Dieses Vorgehen war nicht nur ein Verstoß gegen interne P-&-G-Richtlinien, sondern vor allem ein Beispiel für das Überschreiten von Grenzen bei Competitive-Intelligence-Aktivitäten. Nach Angaben der *New York Times* musste Procter & Gamble aufgrund dieser Ereignisse rund 10 Millionen Dollar an Kompensation an Unilever zahlen.[39]

Unfair Play

Auch im Sport, insbesondere im Profisport, geht es vielfach um das große Geld. Ob Champions League oder Formel 1: Die Topevents aller Sportarten mit großer Publikumsreichweite sind längst von wirtschaftlichen Überlegungen bestimmt. Kein Wunder, dass hier auch die Neigung besteht, sich den Status quo der Entwicklungen des Wettbewerbs näher anzusehen. Erwartungsgemäß kommt es überall dort zu Spionage, wo Technik über den Ausgang eines Sportereignisses mitbestimmt.

Geheim-Formel

Eine ganze Reihe von Spionageaffären und daraus folgenden Auseinandersetzungen hat daher die Formel 1 bereits hinter sich. Ob McLaren gegen Ferrari, Red Bull gegen McLaren, Toyota gegen Ferrari oder Team Shadow versus Team Arrows: Die Renngeschichte ist voll von Spionagevorwürfen und -ereignissen, die bis in die Siebzigerjahre des vergangenen Jahrhunderts zurückdatieren. Zumeist beruhten die Know-how-Gewinne auf Entwicklungsingenieuren, die von einem Rennstall in einen anderen wechselten. So kam es 2003 nach Vorwürfen, die von Ferrari infolge eines Mitarbeiterwechsels erhoben wurden, sogar zu einer Durchsuchung der Toyota-Rennsportabteilung in Köln.[40]

Auch 2007 war Ferrari in eine Spionageaffäre verstrickt. Unterlagen von Ferrari waren zu McLaren gelangt – per Kurier. Absender war ein Ferrari-Chefentwickler, der sich wohl für einen Job bei McLaren empfehlen wollte. Ob und inwieweit die übersandten Unterlagen tatsächlich Verwendung fanden, konnte nie geklärt werden. McLaren akzeptierte die vom Motorsportverband verhängte Strafzahlung von 100 Millionen US-Dollar.[41] Doch auch trotz dieser Rekordbuße kehrte in der Formel 1 kein Frieden ein. 2011 beispielsweise kamen Spionagevorwürfe von Red Bull gegen McLaren auf: Es ging um die Gestaltung der Auspuffanlage. Das Ergebnis ist bis heute offen.[42]

Nicht nur der Motorsport, bei dem es vor allem auf die Fahrzeugtechnik ankommt, ist von Konkurrenzausspähung bedroht, auch andere Sportarten machen immer wieder mit Spionagefällen Schlagzeilen. Beim Segelwettbewerb America's Cup zum Beispiel ist man für diese Problematik sensibilisiert und hat in den Statuten verankert, dass sich kein Team einem anderen ohne Einwilligung auf weniger als 200 Meter nähern darf. Doch 2012 wurde diese Grenze vom Oracle-Team unterschritten, und es gab eine deutliche Strafe:[43] Herausgabe aller bei der Annäherung geschossenen Fotos, Streichung von fünf Trainingstagen sowie 15 200 US-Dollar Geldstrafe. Letztere war vermutlich eher ein Fall für die »Portokasse« des vom Software-Milliardär Larry Ellison finanzierten Segelteams; schwerwiegender dürfte allerdings der Zwangsverzicht auf die Trainingstage gewesen sein.

Der Tour-de-France-Trojaner

Besonders unsportlich geht es im Radsport zu. Diesen Eindruck muss man anhand der regelmäßigen Dopingvorfälle gewinnen, wenn man die Szene über ein paar Jahre beobachtet. Ein besonders krasser Fall, der hinsichtlich der Wahl der eingesetzten Mittel gegenüber anderen Beispielen unsportlicher Spionage in die Zukunft weist, war der Hack eines Dopinglabors in Frankreich.

2006 gewann der amerikanische Radprofi Floyd Landis die Tour de France, doch nach einer positiven Dopingprobe wurde ihm der Titel wieder aberkannt – so weit die Vorgeschichte. Landis beteuerte seine Unschuld und prozessierte gegen die Sperrung, bis er 2009 schließlich doch zugab, gedopt zu haben.[44] Das Pikante an der Geschichte: Ein Trojaner, der Ende 2006 im Rechnersystem des Dopinglabors, welches Landis überführt hatte, entdeckt wurde, hatte offenbar gezielt Informationen zu diesem Fall entwendet. Wer den Trojaner auf das Labor angesetzt hatte, ist bis heute unklar. Allerdings tauchten die gestohlenen Informationen im Prozess gegen Floyd Landis auf und sollten seiner Entlastung dienen: Man wollte dem Labor schlampige Arbeit nachweisen.[45]

Wie die Unterlagen in den Besitz von Landis kamen, konnte nicht geklärt werden. 2009 gab jedoch ein Computerspezialist aus Frankreich namens Alain Quiros, der auch in anderen Spionagefällen eine unrühmliche Rolle spielte – zum Beispiel beim Hack von Greenpeace-Rechnern im Auftrag von EDF, dem weltgrößten Atomreaktorbetreiber –, den Trojanerangriff auf das Labor zu. Eine Verbindung zu Landis konnte jedoch nicht nachgewiesen werden, obwohl einiges dafür sprach, dass es sich um eine Auftragsarbeit gehandelt hatte.[46]

Es lebe der Sport

Unter Spionagegesichtspunkten interessant sind jedoch nicht nur Sportarten mit einem hohen Bezug zu Material und Technik. Im American Football geriet 2007 das Team der New England Patriots unter Spionageverdacht: Man hatte per Videokamera heimlich die Signale der gegnerischen Verteidigung aufgenommen und zu eigenen Zwecken ausgewertet[47] – sicher kein Einzelfall in dieser oder jener Sportart, in der es vor allem auf Taktik ankommt.

Kein Wunder, dass selbst der Breitensport Fußball von Spionage betroffen ist. Die *Augsburger Allgemeine* berichtete von der Frauenfußball-Weltmeisterschaft 2007, bei der chinesische Männer die Mannschaftsbesprechung der Däninnen belauscht haben sollen. Zudem wurde den Chinesen vorgeworfen, in der Nacht vor dem Spiel im Hotel der dänischen Mannschaft »systematisch nächtlichen Lärm« organisiert zu haben. Beweisen ließen sich diese Vorwürfe nicht, sodass der Fußballweltverband FIFA nach eingehenden Untersuchungen die Vorwürfe zu den Akten legte.[48] Die gezielte Störung beziehungsweise das Schikanieren des Wettbewerbers ist – jenseits von Ausspähung – ein Kernelement im Kampf um den Platz eins auch in vielen Branchen.

Ein letzter Fall betraf im Jahr 2008 den Diebstahl eines Notebooks, das dem Präsidenten des FC Barcelona gehörte, nachdem kurz zuvor bereits Wanzen in seinem Büro gefunden worden waren. Die Presse ging damals von einem Hintergrund im Wettbewerbsumfeld aus.[49] Vermutlich handelte es sich jedoch weniger um die Spielstrategie als um die Konditionen von Sponsorenverträgen und Fernsehrechten. Profisport ist eben doch nur ein Geschäft fast wie jedes andere.

Vielfältige Interessen

Es sind nicht immer typische Geschäftsgeheimnisse wie Produktionsmethoden oder Kalkulationsschemata, die Spione anlocken. In zahlreichen Fällen gilt der Forscherdrang sehr speziellen Interna.

Produktfälscher mit Perfektionsdrang

Wenn es um gefälschte Markenprodukte geht, so erwartet man nicht unbedingt einen Hintergrund, der auf Wirtschaftsspionage hindeutet. Wer mit offenen Augen im Urlaub durch die Märkte streift oder den Anpreisungen fliegender Händler seine Aufmerksamkeit schenkt, sieht oft Produkte, die bekannten Markenprodukten stark ähneln. Manchmal möchte man fast an die Originalität eines T-Shirts oder einer Handtasche glauben, wenn die Umstände der Anpreisungen und der aufgerufene Preis nicht zweifelhaft wären. Und manches Mal sieht der Kenner sofort eklatante Unterschiede zum Original, etwa wenn die Kreativität der Fälscherbanden zu ganz neuen Varianten eines Produkts führt, etwa zu Armbanduhren des Herstellers Glashütte, die es im offiziellen

Katalog gar nicht gibt. Man mag sich ausmalen, wie Derartiges entsteht – zumeist nach Vorlage einer regulären Ware oder indem das Fließband nach Ende der auswärtigen Auftragsproduktion ein paar tausend Exemplare mehr abwirft, die über dubiose Kanäle vermarktet werden.

Wie aber steht es um Hightech-Produkte wie Mobiltelefone? Wenn man die »Überproduktion« außer Acht lässt, ist ein Nachbau solcher Geräte durchaus komplex. Umso erstaunlicher ist ein Fall, der 2006 bekannt wurde. Nach Berichten der auflagenstärksten finnischen Tageszeitung *Helsingin Sanomat* wurden vom finnischen Zoll Mobiltelefone des Typs Nokia 1100, eines damals weitverbreiteten und preisgünstigen Modells, gefunden, die in Verpackung und Transportroute verdächtig waren, aber nicht ohne Weiteres als Fälschung zu erkennen waren. Das führte bei regulären Kunden zu einiger Aufregung, da sie befürchteten, auch ihr Telefon wäre eine Fälschung.[50]

Es war vor allem die hohe Qualität der Nachbauten, die in diesem Fall überraschend war. Wenn man weiß, dass bei Nokia auch zahlreiche Testgeräte für Mobiltelefone entwendet worden waren,[51] ergibt sich ein neues Bild: Dann liegt es im Bereich des Wahrscheinlichen, dass es eben diese Produktfälscher waren, die zur Sicherung ihrer eigenen Qualität diese Gerätschaften entwendet hatten. Damit schrieben sie in gewisser Weise sogar Geschichte, indem sie ein neues Qualitätskapitel bei der Produktfälschung eröffneten.

Der kurze Weg zum neuen Design

Es war eine der Schlagzeilen des Jahrs 1996. Nach langer Ermittlungsarbeit konnte die Konzernsicherheit von Volkswagen die Lücke ausfindig machen, durch die immer wieder neue Designs an

Konkurrenten und schließlich auch an Autozeitungen als »Erlkönigfotos« gelangt waren. Nachdem in die Presse gelangte Fotos die konzerneigene, von außen nicht einsehbare Teststrecke in Ehra-Lessien als Aufnahmeort identifizieren halfen, suchte man zunächst bei den eigenen Mitarbeitern nach Minikameras – ohne Ergebnis.

Fündig wurde man letztlich in einem Erdhügel: Dort war eine technisch hoch entwickelte Kamera mit Infrarotsensor und Satellitenverbindung eingegraben. Der Infrarotsensor diente als Bildauslöser, da er durch die Wärme eines im Blickwinkel der Kamera befindlichen Autos aktiviert wurde. Die Bilder wurden sogleich über eine Satellitenverbindung an ein unbekanntes Ziel weitergeschickt.

Nach Angaben von VW war ein Schaden in dreistelliger Millionenhöhe entstanden.[52] Ob der Fall abschließend aufgeklärt werden konnte, ist nicht bekannt. Der hohe technische Aufwand spricht aber in jedem Fall für einen professionellen Hintergrund.

Der Topmanager und das Babyfon

Es war die Nacht vor einer Aufsichtsratssitzung von Volkswagen. Im vornehmen Ritz-Carlton-Hotel in Wolfsburg, praktischerweise direkt auf dem Konzerngelände von »Golfsburg« gelegen, wie die Stadt scherzhaft genannt wird, war Wendelin Wiedeking, der damalige Porschechef, abgestiegen. In seiner Suite fand der Porsche-Sicherheitsdienst am nächsten Morgen ein eingeschaltetes Babyfon, wie verschiedene Medien berichteten.[53]

Regelmäßige Leser der Wirtschaftspresse erinnern sich, dass es im November 2007, als sich der Vorfall ereignete, gerade Gerangel um die Vorherrschaft im VW-Konzern gab – mithin eine brisante Situation. Auch wenn ein Verdacht gegen einen Wachmann aufkam, das Gerät in Wiedekings Zimmer platziert zu haben,[54] und Anzeige erstattet wurde, blieben die Hintermänner bis heute unbekannt. Es gelang auch nicht, dem Täter eine Falle zu stellen, wie es Wiedeking nach Aussagen der Porsche-Pressestelle versucht hatte: »Er hat in seinem Zimmer Aussagen getätigt, um zu überprüfen, wo sie wieder auftauchen.«[55]

Ein schönes Beispiel für die Umwidmung von Endverbrauchertechnologien zum Spionagewerkzeug, auch wenn die Urheberschaft bis dato im Dunkeln blieb und möglicherweise niemals aufgedeckt wird.

Unsafe at any speed

Es sind nicht immer die Wettbewerber, die gefährlich werden können. Häufig sehen Unternehmen auch andere Gruppen als bedrohlich für ihre Aktivitäten an und versuchen, diese zu beeinflussen oder auszuspähen, um deren Motive besser kennenzulernen oder auch um die Gegner zu diskreditieren. Ein derartiger Fall aus den Vereinigten Staaten ist beinahe legendär.

Verbraucheranwalt Ralph Nader – Autor eines Buchs über die amerikanische Autoindustrie unter dem vielsagenden Titel *Unsafe at Any Speed*, in dem er unter anderem dem Chevrolet Corvair vorwarf, unsicher konstruiert zu sein –, geriet so ins Visier eines von General Motors beauftragten Detektivbüros. Nach verschiedenen Medienberichten[56] suchte man auch in seinem Privatleben nach Schwächen, die man benutzen konnte, um seine Person und damit seine Mission zu diskreditieren.

Das Ergebnis war aber dennoch nicht im Sinn des Unternehmens. Das Modell Corvair wurde 1969 nach der schlechten Presse durch Naders Buch und zahlreichen von Verbrauchern aufgrund der mangelhaften Produktsicherheit angestrengten Prozessen eingestellt. In der bis dato nur wenig regulierten US-Autoindustrie wurden staatliche Standards für Produktsicherheit, unter anderem auch verpflichtende Sicherheitsgurte für alle Passagiere, eingeführt. Mittelfristig hat diese Entwicklung einen Wettbewerb um sichere Fahrzeugkonzepte entstehen lassen, der durchaus im Interesse der Automobilhersteller und letztlich von uns allen ist.

Der Laptop im Hotelzimmer

Jens Kyllönen ist einer der Stars einer schillernden Branche: Er ist professioneller Pokerspieler. 2012 soll er rund 2,5 Millionen US-Dollar mit Pokern eingenommen haben. Als Teilnehmer eines Pokerevents in Barcelona fand er bei einem Besuch seines Hotelzimmers seinen Laptop nicht mehr vor. Als er später wieder in sein Zimmer zurückkehrte, stand dieser jedoch auf wundersame Weise wieder an seinem Platz.

Kyllönen, der daraufhin Verdacht schöpfte, fragte beim Antivirusanbieter F-Secure nach und ließ seinen Computer überprüfen. Tatsächlich wurde man fündig: Ein Remote-Access-Trojaner war installiert worden. Damit wäre Kyllönen beim Online-Poker durch einen Konkurrenten leicht auszuspionieren gewesen.[57] Nach Angaben des Sicherheitsunternehmens war dies nicht der erste Fall eines Spionageangriffs gegen einen Pokerprofi.[58]

Ein neues Zeitalter der Wirtschaftsspionage

Vom Lauscher an der Tür zur drahtlosen Funkwanze – so könnte man die erste Phase der Entwicklung der Unternehmensspionage zusammenfassen. In der Tat haben technische Entwicklungen schon immer zur Entwicklung technischer Abhörmaßnahmen geführt. Die gängigsten davon waren und sind:

- Einsatz drahtgebundener Abhöreinrichtungen, umgangssprachlich »Wanzen« genannt, etwa zum Abhören von Telefonaten im Festnetz, sowie der Einsatz getarnter Funkwanzen;
- Lauschangriffe von außen durch den Einsatz von Richtmikrofonen und von Laserrichtmikrofonen, mit denen auch Unterhaltungen in geschlossenen Räumen aus der Ferne abgehört werden können;
- Softwareangriffe auf Telekommunikationseinrichtungen, insbesondere auf Telefonanlagen;
- Auswertung der Abstrahlung von Bildschirmen und anderen technischen Geräten;
- Verwendung von Körperschallsendern.

Ein Klassiker sind Wanzen, die es in verschiedenen Bauformen und Größen gibt. Sie werden angebracht an beziehungsweise eingebaut in Geschenken, Blumen und Topfpflanzen, Spiegeln, diversen Bürogeräten, Rauchmeldern, Möbeln, Küchengeräten, Wanduhren, Klimaanlagen, Telefonen, Mobiltelefonen, Computern, Druckern, Faxgeräten, Kopierern, Vorhängen, Teppichleisten, Zwischenwänden, Decken und vielem mehr. Es gab sogar bereits Berichte über Abhöreinrichtungen in Wasserkochern, die scheinbar ab Werk in China als Zusatzfunktion eingebaut waren.[59] Kurz gesagt: Der Fantasie sind hier keine Grenzen gesetzt.

Einen breiten Raum nimmt inzwischen auch das Abfangen von Funksignalen ein. Dazu zählen:

- *Abhören drahtloser Sprachkommunikation:* schnurlose Telefone (DECT), Mobiltelefone, Satellitentelefone, Betriebsfunk, Funkmikrofone et cetera;

- *Abfangen von Funkanwendungen in der Informationstechnologie:* Funktastaturen, WLAN, Bluetooth et cetera.

Was seit mehreren Jahren zu beobachten ist, ist die zunehmende Verfügbarkeit von Fachliteratur und Komponenten zum Selbstbau von Abhöreinrichtungen. Dafür bieten sogenannte Spy-Shops im In- und Ausland Überwachungselektronik an, darunter zahlreiche Webshops. Auch Ebay und andere Online-Marktplätze entwickeln sich zum Umschlagplatz für Spionageausrüstung. Selbst ausgefeilte Abhöreinrichtungen, die früher nur Nachrichtendiensten zugänglich waren, sind heute per Internet frei verfügbar. Anders gesagt: Technische Angriffsmethoden werden »volkstümlich«, während »persönliche Attacken«, die in der Frühzeit der Industriespionage dominierten, auf dem Rückzug sind.

4 Wirtschafts- und Industrie- spionage im digitalen Zeitalter

»Nie zuvor in der Geschichte der Menschheit war der Zugang zu Informationen so schnell und einfach.« Der amerikanische Informatiker Vinton Cerf, der als einer der Väter des Internets gilt, bringt es mit seiner Aussage auf den Punkt: das große Versprechen des Internetzeitalters. Dass der vereinfachte Zugang zu Informationen, die universelle Vernetzung riskante Nebenwirkungen haben kann, zeigen die folgenden Beispiele, die ohne das Internet überhaupt nicht oder nicht in dieser Form möglich gewesen wären.

Hilflose Opfer

Die digitale Transformation macht auch vor der Industriespionage nicht halt. Durch neue Technologien wird es immer einfacher, auf Daten unberechtigt Zugriff zu nehmen. Anders als in früheren Zeiten ist es vielfach nicht mehr notwendig, vor Ort zu sein: Mit geeigneter Software kann man schließlich auch ein Zielunternehmen auf der anderen Seite der Erde attackieren – die universelle Vernetzung unserer Welt macht es möglich. Viele dieser Angriffe bleiben zudem über einen längeren Zeitraum unbemerkt. Wird solch ein Angriff schließlich doch aufgedeckt, bleibt bei den Opfern oftmals nur ein Gefühl der Hilflosigkeit zurück.

Der Preis des Supports

Die IT-Branche ist ohne dazugehörigen Service nicht denkbar. Support-Websites beispielsweise bieten Hilfe bei Einrichtung und Betrieb, sie erlauben den Download von Updates und vieles mehr. Angesichts der kurzen Update-Zyklen in dieser Branche ist eine wirtschaftliche Vermarktung von Software und softwarebasierten Produkten, zum Beispiel Blu-Ray-Playern, Scannern, Druckern und Mobiltelefonen, ohne entsprechende Supportsites kaum darstellbar. Man stelle sich vor: Jede Kundenfrage würde beim Anbieter in einem langwierigen Telefonat münden, und jedes Update würde es notwendig machen, CDs oder andere Datenträger zu verschicken oder die Produkte für eine Aktualisierung oder Verbesserung zurückzurufen, wie es die Automobilindustrie derzeit vielfach noch macht.

Auch im Bereich kommerzieller Anwendungssoftware – hier ist das deutsche Unternehmen SAP zu Hause – sind Support-Webanwendungen unverzichtbar. Dabei werden typischerweise Wartungsdienstleistungen beauftragt – nicht immer beim Hersteller selbst, sondern oft bei spezialisierten Servicefirmen. Die amerikanische Firma Oracle beispielsweise, deren Datenbanken vielfach als Basis für die Installation von SAP eingesetzt werden, ist gleichzeitig Lieferant und Wettbewerber von SAP. 2010 war nach einer Studie von RAAD Research bei gut zwei Drittel aller SAP-Systeme die dazugehörige Datenbankbasis ein Produkt von Oracle[1] – und SAP damit der größte Verkäufer von Oracle-Lizenzen. Aus Sicht der Marktforschungsfirma Experton sind SAP und Oracle damit einerseits Partner und andererseits Erzfeinde.[2] SAP tut einiges dafür, auch diesen Geschäftsanteil mit eigenen Produkten abzudecken und so die Abhängigkeit von Oracle zu vermindern, zum Beispiel durch die Einführung neuer Datenbanktechnologien.[3]

Vor dem Hintergrund dieser besonderen Wettbewerbssituation muss auch ein Vorfall gesehen werden, bei dem die Amerikaner von Oracle den Deutschen von SAP Industriespionage vorwarfen. SAP hatte die Softwarewartungsfirma TomorrowNow gekauft und anschließend als Oracle-Partner Daten von Oracle-Supportsystemen heruntergeladen – mit den Zugangsdaten der Kunden. Medienberichten zufolge betonte SAP die grundsätzliche Rechtmäßigkeit des Zugriffs durch TomorrowNow, sprach allerdings selbst von einer »unangemessenen Weise« des Zugriffs.[4]

Ob es sich dabei nun tatsächlich um Industriespionage handelte oder um ein mehr oder weniger berechtigtes geschäftliches Interesse, blieb offen. Ein US-Gericht war jedenfalls der Meinung, dass SAP gegenüber Oracle schadenersatzpflichtig sei, und verurteilte das deutsche Softwareunternehmen zu einer Rekordentschädigung in Höhe von 1,3 Milliarden US-Dollar.[5] Später einigte man sich nach mehreren Verfahrensrunden außergerichtlich auf eine Zahlung von 306 Millionen US-Dollar.[6] Die gesamten SAP-Statements und Gerichtsentscheidungen kann man übrigens bis heute auf einer von SAP eingerichteten Website www.tnlawsuit.com abrufen.

Der wesentliche Unterschied zu den im vorigen Kapitel behandelten Fällen ist die Entstofflichung der Informationserhebung: Niemand musste monate- oder jahrelang in ein fremdes Land reisen – im Gegenteil: Keiner der Beteiligten verlies auch nur seinen Schreibtisch, um Zugriff auf die Unterlagen zu bekommen.

Der Schriftsteller und das Trojanische Pferd

Der israelische Schriftsteller Amnon Jackont dachte an eine Privatfehde, als er 2005 feststellen musste, dass einzelne Kapitel seines bis dato unveröffentlichten Buchs *L wie Lüge* in Literaturforen im Internet auftauchten und dort harsch kritisiert wurden. Auch wurde ein *Wikipedia*-Eintrag über ihn manipuliert, und private E-Mails und andere Dokumente fanden auf zunächst unerklärliche Weise den Weg ins Netz.[7]

Jackont vermutete eine Racheaktion. Gegenüber der Polizei äußerte er den Verdacht, dass der ehemalige Schwiegersohn seiner Frau, der Computerspezialist Michael Haefrati, nach der Scheidung nun auch an ihm Rache nehmen wollte und mit einem Computervirus in seinem PC eingedrungen sei. In Wirklichkeit aber war der Rechner von Jackont nicht mehr als ein kleiner Nebenkriegsschauplatz in einem weitreichenden Spionageskandal in Israel. Jackonts Vermutung hinsichtlich des Urhebers war dennoch nicht falsch: Haefrati hatte tatsächlich eine zum damaligen Zeitpunkt nicht von Virenscannern erkannte Schadsoftware geschrieben, die er an mehrere Detektivfirmen verkauft hatte.

Wie sich bei Polizeiermittlungen der »Operation Pferderennen« herausstellte, »spionierte der Importeur von Volvo gegen Champion Motors, dem Vertreter von Volkswagen in Israel. Der Betreiber von Satellitenfernsehen Yes stahl die Kundenlisten des Kabelnetzbetreibers Hot. Die Handybetreiber Cellcom und Pelephone spionierten die Computer ihres Konkurrenten Orange aus. Die Liste ist lang und sehr namhaft. Die bekanntesten israelischen Großfirmen, Kaufhausketten und Verkäufer von Mineralwasser, Nahrungsmittelhersteller und Computerfirmen werden da entweder als Spione genannt oder als Opfer.«[8] Verbreitet wurde die Schadsoftware gezielt per E-Mail und per Präsentations-CD. Im Falle von Amnon Jackont fand die Infektion offenbar durch eine anonym zugesendete CD-ROM mit einem Buchmanuskript statt.[9]

Das Bemerkenswerte an diesem Fall war seine kommerzielle Dimension. So arbeitete Michael Haefrati augenscheinlich als Dienstleister für die Detektivbüros und berechnete, da er in London lebte, jeweils 3 500 englische Pfund für die Erstinfektion eines

Zielrechners mit dem Trojaner sowie pro Monat weitere 900 Pfund für den Zugriff auf vertrauliches Material.[10] Insgesamt soll diese Spionagesoftware bei über 60 Firmen installiert worden sein. Infolge der Ermittlungen wurden in Israel, Großbritannien und Deutschland 18 Personen festgenommen.[11] In die Aktivitäten verwickelt waren sehr bekannte israelische Firmen aus unterschiedlichen Branchen.

Spätestens seit diesem Vorfall können wir davon ausgehen, dass es so etwas wie »Auftragsspionage« gibt, die sich meist hinter legal klingenden Bezeichnungen versteckt. Außerdem gibt es Angriffsmuster, die von herkömmlichen Sicherheitssystemen nicht erkannt werden und unter Umständen gezielt auf einzelne Empfänger zugeschnitten sind. Erschreckend ist auch: Der Aufwand für eine erfolgreiche Attacke, die von den Sicherheitslücken der vernetzten Welt Gebrauch macht, ist sehr gering geworden, während die Reichweite enorm sein kann.

Die Praktikantin mit dem USB-Stick

Nicht immer lassen sich Informationen per Download ermitteln oder per Trojaner vom Rechner des Know-how-Trägers entwenden. Manchmal ist auch der klassische Datenträger die erste Wahl – im Zeitalter allgegenwärtiger USB-Sticks und externer Festplatten eigentlich recht naheliegend.

Die 22-jährige chinesische Praktikantin beim französischen Autozulieferer Valeo galt mit mehreren Studienabschlüssen und fließenden Kenntnissen mehrerer Sprachen als herausragend begabt. An ihrem Arbeitsplatz fiel sie aufgrund ihrer übertrieben hohen Motivation auf.[12] Bei einer Durchsuchung ihrer Wohnung im April 2005 wurden mehrere Computer und zwei Festplatten mit Daten zu Produkten von Valeo gefunden – darunter Daten, die als vertraulich galten, weil sie zu Kraftfahrzeugen gehörten, die zu diesem Zeitpunkt noch nicht auf dem Markt waren.[13] Etwa zwei Jahre nach dem Vorfall wurde die übereifrige Chinesin zu einem Jahr Gefängnis verurteilt, davon zehn Monate auf Bewährung.

Interessant dabei: »Die junge Frau bestritt den Vorwurf der Spionage und erklärte bei den Vernehmungen, der Firmenrechner sei voll gewesen, deshalb habe sie einen Teil der Dateien kopiert und auf ihrem eigenen Rechner gespeichert.«[14] Man hätte sich vielleicht auch wundern können über eine Bewerberin mit besonders gut passender Qualifikation. In der Tat gibt es Indizien dafür, dass immer wieder einmal Lebensläufe manipuliert werden, um einen Job im Zielunternehmen zu bekommen.[15] Das Angriffsmuster ist dabei stets eine ideale Qualifikation für die nachgefragte Tätigkeit. Auch wenn man konstatieren muss, dass es bis heute keine konkrete Antwort auf die Frage nach dem Auftraggeber gibt, liegt der Verdacht nahe, dass man es mit staatlichen Akteuren aus dem Riesenreich zu tun hatte.

Die chinakritische Website *China intern* geht davon aus, dass auch in Deutschland ein gut strukturiertes Spionagenetz Chinas existiert:

»Die unterste Ebene sind die Studenten. Die hierfür zuständigen Agenten aus den Reihen der Studenten müssen einmal pro Monat in den für sie zuständigen Konsulaten erscheinen, um ihren Führungsoffizieren alle wichtigen Ereignisse zu berichten, z. B. ist für Köln das Konsulat in Bonn zuständig, für die technologisch besonders wichtige Region Erlangen-Nürnberg ist München zuständig etc.«[16]

Ähnliche Berichte finden sich auch an anderer Stelle wie etwa in *The Epoch Times*, einem internationalen Magazin mit dem Schwerpunkt China. Darin werden die systematische Vorgehensweise und die Steuerung durch die Botschaften unter Berufung auf eine ehemalige chinesische Konsulatsmitarbeiterin bestätigt: Demnach täten zahlreiche Studenten Derartiges aus Liebe zu ihrem Land und entwickelten kein Unrechtsbewusstsein.[17] Spricht man chinesische Offizielle auf solche Praktiken an, so weisen sie diese weit von sich. Der Wahrheitsgehalt der zitierten Aussagen lässt sich – wie bei anderen Quellen zum Thema Spionage gegen Unternehmen – nicht überprüfen.

Das Angriffsmuster, per Datenträger alles mitzunehmen, was sich irgendwie mitnehmen lässt, ist sicher kein Einzelfall. Die leichte Verfügbarkeit von Datenträgern ermöglicht es, auf eine einfache Weise Daten zu stehlen.

Der klassische Hack

Wie der Sicherheitsanbieter McAfee, eine Tochter des Prozessorherstellers Intel, 2011 feststellte, wurden interne Informationen von sechs amerikanischen und europäischen Ölfirmen, darunter Exxon Mobil, Shell und BP, von Hackern erbeutet.[18] Abhanden kamen dabei Dokumente mit Bezug auf Öl- und Gasfelder samt Angeboten für die Finanzierung. Laut der Sicherheitsfirma InGuardians handelte es sich dabei vor allem um topografische Karten, die bei der Erschließung von Ölreserven helfen sollten – und die Millionen von Dollar wert waren.

Die Attacken, denen man den Namen »Night Dragon« (»Nachtdrachen«) gab, begannen bereits im November 2009 und wurden vermutlich überwiegend von China gesteuert. Das Bemerkenswerte dabei war die Mehrstufigkeit dieser Angriffe: So wurden zunächst Server im von außen erreichbaren Extranet gekapert und darüber anschließend interne Ziele angegriffen. Außerdem wurden einzelne Mitarbeiter mit individuell erstellter Schadsoftware per E-

Mail angegangen. Ziel waren Unternehmensserver in den USA und den Niederlanden, Angriffe auf einzelne Personen und Führungskräfte fanden auch in Taiwan, Griechenland und Kasachstan statt, berichtete McAfee in einer detaillierten Analyse der Operation »Night Dragon«.[19] Im Anhang dieses Whitepapers hieß es:[20]

>»Wir [McAfee] gehen davon aus, dass zahlreiche Akteure an den Attacken beteiligt waren, einen davon konnten wir als ein Individuum identifizieren, das nicht notwendigerweise direkt beteiligt war, aber den Angreifern wesentliche Teile der Infrastruktur für den Angriff bereitgestellt hat. Die Person ist ansässig in der Stadt Heze in der Provinz Shandong in China.«

Der Sicherheitsanbieter nahm weiterhin an, dass diese Person nicht notwendigerweise der Hauptdrahtzieher war, aber mit ihm zu tun hatte, da er Mietserver in den Vereinigten Staaten bereitgestellt hatte, die bei den Angriffen eine wesentliche Rolle spielten. Dass die angebotenen Systeme sich im Wesentlichen dadurch auszeichneten, dass sie keine Logfiles bereitstellten, also keinerlei Aufzeichnungen über stattgefundene Systemaktivitäten vornahmen, war ein weiteres originelles Detail.

McAfee führte zudem in diesem Dokument weitere Indizien für einen chinesischen Ursprung der Attacken an. Darunter die Schreibweise bestimmter Passwörter, aber auch die Nutzung von IP-Adressen aus dem Großraum Peking sowie Hackerwerkzeugen aus chinesischen Untergrundforen. Interessant war auch die Feststellung, dass alle Angriffe zwischen 9 und 17 Uhr Pekinger Ortszeit stattgefunden hatten. Diese Analyse machte zugleich deutlich, wie schwer sich auch Sicherheitsexperten manchmal damit tun, Attacken tatsächlich einem bestimmten Angreifer oder auch nur einem Land zuzuordnen.

Wem die Sonne scheint

Das Unternehmen Solarworld steht gleichsam für den Aufstieg und für den Fall der Solarbranche in Deutschland. Und Solarworld wurde, wie manch andere Unternehmen auch, ein Opfer von chinesischer Industriespionage. Nach einem Bericht von *Foreign Policy* waren Hacker des chinesischen Militärs in Rechner der US-Tochtergesellschaft von Solarworld eingedrungen und hatten dort wichtige Firmeninterna erbeutet, insbesondere Informationen über die Preiskalkulation und Marketingstrategie. Das Unternehmen war auf diesen Angriff erst im Juli 2012 durch das FBI aufmerksam gemacht worden und verschärfte daraufhin seine Sicherheitsmaßnahmen.

Interessant ist an diesem Fall besonders, dass die Spione es augenscheinlich auf die Kommunikation zwischen Solarworld und den Anwälten abgesehen hatten, die das Unternehmen im Handelsstreit mit China vertraten.[21] Denn die gesamte Branche der erneuerbaren Energien gehört zu den auch hart umkämpften Spionagezielen. Handelsstreitigkeiten können dabei stets ein Motivator für staatliche Akteure sein, wesentliche Strukturen der Gegenseite zu erkunden. Gerade bei Unternehmen, die sich selbst als potenzielles Ziel einer Wettbewerbsausforschung sehen und ihre IT sicherheitstechnisch entsprechend aufgerüstet haben, sind deshalb Dienstleister wie Rechtsanwaltskanzleien, Steuerberater und Wirtschaftsprüfer oft die leichteren auszuspähenden Ziele, wenn es darum geht, an vertrauliche Informationen heranzukommen.

Mittelständler im Visier von Hackern

44 Mitarbeiter, knapp 5 Millionen Euro Umsatz: Clearaudio ist ein typischer mittelständischer Betrieb und behauptet sich mit Inno-

vationen in der heiß umkämpften Branche der Unterhaltungselektronik. Clearaudio ist spezialisiert auf hochwertige Plattenspieler und gilt als Innovationsführer, zum Beispiel mit einem aufwendigen Magnetlager, das einen vibrationsfreien Lauf der Platten und damit eine bessere Tonqualität garantiert. In die Entwicklung dieses Lagers flossen rund zwei Jahre Zeit und ein Investment von 350 000 Euro.

Als Geräte mit diesem neuartigen Magnetlager erstmals auf einer Messe in München präsentiert wurden, fand sich nur ein paar Stände weiter überraschend ein Plattenspieler mit einem identisch aufgebauten Lager – bei einem chinesischen Hersteller. Clearaudio waren offenbar die Konstruktionspläne bei einem Angriff auf den Firmenserver entwendet worden. Zum Glück gelang es dem Unternehmen, die chinesischen Importe mithilfe des deutschen Zolls stoppen zu lassen.

Clearaudio ist eines der wenigen Unternehmen, die offen über die Vorfälle sprechen – und beileibe kein Einzelfall. Nach Einschätzung des nordrhein-westfälischen Verfassungsschutzes findet ein Großteil aller Fälle von Technologiediebstahl bei kleinen und mittleren Unternehmen statt.[22]

Der Hacker und das Netz

Anfang 2005 wurde ein 26 Jahre alter Ungar in Schweden wegen Industriespionage zu drei Jahren Gefängnis verurteilt. Was war geschehen? Der IT-Consultant war in das Intranet des international tätigen, aber in Schweden ansässigen Telekommunikationsausrüsters Ericsson eingedrungen und hatte dort über Monate hinweg Firmeninterna ausgekundschaftet.[23] *Heise online* berichtete ausführlich von dem Fall:[24]

»Im März 2002 verschaffte sich der in der schwedischen Presse als Ericsson-Spion bekannt gewordene Mann Zugang zum weltweiten Unternehmensnetz von Ericsson und begann es systematisch auszuforschen. […] Mittels bei Benutzern installierter Trojanischer Pferde und weiterer Programme drang er immer tiefer in das Computernetz hinein und verwischte seine Spuren anfangs erfolgreich. Bis zu seiner Festnahme im Oktober 2004 kopierte er eine große Anzahl geheimer Daten, darunter auch den Quellcode zu den Mobiltelefonen aus dem Hause Sony Ericsson. In Verhören beschrieb Csaba Richter die Sicherheit bei Ericsson als recht lasch.«

Nach dem zitierten Medienbericht erfolgten die Angriffe von zu Hause: Csaba Richters Elternhaus war Ausgangspunkt der Attacken, bei denen nicht nur Ericsson-Interna, sondern auch Militärgeheimnisse der schwedischen Streitkräfte kopiert wurden. Vor Gericht gab er an, keine Schädigungsabsicht gehabt zu haben, sondern sich um eine Anstellung bei dem Telekomausrüster bemüht zu haben. Seinen Beteuerungen widersprach allerdings die Tatsache, dass er die gestohlenen Daten im Internet zum Kauf angeboten hatte.

Festgenommen wurde er übrigens mit Unterstützung des schwedischen Geheimdiensts Säkerhetspolisen (SÄPO), der von Ericsson zu Hilfe gerufen worden war. Weitere Details des Verfahrens und Einbruchs wurden nicht bekannt, da der Vorfall unter eine 20-jährige Geheimhaltungssperre gestellt wurde – ein seltener Akt im sonst so offenen Schweden.

Diese Attacke wies beinahe alle typischen Merkmale auf: Der Angriff erfolgte über das Internet, blieb lange Zeit unbemerkt, und es flossen enorme Informationsmengen dabei ab. Was fehlte, war ein initiales Motiv, sonst hätte der Täter seine Beute nicht im Internet zum Kauf angeboten, sondern wäre nach dem Raubzug verschwunden geblieben – und der Fall wäre möglicherweise nie oder erst viel später entdeckt worden.

Ausgeplündert bis zur Insolvenz

Anfang 2009 war alles vorbei: Die kanadische Nortel Corporation, einer der weltweit führenden Netzwerkausrüster, musste Insolvenz anmelden – nach mehr als 100 Jahren Unternehmensgeschichte und auch mitten im Internetboom, der eigentlich allen Lieferanten gute Geschäfte bescherte.

Etwas später wurde bekannt, dass Nortel jahrelang ausgespäht worden war. Sieben im Jahr 2000 gestohlene Passwörter von Nortel-Führungskräften hatten ausgereicht, um Zugriff auf wichtige Entwicklungsdokumente, Geschäftspläne und E-Mails zu bekommen. Erst 2004 bemerkte man den Einbruch, änderte aber nur die Passwörter. Eine tief in den Systemen verankerte Spionagesoftware wurde dabei zunächst übersehen und eine interne Untersuchung nach sechs Monaten eingestellt. Nortel nahm das Problem nicht ernst genug – und so gingen die Angriffe während der nächsten Jahre ungehindert weiter.[25] Der ehemalige Sicherheitsberater von Nortel schrieb dazu auf seiner LinkedIn-Seite:[26]

»Durch meine Bemühungen wurden mehrere schwerwiegende Angriffe in unserem Firmennetzwerk entdeckt. Ich konnte beweisen, dass das System kompromittiert war, während der für Virenabwehr zuständige Mitarbeiter keine Auffälligkeiten finden konnte. Der oder die Angreifer hatten die vollständige Kontrolle über interne Systeme aus dem Internet heraus und betrieben eine verschlüsselte Datenverbindung für die Steuerung der Schadsoftware aus der Ferne.«

Auch wenn die Spuren damals nach China wiesen, ist bis heute nicht klar, wer letztlich hinter den Angriffen auf Nortel steckte.[27]

Erschreckend an diesem Fall ist nicht allein die Ignoranz, mit der sich das Management dem Problem widmete. Erschreckend ist vor allem die Tatsache, dass es sich um ein Unternehmen in einer Branche handelte, bei dem man davon ausgehen sollte, dass ihm die Bedeutung von Netzwerksicherheit bestens vertraut ist. Daneben wird deutlich, wie leichtfertig in der Praxis mit Passwörtern umgegangen wurde und wie fahrlässig es war, auf zusätzliche Sicherheitsmaßnahmen wie die sogenannte Zwei-Faktor-Authentifizierung zu verzichten.

Ausgespäht und abgewehrt

Vom Netzwerkausrüster nun zu einem Telekommunikationskonzern: Ganz ähnlich wie bei Nortel erfolgte ein Hackerangriff auf die norwegische Telenor, der Anfang 2013 bekannt wurde. Das Unternehmen selbst brachte den Vorfall bei der Kripos, der norwegischen Kriminalpolizei, zur Anzeige und informierte die nationale Sicherheitsbehörde NSM (Nasjonal sikkerhetsmyndighet) und den Cyberabwehrdienst Cyberforsvaret.

Ziel der Attacken waren die Personal Computer von Topmanagern des Unternehmens. Besonders interessant in diesem Fall: Die Sicherheitsprobleme wurden entdeckt durch das Telenor Security Operation Center. Dort hatte man ungewöhnlichen Datenverkehr von den Rechnern der Führungskräfte festgestellt und war der Sache nachgegangen. Daraufhin arbeiteten Medienberichten zufolge knapp 20 Mitarbeiter an der Überwachung dieses außergewöhnlichen Internetverkehrs zwischen Unternehmen und Außenwelt und fanden heraus: »Angriffswaffe« waren präparierte E-Mails, die huckepack Trojaner mitbrachten und scheinbar von bekannten Kontakten kamen, teilweise auch von Kollegen aus dem Konzern. Nicht bekannt sind in diesem Fall die genauen Ziele der Angreifer oder deren Identität.[28] Der Sicherheitsbeauftragte von Telenor musste allerdings zugeben, dass die Angreifer in der Lage gewesen waren, unternehmensinterne Informationen zu stehlen.

Das Bemerkenswerte an diesem Fall ist, dass auch ein in Sachen IT-Sicherheit führendes Unternehmen Opfer von Hackerattacken werden konnte. Immerhin konnte durch die Maßnahmen, welche Telenor veranlasst hatte, die Attacke nicht nur entdeckt, sondern letztlich erfolgreich abgewehrt werden.

Konstruiert und abgeholt

Stellen Sie sich vor: Über Monate haben Ihre Mitarbeiter an der Konstruktion eines revolutionären neuen Produkts gearbeitet – mit AutoCAD, einer der gängigsten Anwendungen zur Erstellung technischer Zeichnungen. Sobald alles fertig ausgearbeitet ist, versuchen Sie, ein Patent zu beantragen. Doch das wird abgelehnt, weil jemand in China schneller war als Sie – ein Albtraum, der durchaus wahr werden könnte.

Die Sicherheitsforscher von ESET entdeckten 2012 eine Schadsoftware, die mit AutoCAD erstellte Dokumente stehlen und nach China verschicken konnte. Schlimmer noch: Nach ESET-Analysen waren auf diesem Wege bereits Zehntausende von Konstruktionsplänen kopiert und an E-Mail-Adressen bei chinesischen Internetprovidern gesendet worden.[29] Jedes neu erstellte Design wurde – so ist der unter dem Namen »ACAD/Medre« bei Sicherheitsforschern bekannte AutoCAD-Wurm konstruiert – automatisch weitergeleitet. Die Vorgehensweise des Computerwurms war dabei – nach Ansicht der Sicherheitsexperten – nicht besonders komplex: Er änderte eine Startdatei von AutoCAD und erhielt so Kontrolle über das Programm.[30]

ESET betonte, dass man »ACAD/Medre« ausschalten konnte und dass chinesische Provider, welche die empfangenen E-Mail-Adressen betrieben, bei der Beendigung der Angriffe kooperativ waren. Dennoch ist davon auszugehen, dass viele ähnliche Angriffe unentdeckt bleiben. Verglichen mit der im Vorwort geschilderten Vorgehensweise des persönlichen Einschleichens und Kopierens von Unterlagen zeigt dieses Beispiel deutlich, welchen technologischen Wandel wir besonders im Bereich Industriespionage durchleben: Für den Angreifer ist es – anders als noch vor 20 Jahren – weder erforderlich noch sinnvoll, persönlich und risikobehaftet vorbeizukommen, solange es gelingt, eine geeignete Schadsoftware zu platzieren.

Operation Aurora

Eine der aufwendigsten Attacken, die bisher ans Licht der Öffentlichkeit gelangten, wurde unter dem Namen »Operation Aurora« bekannt. Diese ist nicht nur deswegen bemerkenswert, weil Google ein Hauptziel war, sondern vor allen Dingen aufgrund der hohen Komplexität, die für eine hohe Professionalität des Angreiferteams sprach.

Anfang 2010 veröffentlichte Google auf seinem offiziellen Blog ein Statement, nachdem das Unternehmen zusammen mit rund 20 anderen Firmen verschiedenster Branchen von China aus attackiert worden war.[31] Zunächst ging man davon aus, dass im Wesentlichen Googles Aktivitäten in China tangiert werden sollten und eher politische Fragen im Vordergrund standen, denn Ziel der Angriffe waren E-Mail-Postfächer von Menschenrechtsaktivisten, die sich in China engagierten. Tatsächlich ging es in erster Linie darum, intellektuelles Eigentum bei Google, Adobe und anderen Unternehmen zu stehlen – in einer bis dahin nicht gekannten konzertierten Aktion. Insgesamt waren 34 Firmen attackiert worden, darunter Unternehmen aus der Finanzbranche, der Waffenproduktion und vielen anderen Branchen, zum Beispiel Dow Chemical, Northrop Grumman, Symantec, Yahoo oder der Webhoster Rackspace.[32] Dabei hatten es die Hacker vor allem auf den Diebstahl von Quellcodes abgesehen. Nach einem Bericht des *Wired*-Magazins[33] nutzten diese dafür eine sogenannte »Zero-Day-Sicherheitslücke« in dem gängigen Programm Adobe Reader aus.

Die Angreifer schickten dazu nach Angaben der Sicherheitsfirma iDefense, auf die sich der *Wired*-Artikel bezog, an vorher ausgespähte Zielpersonen E-Mails mit einem manipulierten PDF im Anhang. Beim Klick auf diesen Anhang installierte sich ein Trojaner, der in Sicherheitskreisen unter »Trojan.Hydraq« bekannt wurde, und wartete auf Kommandos von einem Steuerungsserver im Internet. Besonders bemerkenswert war die Fähigkeit der Angreifer, nicht nur die richtigen Personen im Unternehmen erfolgreich zu attackieren und diese durch geschickt gefälschte Nachrichten dazu zu bringen, auf die Anhänge der übersendeten Mails zu klicken, sondern auch Sicherheitslücken zu finden, die zum Zeitpunkt der Attacken noch nicht durch gängige Sicherheitssoftware erkannt waren.

Nach Angaben von iDefense waren unter anderem Quellcodes von Google Ziel der Attacken. Wenig verwunderlich war hingegen, dass Google keine Stellung beziehen wollte und ein Sprecher von Adobe ebenfalls eine Antwort auf die Frage verweigerte, ob Quellcode entwendet worden sei. Hier wiederholte sich das bereits aus anderen Fällen bekannte Verhalten, im Falle von Sicherheitslücken nur das unbedingt Erforderliche und ohnehin schon Bekannte zuzugeben.

Im April desselben Jahres berichtete die *New York Times* – unter Berufung auf einen Google-Insider – von der tatsächlichen Reichweite und Zielrichtung der Attacken.[34] Ziel war demnach wohl ein Herzstück von Googles Technologie, das System für die zentrale Passwortverwaltung, das unter dem Namen Gaia bekannt wurde. Der Diebstahl des Gaia-Quellcodes startete mit einer gezielten Nachricht an einen Google-Mitarbeiter in China über das Programm Microsoft Messenger, ein System für Instant Messaging. Durch einen Klick auf einen Link gelangte der attackierte Nutzer auf eine mit Schadsoftware verseuchte Website, und sein Computer wurde zum Einfallstor für die Angreifer, die nun über dieses kompromittierte Rechnersystem auch auf Rechner einer Gruppe von Softwareentwicklern im Google-Hauptquartier Zugriff bekamen. Dort befand sich das eigentliche Ziel der Angreifer: ein sogenanntes Software-Repository, also ein Server, auf dem zu Entwicklungszwecken die Quellcodes eines Entwicklerteams gespeichert werden.

Weitere Details sind ebenfalls interessant. So wurden die Kontrollserver scheinbar bei einem regulären Hostingprovider in den USA betrieben[35] – nicht ungewöhnlich für solche Attacken. Allerdings konnte der Ursprung dieser Angriffe anhand von IP-Adressen zu zwei chinesischen Ausbildungseinrichtungen zurückverfolgt werden: die Eliteuniversität Shanghai Jiaotong University, die für eine besonders gute Informatikausbildung bekannt ist, sowie die Berufsschule Lanxiang Vocational School. Diese besondere Berufsschule steht im Verdacht, Computerexperten für das chinesische Militär auszubilden, auf alle Fälle aber wurde sie mit Unterstützung des Militärs eingerichtet. Und auch die Studenten der Jiaotong-Universität sind alles andere als Mittelmaß: Sie hatten kurz zuvor den von IBM ausgelobten Programmierwettbewerb »Battle of the Brains« gewonnen – noch vor Teams von amerikanischen Spitzenuniversitäten wie Stanford.[36]

Über die Bewertung der Funde herrschte Uneinigkeit bei Sicherheitsforschern, so der Bericht der *New York Times*. Während ein Teil davon ausging, dass die Ausbildungseinrichtungen als Tarnorganisation für chinesische Behörden dienten, meinten andere, dass die Angriffe auch aus einem Drittland stammen könnten oder schlicht eine große Industriespionageaktivität verdecken sollten. Das würde implizieren, dass die Angriffe auf die E-Mail-Konten von Menschenrechtlern im Zusammenhang mit Operation Aurora nur ein Ablenkungsmanöver waren.

Festzuhalten ist: Selbst hervorragend aufgestellte Organisationen wie Google haben einer gezielten Attacke kaum etwas entgegenzusetzen. Und das Problem der Zurechenbarkeit solcher massiven Angriffe bleibt auch in derartig aufwendigen Szenarien ungelöst.

Gefährliche Orte und Geräte

Wie gefährlich ist ein Internetcafé? Welches Risiko kann ein Smartphone-Ladegerät darstellen? Der technische Fortschritt macht eine Neubewertung zahlreicher scheinbar vertrauter Orte und Geräte notwendig und liefert unter anderem mit Drohnen und sogenannten »Wearables« ganz neue Betätigungsfelder für Spione.

Die Rückkehr des Kopierers des Grauens

Anders als erwartet hat der Kopierer als Spionagewerkzeug, wie er in Kapitel 3 beschrieben wurde, nicht ausgedient. Im Gegenteil: Die technische Weiterentwicklung von Kopiersystemen zu Multifunktionsdruckern eröffnet völlig neue Möglichkeiten für Spione. Hintergrund ist, dass derartige Systeme häufig Festplatten enthalten, die als Zwischenspeicher für Druck- und Kopieraufträge dienen – teilweise werden die Druckdaten sogar monatelang gespeichert. Ein solches System kann daher für einen Spion äußerst interessante Informationen enthalten.

Kann man den Bautyp eines im Unternehmen eingesetzten Drucksystems ermitteln, so ist es ein Leichtes, sich als Wartungstechniker auszugeben. Der spielt, quasi offiziell, ein dringend notwendiges Update ein und tauscht selbstredend noch schnell die Festplatte aus – ein kostenloses Ersatzteil hat der freundliche Servicetechniker stets dabei. Dieser ach so simple Angriff ist auch heute noch wirksam. Die gängigen Anbieter von Multifunktionsdruckern haben das Problem erkannt. Aber sie bieten Lösungen für die Sicherung dieses Problems, etwa durch Verschlüsselung des zugehörigen Speichersystems, nur gegen einen Aufpreis an – Extrakosten, die sich viele Unternehmen gerne sparen.

Diese naheliegende Vorgehensweise ist nur eine von vielen denkbaren Attacken auf moderne Drucksysteme. Möglich und von Sicherheitsforschern bereits erfolgreich vorgeführt ist die Manipulation der Firmware von bestimmten Druckertypen, die einen weitergehenden Zugriff erlaubt: Druckaufträge lassen sich so umleiten, dass der Angreifer stets automatisch eine Kopie erhält – völlig unbemerkt vom Anwender. Auch lassen sich die derartig manipulierten Drucker als weitergehende Spionageeinheit ausbauen, um andere Rechnersysteme im Netzwerk des auszuspähenden Unternehmens zu attackieren.

Erwähnenswert ist auch die Möglichkeit, einen Drucker zu zerstören: In Laborversuchen gelang es, über die Ansteuerung des Heizdrahts beim Laserdrucker das Papier in Brand zu setzen – Sabotage statt Spionage. Salvatore Stolfo, Professor an der Columbia University in New York, und einer seiner Doktoranden hatte es bereits 2011 geschafft, anhand von verschiedenen Druckermodellen des Herstellers Hewlett-Packard (HP) einen derartigen Angriff zu demonstrieren.[37]

Man könnte dies nun als rein theoretische Gefahr abtun, doch das Erschreckende an diesem Fall ist, dass man keinerlei Zugriff auf den Drucker selbst benötigt, um ein gefährliches Update einzuspielen. Denn die untersuchten Druckertypen prüfen regelmäßig, ob ein Update der Firmware online zur Verfügung steht. Unglaublicherweise wird dabei die Herkunft der Datei nicht geprüft, sodass ein beliebiges Dokument mit einer zusätzlich eingefügten Schadsoftware genügt, um die Kontrolle über den Drucker zu übernehmen.[38] Im Prinzip reicht etwa eine präparierte Datei aus, die unter einem Vorwand gezielt an einen Mitarbeiter geschickt wird. Sobald dieser sie ausdruckt, wird der Drucker vom Angreifer gekapert.

Die geschilderte Gefahr beschränkt sich nicht auf HP-Drucker, sondern besteht im Prinzip bei allen Geräten, die sich ohne weitere Sicherheitsmaßnahmen mit einer neuen Betriebssoftware bestücken lassen. Nicht überall dürfte das so einfach per Druckauftrag wie bei HP zu machen sein, aber dennoch existiert dieses Risiko praktisch überall, denn es gibt keine Sicherheitssoftware, die das verhindert. Ein einmal kompromittierter Drucker ist für einen Anwender im Unternehmen üblicherweise als solcher nicht zu erkennen.

Moderne Multifunktionsdrucker weisen zudem weitere Funktionen auf, die für Hacker interessant sein können. So kenne ich Sicherheitsforscher, die Drucker für den Heimgebrauch so manipulieren können, dass sie über eingebaute WLAN-Funktionen interne Daten nach außen geben, selbst wenn das Unternehmensnetz selbst hochgesichert ist. Weil moderne Drucksysteme im Prinzip kleine Computer sind, die umfangreiche Rechnerfunktionen beinhalten und bei denen wichtige Unternehmensinterna ankommen –

denn sie werden ja gedruckt oder gescannt –, dürften diese in Zukunft zu den »Lieblingsspielplätzen« der Angreifer zählen.

Der Fluch der guten Tat

Datenverlust kann auch auf ganz unerwartete Weise auftreten. Wer zum Beispiel alte Computer an soziale Einrichtungen spendet, sollte wissen, dass ein einfaches Löschen oder Formatieren der Festplatte allein nicht verhindert, dass sensible Daten, die auf dem Gerät gespeichert waren, in falsche Hände geraten können. Gleiches gilt, wenn die Geräte zum Recycling abgegeben werden. Einem Studenten, den ich für dieses Experiment beauftragt hatte, gelang es 2013, binnen weniger Wochen über einen Wertstoffhof einer deutschen Universitätsstadt an 20 ausgemusterte Firmen-PCs zu kommen. Von diesen enthielten zwei noch im Klartext lesbare interne Dokumente, in weiteren sechs Fällen war eine Wiederherstellung der offenbar gelöschten Daten problemlos möglich.

Einige Jahre zuvor, 2001, hatte ich für meine Firma ein Speichersystem von einem Verwerter erworben, der im Auftrag eines Münchner Insolvenzverwalters eine bekannte Internetfirma abwickelte – ein System von Festplatten mit damals unerhörten mehreren Terabyte Speicherplatz. Kaum zu glauben: Die Festplatten waren noch voll mit Mails zahlreicher Privatleute, aber auch Firmen aus ganz Deutschland. Man mag vielleicht einwenden, dass diese Firma nichts mehr zu befürchten hatte, da sie ohnehin pleite war. Letztlich aber waren es vertrauliche Daten ihrer Kunden, die für Dritte problemlos auffindbar waren.

Wer sich nicht zum Wertstoffhof oder Insolvenzverwalter bemühen will, kann auch bei Ebay sein Glück versuchen. So gelang es der Firma Pointsec nach eigenen Angaben, bei 70 von 100 über

Ebay erworbenen Festplatten Daten zu rekonstruieren.[39] Ein gezielter Angriff ist damit natürlich unwahrscheinlich, da die Speichersysteme selten direkt von der Firma verkauft werden, bei der sie zuvor im Einsatz waren. Das ist vielleicht statistisch nicht signifikant, aber dennoch erschreckend, denn es kann jeden treffen. In einem konkreten Fall konnten Mandantendaten einer Steuerberater- und Wirtschaftsprüfungsgesellschaft auf dem Rechner gefunden und wiederhergestellt werden. Da kann das Sicherheitssystem des eigenen Unternehmens noch so perfekt sein, wenn ein Partner mit den anvertrauten Datenbeständen sorglos umgeht.

Es ist allerdings denkbar, einen Spionageangriff auf eine Firma zu starten, indem man sich als Vertreter einer Hilfsorganisation ausgibt. Man muss nur behaupten, alte PCs für einen guten Zweck zu sammeln, zum Beispiel für Senioren oder für benachteiligte Jugendliche. Im Zweifel helfen deshalb nur radikale Maßnahmen: die Festplatten vor Weitergabe des Computers ausbauen und mechanisch vernichten.

Spionage per Stromstecker

Ein besonders kurioser Fall von Wettbewerbsbeobachtung soll sich laut Angaben des *Handelsblatts* 2013 durch ein im Auftrag von BMW tätiges Aachener Ingenieurbüro in Frankreich zugetragen haben.[40] Autobil ist ein Anbieter von Car-Sharing für Elektrofahrzeuge mit zahlreichen Stationen im Großraum Paris und in Lyon. Anders als bei DriveNow, das von BMW und Sixt betrieben wird, gibt es nur feste Standorte für die Autos und nur einen Fahrzeugtyp: ein von einem französischen Konzern zusammen mit Pininfarina gebautes Elektrofahrzeug, das hierzulande vollkommen unbekannt ist. Auch die Infrastruktur und das Flottenmanagement sind Eigenentwicklungen.

Nach Medienberichten sollen die Techniker in Auftrag von BMW Ladesäulen angezapft haben, um an Systeminformationen zu kommen. BMW sah die Tests lediglich als Kompatibilitätsprüfungen. Die Mitarbeiter des Ingenieurbüros wurden vorübergehend festgenommen, nach einem Verhör aber wieder auf freien Fuß gesetzt. Diese Nachrichten kamen für BMW zur Unzeit: fast auf den Tag genau zum Start der Internationalen Automobilausstellung in Frankfurt. Die Frage, die sich aufdrängt: Handelte es sich wirklich nur um einen akzeptablen Test oder um einen Versuch, Informationen über die »Steckerkompatibilität« hinaus abzugreifen? Oder war das beauftragte Ingenieurbüro vielleicht über das Ziel hinausgeschossen?

Mag man diesen Fall als einmaliges Ereignis abtun, so spielen Stromstecker auch in anderen Fällen eine Rolle – als Quelle für gezielte Attacken auf ahnungslose Smartphone-Nutzer. Jeder Smartphone-Intensivnutzer kennt das Problem: Der Tag ist noch lange nicht vorbei, die Akkukapazität neigt sich aber bereits bedrohlich dem Ende zu. Ein Segen sind dann öffentliche Ladestationen, die sich vielfach an Flughäfen, Bahnhöfen, im Foyer von Firmen, in Kaffeehäusern oder auch in Zimmern moderner Hotels finden. Weithin unbekannt ist, welche Gefahr das für die gespeicherten Daten bedeutet. Denn über die USB-Schnittstelle, die zur Aufladung verwendet wird, können auch Daten vom Gerät kopiert werden – und sogar noch schlimmer: Gespeicherte Daten können geändert, gelöscht oder überschrieben und Schadsoftware installiert werden. Hierfür reicht es, eine solche Ladestation zu manipulieren oder gleich eine eigene entsprechend präparierte Stromversorgung bereitzustellen.

Bereits 2011 demonstrierte ein Sicherheitsforscherteam im Rahmen der Hackerkonferenz Defcon die Risiken. Mehr als 360 Teilnehmer konnten auf einer Konferenz, bei der bereits auf der Website vor den Risiken von lokalen Netzen und anderen technischen Einrichtungen gewarnt wurde, nicht widerstehen: Sie nutzten die angebotene Gratis-Ladestation für ihre Handys, die dort als Showcase installiert war, um auf die Gefahren hinzuweisen.[41] In der englischen Sprache existiert bereits ein eigener Begriff für diese perfide Methode des Datendiebstahls: »Juice-Jacking«.

Der Sicherheitsforscher Jonathan Zdziarski wies 2013 darauf hin, dass entsprechend präparierte iOS-Geräte auch nach Beendigung der Ladeverbindung mit einer Abhöreinrichtung in Kontakt stehen und mithin dem Angreifer einen dauerhaften Zugriff erlauben.[42] Hintergrund ist das sogenannte Pairing, das – einmal veranlasst – einen drahtlosen Austausch erlaubt. Es genügt demnach, einmal an eine mit Schadsoftware befallene Ladestation gelangt zu sein, um die Sicherheit der auf dem eigenen Smartphone gespeicherten Daten zu ruinieren.

Der beste Schutz gegen derartige Bedrohungen ist also, stets nur eigene Ladegeräte zu nutzen. Ebenfalls sinnvoll: eine Back-up-Batterie. Nicht immer hilft es, das Telefon vor dem Laden auszuschalten: Je nach Modell ist ein Zugriff auf die gespeicherten Daten dennoch möglich, oder das Telefon wird beim Anschluss an die Stromversorgung automatisch neu gestartet, was beispielsweise bei einigen Windows-Smartphones der Fall ist. Ebenfalls nützlich kann ein spezielles USB-Kabel sein, das keine Datenübertragung zulässt, sondern als reines Ladekabel verkauft wird.

Risiko Internetcafé

In vielen Regionen der Welt sind Internetcafés die erste Wahl, wenn es um den Internetzugang unterwegs geht. Manchmal sind diese die einzige Option, kostengünstiger als das Datenroaming im Mobilfunknetz sind sie allemal, insbesondere außerhalb der EU.

Die Versuchung ist groß, über die Rechnersysteme von Internet-cafés auf Unternehmensdaten zuzugreifen, vielleicht um mal schnell die E-Mails zu checken. Im einfachsten Fall geschieht dies etwa per Internetbrowser, um auf das vom Unternehmen bereitgestellte Webmail-Portal zuzugreifen. Doch das ist hochgefährlich, da derartige Rechner häufig mit Schadsoftware verseucht sind – entweder durch den Betreiber selbst oder durch andere Gäste. Ein simpler Keylogger – ein Programm, das Tastatureingaben aufzeichnet – auf einem solchen öffentlich zugänglichen Rechner reicht aus, um die Passwörter der Nutzer auszuspähen. Der sorglose User hat nicht die geringste Chance, die Verseuchung des Systems mit Schadsoftware zu bemerken.

Aber die Gefahr lauert nicht nur in mehr oder weniger dubiosen Internetcafés. Gleiches gilt für die von vielen Hotels bereitgestellten Gäste-PCs – unabhängig davon, ob diese als Serviceleistung in der Lobby frei zugänglich sind oder in einem hoteleigenen Businesscenter auf zahlende Kundschaft warten.

Öffentliches WLAN

Öffentliche Netzwerkzugänge können ebenso wie öffentliche Ladestationen für Smartphone, Tablet und Co. erhebliche Risiken für den Nutzer und damit für das Unternehmen beinhalten. Ein Mitlauschen durch Dritte ist bei einer unverschlüsselten Verbindung stets möglich. Dabei können unter Umständen wichtige Passwörter im Klartext mitgelesen werden. Was vor einigen Jahren noch ein gravierendes Problem war, ist heute nicht mehr ganz so gefährlich. Denn viele über das Internet erreichbare Dienste bieten inzwischen von Haus aus eine Verschlüsselung und damit eine hinreichend sichere Umgebung auch in öffentlichen Netzen.

Fragwürdig kann aber die Vertrauenswürdigkeit des Netzbetreibers selbst bleiben: So wurde im Zuge der Enthüllungen von Edward Snowden bekannt, dass der kanadische Geheimdienst CSEC (Communications Security Establishment Canada) kostenlose WLAN-Netze für Reisende an kanadischen Flughäfen betreibt. Diese dienen als Ausgangspunkt, um Aufenthaltsort und Bewegungsradius von Reisenden über mehrere Wochen hinweg zu verfolgen – dann via WLAN in Hotels, Kaffeehäusern et cetera.[43] Selbst wenn hierbei kein konkreter wirtschaftlicher Schaden entsteht, kann allein der Aufenthaltsort einer bestimmten Person wertvolle Details liefern. Insofern sind Verfahren, die Bewegungs- und andere Metadaten aggregieren, potenziell äußerst gefährlich, sollten die Daten in falsche Hände gelangen. Und dass staatliche Geheimdienste gelegentlich mit privaten Unternehmen kooperieren, wie zahlreiche Beispiele aus den vorigen Kapiteln gezeigt haben, sollte insbesondere Geschäftsreisende überlegt handeln lassen.

Drohnen und Spionage

Drohne, so steht es in der deutschsprachigen Online-Enzyklopädie *Wikipedia*, stammt vom indogermanischen »dhren« (»brummen«). Gemeint ist hier nicht die lange Jahre dominierende Bedeutung als männliche Honigbiene, Hummel oder Wespe, von der in *Wikipedia* in aller Ausführlichkeit die Rede ist, sondern die deren moderner Vertreter.

Im Kontext dieses Buchs sind Drohnen »unbenannte Luftfahrtsysteme«, die typischerweise mit Militärtechnik assoziiert werden. Navigieren beziehungsweise fliegen können manche Drohnentypen autonom, andere erfordern eine Fernsteuerung durch einen Bediener am Boden, der unter Umständen Tausende von

Kilometern entfernt die Steuerung betätigt. Autonomes Fliegen bedeutet, dass eine Drohne bestimmte Missionen vollständig ohne Eingriff von außen fliegen kann: Vom Start über die gesamte Flugroute und währenddessen zu bewältigenden Operationen bis hin zur Landung agieren derartige Drohnen völlig selbstständig. Drohnen gibt es in unterschiedlichen Größen: von kleinen Systemen, die nur wenige Zentimeter groß sind, sogenannte Mikrodrohnen, bis zur Größe eines Flugzeugs. Die Boeing-Condor-Drohne beispielsweise hat eine Flügelspannweite von mehr als 60 Metern.[44] Drohnen sind inzwischen weltweit unterwegs; selbst das als rückständig geltende Nordkorea ist im Besitz solcher unbemannten Flugobjekte.

Eingesetzt werden Drohnen unter anderem für Überwachungsaufgaben, etwa für die Feindaufklärung beim Militär oder für die Überwachung von Demonstrationen und Veranstaltungen bei der Polizei. Je nach Anforderung sind sie mit hochwertigen Kameras und Sensoren, aber auch mit Waffensystemen bestückt. Die öffentliche Debatte über Drohnen ist deshalb stark geprägt von der gezielten Tötung von Terrorverdächtigen durch die USA in Drittländern wie Pakistan. Dabei gibt es auch zahlreiche mehr oder weniger sinnvolle Anwendungen außerhalb von Militär- und Polizeiorganisationen.

Einer breiten Öffentlichkeit wurden diese Fluggeräte im Zivileinsatz vor einiger Zeit bekannt, als der Online-Shop-Betreiber Amazon ankündigte, Pakete in Zukunft per Drohne ausliefern zu wollen. Der Amazon Prime Air genannte Service soll Pakete in Rekordzeit ausliefern, geplant sind 30 Minuten.[45] Betont wird von Amazon-Chef Jeff Bezos die Ernsthaftigkeit der Ambitionen. Auch wenn man die Amazon-Drohnen-Lieferung noch als PR-Gag abtun mag: Die öffentliche Wahrnehmung des Systems Drohne hat davon enorm profitiert – weltweit. Kein Wunder, dass Ende 2013 auch DHL, die Pakettochter der Deutschen Post, die Auslieferung von Paketen per Drohne testete. Im Rahmen dieses Versuchs wurde in Bonn ein Paket mit Medikamenten aus einer Apotheke von der einen Rheinseite zum Firmensitz der Deutschen Post auf der anderen Rheinseite transportiert.[46] Zwar wurde das »Luftfahrtsystem« in diesem Fall noch manuell gesteuert, die eingesetzte Technik der Firma Microdrones GmbH aus Siegen lässt sich jedoch laut deren Selbstdarstellung vollumfänglich autonom nutzen.

Ein Exemplar der bei DHL eingesetzten Drohne flog im Sommer 2013 bereits über einen Alpenpass und überwand dabei autonom mehr als 1 600 Meter Höhenunterschied.[47] Sie kann laut Microdrones-Website mit 1,2 Kilogramm Nutzlast bei widrigen Bedingungen (minus 20 bis plus 50 Grad, regenfest und staubresistent) bis zu 88 Minuten in der Luft bleiben. Microdrones nennt als Anwendungsmöglichkeiten Luftbildfotografie, Video-Luftaufnahmen, Industrieinspektion und verschiedene Überwachungsaufgaben, darunter explizit die »Überwachung kritischer Infrastrukturen«. Es müssen ja nicht immer die eigenen sein, wird sich der geneigte Spion denken.

Aber nicht nur professionelle Drohnen für vier- bis fünfstellige Eurobeträge eignen sich für das Ausspähen. Inzwischen sind die Fluggeräte im Spielzeugsortiment für Erwachsene angekommen. Eine kurze Google-Recherche nach Drohnen offeriert eine Vielzahl von Anbietern. Für wenige hundert Euro lassen sich dort Bausätze oder gar mehr oder weniger fertiggestellte Fluggeräte erwerben. Der französische Hersteller von Fahrzeug-Freisprechanlagen Parrot etwa hat gleich mehrere Drohnen im Sortiment: Das Modell AR.Drone2 verfügt beispielsweise über eine Smartphone- oder Tablet-Steuerung, eine HD-Videokamera, die Livebilder auf das zur Steuerung eingesetzte Smartphone beziehungsweise Tablet streamt, und kostet in gängigen Online-Shops weniger als 300 Euro, flugfertig.[48] Die Anwendungsmöglichkeiten sind bei diesem Modell mit nur 10 bis 12 Minuten Flugdauer pro Akkuladung und einer Steuermöglichkeit innerhalb von WLAN-Reichweite ziemlich beschränkt. Aber um mal eben »über den Zaun zu schauen«, zum Beispiel bei einem geheimen Testgelände eines Kraftfahrzeugherstellers auf der Suche nach neuen Automodellen, sollte das Gerät durchaus ausreichen.

Für Unternehmen, für die Drohnen eine echte Bedrohung darstellen kann, sollte deren Abwehr eine hohe Priorität haben. Verschiedene Firmen arbeiten deshalb bereits an Abwehrmaßnahmen. So tauchte sogar auf der Start-up-Finanzierungsplattform Kickstarter, auf der junge Gründer Kapital für ihre Entwicklungen suchen, 2014 ein Unternehmen auf, das eine Art Alarmanlage gegen unerwünschte Drohnenbesuche anbieten will.[49] Wie dies technisch realisiert werden sollte, blieb in der veröffentlichten Ausschreibung zwar noch im Dunkeln. Sicher ist aber, dass man mit weiterer Verbreitung von Drohnensystemen so etwas wie eine »Anti-Drohnen-Firewall« bei forschungsorientierten Unternehmen brauchen wird.

Vorsicht Kamera

Sie gehört untrennbar zu unserer Vorstellung von Spionage: die Taschenkamera für das unauffällige Fotografieren von Bauplänen und Industrieanlagen. Prägend für die Eindrücke ganzer Generationen waren dabei die legendären Kleinstbildkameras von Minox, Fans von Agentenfilmen unter anderem aus dem James-Bond-Streifen *Im Geheimdienst Ihrer Majestät* von 1969 bekannt.[50]

Deren Erfinder Walther Zapp entwickelte erstmals 1936 eine Kamera mit dem Bildformat 9 mal 11 Millimeter – »kleiner als eine Zigarre und leichter als ein Feuerzeug«, so die damalige Beschreibung –, die ab 1938 in Serie ging und bis 1995 in stetiger Weiterentwicklung, aber nach dem ursprünglichen Prinzip gebaut wurde. Es dauerte Jahrzehnte bis zum Aufkommen der digitalen Fotografie und zur weiten Verbreitung der Handykameras, bis sich neue fototechnische Entwicklungen abzeichneten, welche die Welt der Spionage verändert haben. Inzwischen sind kleinste Digitalkameras aus dem Sortiment der Spy-Shops nicht mehr wegzudenken und werden gerne in banale Gegenstände des Alltags wie Taschenrechner, Radiowecker oder Wanduhren eingebaut. Am einfachsten »zu installieren« sind diese, wenn sie als Werbegeschenke den Weg in das Unternehmen finden.

Eine andere wichtige Entwicklung rund um Kameratechnologie kann man aber noch viel bedenklicher finden: die Handykamera. Auch hier spielt Miniaturisierung eine wesentliche Rolle. Fotokameras in Mobiltelefonen sind seit 1999 aus Japan bekannt und seit 2002 in Deutschland auf dem Markt erhältlich.[51] Die ersten Geräte waren dabei mit einer Auflösung von nur 0,1 bis 0,3 Megapixel kaum zu gebrauchen, zumindest nicht für Spionageaktivitäten. Inzwischen verfügt jedes gängige Mobiltelefon über eine Auflösung im Bereich von mehreren Megapixeln. Spitzenreiter Nokia Lumia besitzt mit einer 41-Megapixel-Optik sogar eine Einheit, die einen verlustfreien digitalen Zoom bei einer Bildgröße von 5 Megapixeln mitbringt und erstaunlich hochwertige Fotos erlaubt.[52] Auch bei Videos sind sogenannte Full-HD-Aufnahmen beinahe überall Standard, Top-Smartphones beherrschen vielfach den nochmals höheren UHD-Standard (»ultra-high definition«) mit 3 840 mal 2 160 Bildpunkten, was der vierfachen Pixelzahl von Full-HD mit 1 920 mal 1 080 Megapixeln entspricht.

Ebenso bemerkenswert wie der Trend zu immer hochwertigerer Optik ist die Entwicklung der Mobiltelefone hin zu sogenannten Smartphones, die praktisch immer in der Lage sind, per Datenverbindung Inhalte zu übertragen. Aufgenommene Fotos und zunehmend auch Videos lassen sich so per Mobilfunk sofort senden.

Wird ein Smartphone etwa erst beim Verlassen des Werksgeländes als Spionagewerkzeug entdeckt, ist es unter Umständen schon zu spät: Die Tat ist längst geschehen, und auch die Spuren sind möglicherweise bereits verwischt.

Der technische Fortschritt bei Handykameras erlaubt nicht nur eine immer feinere Auflösung und damit eine immer bessere Bildqualität, sondern ermöglicht auch indirekte Aufnahmen. So wiesen Forscher der TU Berlin experimentell 2014 nach, dass es mit einem aktuellen Handymodell möglich ist, den Inhalt des Bildschirms eines anderen Mobiltelefons durch eine Smartphone-Kamera zu erfassen, ohne dass sich dieses Anzeigenfeld im direkten Blickfeld befinden musste. Es reichte die Spiegelung in den Augen oder in der Brille des Nutzers des auszuspähenden Telefons.[53] Anders ausgedrückt: Es genügt nicht mehr, in öffentlichen Bereichen einem möglichen Spion den direkten Zugriff auf den Bildschirm vorzuenthalten, da dieser über mögliche Augenreflexionen mitlesen kann.

Während für öffentliche Bereiche organisatorische Regeln helfen können, die Mitarbeiter im Umgang mit eigenen Geräten und darauf gespeicherten Daten zu schulen und für entsprechende Gefahren zu sensibilisieren, wird in immer mehr Unternehmen bereits seit einigen Jahren mit Verboten und teilweise auch mit strikten Kontrollen gearbeitet. Spricht man allerdings mit Sicherheitsverantwortlichen von großen Unternehmen, so ist so etwas wie Resignation zu spüren, und man vernimmt häufiger, als einem lieb ist, das Eingeständnis, dass es schlicht vergebliche Mühe sei, alles kontrollieren zu wollen.

Aber noch längst nicht alle haben aufgegeben. Nicht wenige Unternehmen kontrollieren zumindest den Zugang zu sicherheitsrelevanten Bereichen mit Metalldetektoren, manchmal sogar mit der gleichen Technik, wie sie von Flughäfen bekannt ist. In besonderen Fällen lassen sie sogar die Handykameras blickdicht verplomben, wenn die Nutzung von Smartphones auf dem Unternehmensgelände unvermeidlich ist. Deshalb klingt diese Idee nur auf den ersten Blick absurd: der Einsatz von Smartphone-Spürhunden zum Aufspüren von Mobiltelefonen, die trotz Verbot mitgebracht wurden.

Smartphones als Taschenwanzen

In dem Maße, in dem Smartphones Verbreitung finden – eingangs war bereits von beinahe einer Milliarde Geräten die Rede, die 2013 weltweit verkauft wurden –, werden diese auch für Überwachungs- und Spionagezwecke interessant. Dabei geht es nicht nur, wie im vorigen Kapitel dargestellt, um die Nutzung als aktives Spionagewerkzeug, sondern um das Ausspionieren des Smartphone-Besitzers selbst.

Gezielt lassen sich einzelne Personen überwachen, das heißt: Die Kommunikation per E-Mail, SMS oder Instant Messaging wird mitgelesen und laufend der jeweils aktuelle Aufenthaltsort übermittelt. Mit dem Smartphone als höchst persönlichem Gegenstand und geeigneter Software ist dies inzwischen ohne Weiteres möglich. Einerseits helfen dabei die technischen Voraussetzungen der Geräte, die im Prinzip kleine Computer mit Internetzugang sind, und vor allem die Nutzungsgewohnheiten der Anwender, die ihre Geräte beinahe immer mit sich tragen.

Schon seit Jahren gibt es einen grauen Markt für kommerzielle Produkte, welche die Smartphone-Überwachung jedermann zugänglich macht, der bereit ist, ein paar Euro zu investieren. Alles, was man dafür braucht, ist – neben grundlegendem technischen Verständnis im Umgang mit Software und neben einem PayPal- oder Kreditkartenaccount – ein kurzer unbeobachteter Zugriff auf das Gerät selbst zum Installieren der entsprechenden Software.

Für einen Beitrag in der Sendung *Akte 20.13* auf Sat1 habe ich das selbst ausprobiert. Das »Opfer« der Überwachung war in diesem Fall natürlich vorab über den Vorgang informiert.

Bei einem deutschen Anbieter derartiger Software heißt es über die Anwendungsmöglichkeiten in nicht ganz abiturverdächtigem Deutsch:[54]

> »Haben Sie den Verdacht, dass Ihr Kind Drogen nimmt oder sich mit falschen Freunden trifft? Oder möchten Sie wissen, ob Ihre Mitarbeiter arbeiten wenn Sie mal nicht im Büro sind? In welchen Chats sind Ihre Kinder unterwegs, und vor allem mit wem? Gewissheit ist alles!! Keine Monatliche Kosten – Nur einmal zahlen für die gewünschte Laufzeit – Kein Abo.«

Andere Anbieter aus Großbritannien oder den Vereinigten Staaten verweisen auf mehrsprachige Support-Hotlines, bieten eine Geld-zurück-Garantie oder liefern sich gar einen Marketingwettbewerb um die behauptete Marktführerschaft oder um die Frage, wer eigentlich Erfinder des »Spy-Phones« sei. So behauptet das US-Unternehmen Flexispy[55], der Erfinder des Segments im Jahr 2004 gewesen und auch heute noch aktueller Technologieführer zu sein. Der Wettbewerber mSpy setzt hingegen auf eine Bekanntheit aus »Funk und Fernsehen«, verweist auf zahlreiche Medienberichte zum Produkt und behauptet, weltweit eine Million Kunden zu haben.[56] Ob und inwieweit die Zahlen aus dieser zwielichtigen Branche glaubwürdig sind, sei dahingestellt.

Interessant ist aber etwas anderes. Die Werbung nutzt regelmäßig dieselben Argumente und verweist immer wieder auf die mehr oder weniger gleichen Szenarien: den Schutz von Kindern, die Überwachung von möglicherweise untreuen (Ehe-)Partnern und die Überwachung von Mitarbeitern. Ein Schelm, wer Böses dabei denkt, erinnern doch zumindest alle von mir getesteten Produkte daran, dass die Zustimmung der Überwachten stets einzuholen ist, bevor die Software installiert beziehungsweise in Betrieb genommen wird. Schön ist auch das vermeintliche Testimonial eines »Anthony Gassmann, Geschäftsführer«, mit dessen angeblichen Worten mSpy wirbt:[57]

> »Eine große Firma zu leiten ist gar nicht so einfach wie man denken mag – man sollte immer ein Auge auf seine Angestellten haben, damit sie keine vertraulichen Firmendaten öffentlich machen. Für mich war mSpy die perfekte Wahl, um im Bilde zu sein.«

Tatsächlich eignen sich derartige Werkzeuge nicht nur für die in vielen Ländern illegale Überwachung der eigenen Mitarbeiter, sondern auch für das Ausspähen der Konkurrenz. Wie schon angedeutet, genügt ein kurzer Zugriff auf das Gerät der Zielperson zur Installation der Software für eine dauerhafte Überwachung.

So weit die Theorie beziehungsweise die Marketingversprechen der Anbieter. Allerdings weisen alle von mir getesteten Produkte Schwächen auf. So kommen die gewählten Überwachungsergebnisse nicht, wie von den Anbietern suggeriert, annähernd in Echtzeit an, sondern unter Umständen mit deutlicher Verzögerung. Kritisch jedoch sind Nebeneffekte der Installation, die das Risiko erhöhen, entdeckt zu werden. Die gängige Software versteckt sich zwar so gut, dass man sie nicht findet, wenn man nicht weiß, wonach man suchen muss, und sie belegt auch kaum nennenswert Speicherplatz. Allerdings sorgt sie für ein erhöhtes Datenübertragungsvolumen und für einen merklich erhöhten Batterieverbrauch. Einem aufgeklärten Nutzer könnte dadurch auffallen, dass mit seinem Smartphone etwas nicht stimmt.

In der Tat ist der einzige Fall, der mir bisher untergekommen ist, der eines Geschäftsführers aus der Baubranche, der nach einer persönlichen Unterredung mit Konsortialpartnern im Rahmen eines größeren Bauvorhabens in den folgenden Tagen eine stark verringerte Akkulaufzeit seines Mobiltelefons feststellte. Eine von der IT-Abteilung beauftragte externe Firma entdeckte schließlich die Spy-Software. Wer ihm diese untergejubelt hatte, wurde nie geklärt, die Bedrohung jedoch erkannt und beseitigt – durch den Austausch des Geräts gegen ein fabrikneues Exemplar. Auch wenn dieser Fall glimpflich ausging: Die Dunkelziffer dürfte enorm sein, nimmt man die leichte Zugänglichkeit und Bedienbarkeit dieser Lösungen zur »Spionage für den Hausgebrauch« zum Maßstab.

Erschreckenderweise gibt es Angebote für die problemlose Spionage durch jedermann. So verspricht eine in Mailand ansässige IT-Firma mit dem vielsagenden Namen Hacking Team in den Unterlagen zu ihrem Produkt Galileo Remote Control System eine Rundum-Überwachung von Smartphones – allerdings ausschließlich zum Zwecke behördlicher Überwachung.[58] Die Funktionsliste ist riesig; eine detaillierte Analyse des Systems durch das CitizenLab der Universität von Toronto listet unter anderem die Zugriffmöglichkeiten der Software auf das Smartphone des Opfers auf:[59] Adressbuch, verwendete Applikationen und Dateizugriffe, Kalender, Kontakte, gespeicherte Passwörter, Anrufdaten und Mitschnitte von Gesprächen, Screenshots, Fotos der eingebauten Kamera, Zugriff auf das Gerätemikrofon, Standort des Geräts, aufgerufene Internetsites, Mithören von Telefonaten, Aufbau und automatische Aktivierung eines Konferenzgesprächs mit dem Überwacher als drittem, unbemerktem Teilnehmer. Kurz gesagt: eine umfassende Überwachung des Nutzers, die noch über die Möglichkeiten der vorhin genannten kommerziellen Tools hinausgeht. Besonders bemerkenswert bei dieser Lösung ist zudem, dass sie die Batteriekapazität und das Übertragungsvolumen schont und damit viel schwieriger zu entdecken ist. So ist es möglich, Daten nur in bestimmten Konstellationen zu übertragen, etwa beim Einbuchen ins WLAN oder bei Anschluss an ein Ladegerät.

Das ebenfalls vom CitizenLab in Auszügen zitierte Handbuch zur Software *Hacking Team, RCS 9. The Hacking Suite for Governmental Interception. System Administrator's Guide*[60] weist neben einer komplexen Infrastruktur, die selbst bei einer Enttarnung der Software auf dem Gerät den Überwacher verschleiern helfen soll, aufwendige Installationsmethoden auf, die weit über das oben Gesagte hinausgehen und die nur zum Teil einen direkten Zugriff auf das Gerät verlangen. So lässt sich – in Kooperation mit dem Netzwerkbetreiber – die Schadsoftware einschleusen oder als unerwünschte Ergänzung bei Downloads hinzufügen. Dass man die Software aus der Ferne aktualisieren und gegebenenfalls wieder deinstallieren kann, scheint fast schon selbstverständlich. Einen ähnlichen Funktionsumfang bringt übrigens die PC-Software eben dieses Unternehmens mit: Einer Rundum-Überwachung einer einzelnen Zielperson steht damit praktisch nichts mehr im Weg.

Auch wenn diese Software offiziell nur für staatliche Institutionen im Rahmen einer »lawful interception«, also das Abhören auf gesetzlicher Grundlage, verfügbar ist und der Anbieter explizit darauf hinweist, Staaten, die Menschenrechtsverstöße begehen könnten, ebenso wie private Organisationen nicht zu beliefern: Wir müssen dennoch davon ausgehen, dass eben solche Software in die Hände von Kriminellen gelangen kann und vermutlich bereits gelangt ist. Was kommerziell auf dem Graumarkt verfügbar ist, bietet damit nur einen Vorgeschmack auf das, was – hinreichende finanzielle Mittel vorausgesetzt – auch für wirtschaftlich motivierte Spionage zur Verfügung steht. Unternehmer oder Sicherheitsverantwortliche sind gut beraten, davon auszugehen, dass Überwachungsdienste und Spionageprogramme, die staatlichen Stellen zur Verfügung stehen, auch Privatfirmen – und damit neugierigen Konkurrenten – zugänglich sind.

Google Glass

Was wurde nicht schon alles geschrieben über die von Google erstmals unter der Bezeichnung Google Glass zur Serienreife gebrachte Version einer Datenbrille. Gemeint ist damit ein technisches Gerät, das aussieht wie ein Brillengestell, aber keineswegs dazu dient, Fehlsichtigkeit zu korrigieren. Stattdessen bringt es ein kleines Display und einige wenige Funktionen mit, mit deren Hilfe der Träger mehr oder weniger unauffällig Fotos machen oder kurze Videos drehen kann. Interessant sind auch weitere Anwendungsfelder: etwa Bilderkennungsfunktionen oder die Identifikation von Personen. Wer sich beispielsweise damit schwertut, andere Menschen wiederzuerkennen, bekäme gleich den Namen eingeblendet und andere hilfreiche Informationen. Technisch gesehen ist Google Glass nichts anderes als ein kleiner Rechner, bestehend aus Zentralprozessor und Arbeitsspeicher, Touch-Bedienfeld mit Auslöseknopf, Mikrofon, Digitalkamera für Fotos und Videos, Lautsprecher, Antennen für Bluetooth und WLAN, Beschleunigungssensor mit Gyroskop sowie Akku. Neben diesen integrierten Bedienelementen erlaubt Google Glass sogar, einzelne Funktionen per Augenzwinkern auszulösen.[61]

Die Begeisterung bei Google selbst für das Produkt ist groß: Der bei Google für das Produkt verantwortliche Manager ließ sich sogar mit den Worten zitieren, man könne damit sein Gehirn »outsourcen«, was die Menschheit gleich viel besser machen würde.[62] Gegen diese Art von Hybris regte sich selbst im Silicon Valley Widerstand: Träger der Datenbrille wurden bereits als »Glassholes« beschimpft oder gar persönlich attackiert. Gaststätten, Kasinos, Bars, aber auch öffentliche Einrichtungen haben bereits Verbote erlassen.

Aus Datenschutzperspektive relevant ist die Kopplung von Google Glass mit den Services des Internetgiganten Google Services. Das heißt, dass alle erfassten Informationen zwangsläufig über die Server von Google geleitet werden. Dies lässt bereits grundsätzliche Zweifel daran aufkommen, dass sich Google Glass für einen Einsatz im betrieblichen Umfeld, zum Beispiel in der Fertigungsindustrie überhaupt eignet. Sicher kann es in manchen Fällen sinnvoll sein, einem Mitarbeiter in der Fertigung oder einem Maschinentechniker die notwendigen Handgriffe zum Zusammenbau oder zur Reparatur eines Geräts per Datenbrille in das Sichtfeld einzuspiegeln, sodass er beide Hände für die eigentliche Arbeit frei hat. In vielen Bereichen dürfte allerdings die damit verbundene Weiterleitung der Arbeitsanweisungen wie auch der Inhalte aus dem Sicht- und Hörumfeld des Benutzers an Google – und damit möglicherweise an den amerikanischen Geheimdienst NSA – kaum akzeptabel sein. Denn selbst wenn wir den Beteuerungen der US-Regierung Glauben schenken, dass ihr Geheimdienst nicht in Wirtschaftsspionageaktivitäten verstrickt ist und allein die Terrorismusbekämpfung zum Ziel hat: Es lässt sich nicht ausschließen, dass Mitarbeiter von privaten Unternehmen, die in NSA-Diensten stehen, auf die gespeicherten Daten Zugriff nehmen und an befreundete Unternehmen weiterreichen. Gerade die Enthüllungen von Edward Snowden – einem Mitarbeiter eines privaten, für die NSA tätigen Dienstleisters – haben gezeigt, in welchem Umfang Datenabflüsse möglich sind.

Google Glass stellt aber nicht nur aus diesem Grund ein Sicherheitsrisiko dar. Die Datenbrille kann nämlich auch dabei helfen, Passwörter und Systemzugänge von Dritten auszuspähen. Das ist recht naheliegend und bedarf keiner großen Erläuterung; mancher Leser mag sogar einwenden, dass im Regelfall »genaues Hinsehen« reicht, um einen Zugangscode für ein Tablet oder Smartphone auszuspähen. Das ist in der Tat richtig, aber diese Möglichkeit wird durch geeignete Anwendung von

Google Glass oder ähnlicher Kameratechnik noch erweitert. Forscher der Lowell-Universität in Massachusetts haben beispielsweise eine Software entwickelt, welche die Schattenwürfe der Finger analysiert, die beim Eintippen von Passwörtern entstehen, und daraus das Passwort abgeleitet.[63] Ein direkter Sichtkontakt zum Gerät beziehungsweise zum Display von Smartphone oder Tablet ist damit gar nicht mehr erforderlich. Die Folgen sind dramatisch, und so müssen – jenseits eines kompletten Verbots von Google Glass und ähnlichen Devices im Unternehmen – Mitarbeiter sensibilisiert werden, dass in öffentlichen Bereichen genutzte Geräte auf diese Weise ausgespäht werden können.

Das Problem wird sich mit weiteren »Wearables« verschärfen – Geräten, die sich wie eine Brille, eine Uhr, ein Kleidungs- oder Schmuckstück am Körper tragen lassen. So ist absehbar, dass der aufkommende Smartwatch-Boom eine Menge von Videokomponenten mit sich bringt, die sich noch einfacher dafür eignen, Spähaktionen durchzuführen, zumal sie viel unauffälliger zu nutzen sind als Google Glass.

Apropos Google Glass: Google hat im März 2014 eine Kooperation mit dem weltweit führenden Brillenproduzenten Luxottica angekündigt und will gemeinsam Modelle unter den Marken Ray-Ban und Oakley herausbringen.[64] Wir dürfen erwarten, dass diese erheblich unauffälliger sein werden als die erste Generation und dass in weiteren Produktzyklen die Implementierung von Display und Kamera in das Brillengestell immer weniger sichtbar wird. Anders gesagt: Die tragbare Spionagekamera kehrt in neuer Form zurück – gefährlicher als je zuvor.

Eingebaute Risiken

Der Traum eines jeden Angreifers ist die nicht oder nur unzureichend gesicherte Hintertür. Immer wieder werden solche Backdoors in technischen Systemen bekannt und in der Folge gezielt attackiert oder manchmal von Angreifern auch erst geschaffen – zur Vorbereitung weiterer Attacken.

Offene Hintertüren

Einbrecher im wahren Leben kommen häufig durch die Hintertür, denn diese ist meist schlechter gesichert als das Hauptportal oder steht manchmal sogar offen. Im Bereich der Informationstechnologie steht der Begriff »Hintertür« oder »Backdoor« ebenso für einen Bereich, der nur schlecht gesichert oder gar völlig ungesichert gegen das Eindringen von außen ist. Dabei handelt es sich um nicht dokumentierte offizielle Zugänge, die einen Zugriff auf gespeicherte Daten erlauben. Diese Hintertüren spielen eine wichtige Rolle bei vielen erfolgreichen Angriffsversuchen auf IT-Systeme zum Zweck der Ausspähung. Die Öffentlichkeit erfährt davon allerdings nur selten. Entdeckt werden solche Hintertüren immer wieder, meist durch Zufall.

So konnte der französische Sicherheitsspezialist Eloi Vanderbeken in mehreren Router-Modellen verschiedener Hersteller eine in identischer Form auftretende Sicherheitslücke dokumentieren:[65] Diese eignete sich dazu, Kontrolle über das Gerät zu bekommen, das Administratorpasswort auszulesen oder das Gerät auf die Werkseinstellungen zurückzusetzen[66] – und so möglicherweise die Internetverbindung für einen Privathaushalt oder ein kleines Unternehmen, das diesen Router einsetzt, temporär lahmzulegen. Cisco, einer der betroffenen Hersteller, bot daraufhin ein kostenloses Software-Update an.[67] Das Unternehmen bezeichnete die Sicherheitslücke als »undokumentiertes Test-Interface«, das sich von einem Angreifer ausnutzen ließe, um Kontrolle über das Gerät zu erlangen.

Die spannende Frage lautete: Warum waren gleich mehrere Hersteller betroffen? Die Antwort war so simpel wie erschreckend: Weil alle mit den gleichen Komponenten arbeiteten. In diesem Fall ließ sich das Problem auf ein DSL-Modem des taiwanesischen Herstellers SerComm zurückverfolgen, das Cisco wie auch Netgear, Diamond und Levelone sowie möglicherweise weitere Hersteller in ihre Geräte integriert hatten – offenbar, ohne es zuvor ausreichend zu testen. Denkbar war dabei durchaus, dass die Entwickler bei SerComm die Hintertür tatsächlich nur temporär zu Testzwecken eingebaut hatten, anschließend aber schlicht vergessen hatten, die entsprechende Funktion im fertigen Produkt wieder zu entfernen.

Leider muss man grundsätzlich davon ausgehen, dass ein derartig nachlässiges Geschäftsgebaren kein Einzelfall, sondern in der Technologiebranche die Regel ist. Vertreter von IT-Firmen mögen sich echauffieren. Vergleicht man aber die Vorkehrungen rund um Tests von Informationstechnik und die Testvorkehrungen in der Automobilindustrie, so wird deutlich, dass hier etwas nicht stimmen kann. So wundert es nicht, dass neben dem genannten Router weitere Fälle existieren, bei denen eine Vielfalt von Geräten betroffen ist.

So wies der Sicherheitsexperte Craig Heffner 2013 auf der Black-Hat-Hackerkonferenz darauf hin, dass in zahlreichen Webcams Hintertüren versteckt seien, etwa in Form von fest programmierten Administratorpasswörtern, die es Angreifern erlaubten, bei bestimmten Webcam-Modellen, etwa von D-Link, Trendnet oder IQ-Invision, unbemerkt mitzufilmen oder sogar die Firmware über das Netz zu manipulieren.[68] Besonders bemerkenswert war, dass nicht etwa nur preiswerte Webcams aus dem Baumarkt betroffen waren, sondern Kameras, wie sie für Überwachungszwecke auch in Unternehmen eingesetzt werden. Heffner erklärte in seinem zur Konferenz veröffentlichten Forschungspapier,[69] dass ein Angreifer aufgrund dieser Sicherheitslücke nicht nur den Videostream der Kamera ansehen, sondern diesen auch manipulieren könne. So ließe sich beispielsweise ein Standbild »einfrieren«, um Eindringlingen einen von der Sicherheitszentrale unbemerkten Zugang zum Firmengelände oder in einen besonders besicherten Bereich zu ermöglichen. Wer sich dabei an Kriminal- oder Agentenfilme wie *Mission Impossible* oder *Oceans 11* erinnert fühlt, liegt vollkommen richtig. Die Möglichkeiten, die einem kreativen Angreiferteam damit zur Verfügung stehen, können im Einzelfall enorm sein.

Hersteller von Hardware und Software argumentieren immer wieder mit der Nützlichkeit von Hintertüren – um etwa ein Gerät aus der Ferne zurückzusetzen, wenn sich ein Kunde durch eine fehlerhafte Konfiguration selbst ausgesperrt hat. Dumm nur, wenn Derartiges durch Zufall ans Licht kommt und so vielleicht auch Angreifern dazu dient, Kontrolle über ein Gerät zu erlangen. Dass das sogar ziemlich trivial sein kann, zeigte der unlängst bekannt gewordene Fall zweier kanadischer Neuntklässler: Die beiden brachten einen Geldautomaten unter ihre Kontrolle – mittels des dazugehörigen Handbuchs, das sie im Internet zufällig gefunden hatten, sowie eines Passworts, das sie schon im ersten Anlauf erraten konnten.[70] Wer bisher davon ausgegangen war, dass solch sensible Bereiche wie die Bargeldversorgung besonders geschützt seien, wird spätestens durch dieses Beispiel eines Besseren belehrt. Erfreulicherweise wandten sich die beiden Jugendlichen an die Bank und gaben nicht der Versuchung nach, mit der gefundenen Sicherheitslücke selbst Kasse zu machen.

Auch der japanische Netzwerkausrüster Allied Telesis fiel im Jahr 2011 auf spektakuläre Weise mit einer eingebauten Hintertür auf. Laut Berichten von Fachmedien hatte man versehentlich Informationen zu den Hintertüren der eigenen Produkte in den Supportbereich der Website eingestellt.[71] Darin wurde unter anderem beschrieben, wie man einem ausgesperrten Nutzer mittels Standardpasswort wieder Zugriff verschaffen konnte. Die passenden Passwortlisten und Hinweise zum Errechnen von Zugangsdaten aus den technischen Daten und Seriennummern der Geräte lieferte man passenderweise gleich zum Download. Der Branchendienst *Heise* zitierte die inzwischen natürlich nicht mehr zugängliche Website mit den Worten:

»Die hier gelisteten Backdoor-Passwörter sind nur für den internen Gebrauch bestimmt. Machen Sie diese Informationen dem Kunden nicht frei zugänglich, da sie sich zur Kompromittierung eines Netzwerks eignen. Fordern Sie die MAC-Adresse und Seriennummer des Geräts sowie einen Kaufnachweis vom Kunden an, wenn er ein Backdoor-Passwort benötigt. Dies stellt sicher, dass der Nutzer auch dazu berechtigt ist, auf das Gerät zuzugreifen.«

Diese Anweisung machte klar, dass die Informationen keinesfalls für die Öffentlichkeit bestimmt waren. Nach einer wenig später bei *Heise* veröffentlichten Meldung[72] betrachtete der Hersteller das nicht als Problem, sondern als eine »branchenübliche Funktion«.

Keine »branchenübliche Funktion«, sondern schlichte Fehler plagen auch ganz andere technische Geräte. So wurde 2014 eine Lücke entdeckt, die in Millionen von Fernsehern schlummert und dazu genutzt werden kann, das Gerät unter Kontrolle zu bringen.[73] Natürlich mag man sich darüber zunächst amüsieren und sich lustige Szenarien vorstellen: Ein böser Angreifer schaltet während der Fußball-WM auf Rosamunde Pilcher um. Das Lachen bleibt einem allerdings im Halse stecken, wenn man davon ausgeht, dass derartige Geräte auch Videokameras für Skype und andere Dienste integriert haben und in zahlreichen Besprechungsräumen stehen. Ein unauffälliges ferngesteuertes Einschalten der Audio- und Videoübertragung nach außen wäre die perfekte Abhöreinrichtung – direkt im Herzen des Zielunternehmens. Die Sicherheitsforscher Yossef Oren und Angelos Keromytis, die diese Lücke aufgedeckt und dokumentiert haben, weisen auf ihrer Website außerdem darauf hin, dass man über ein solches gekapertes Fernsehgerät auch andere mit dem Internet verbundene Systeme angreifen kann.[74]

Nicht immer wurde eine solche Hintertür durch den Hersteller mit Absicht oder aus Nachlässigkeit eingebaut, manchmal sind auch Dritte beteiligt, wie uns eine der vielen Enthüllungen von Edward Snowden über die vielfältigen Aktivitäten des US-Geheimdiensts NSA gezeigt hat. Der Journalist Glenn Greenwald schrieb dazu in seinem Buch über eine besondere Vorgehensweise: Die NSA könne Router, Server und andere Geräte für Computernetze abfangen, bevor diese an Kunden ausgeliefert würden, dann in Ruhe Hintertüren zur Überwachung der Benutzer implantieren, die Geräte samt Fabriksiegel wieder verpacken und anschließend weitersenden. Die NSA erhielte so Zugriff auf ganze Netzwerkinfrastrukturen und deren Benutzer.[75] Greenwald schrieb weiter, dass es keine Beweise dafür gäbe, dass die betroffenen Hersteller davon Kenntnis hätten. Man muss sich vergegenwärtigen, dass derartige Methoden des Implementierens von Hintertüren nicht nur der NSA oder anderen Geheimdiensten zur Verfügung stehen, sondern gegebenenfalls auch Konkurrenten, die Zugriff auf die Logistikkette bekommen: Ein korrupter Mitarbeiter bei einem Lieferanten kann ein Einfallstor sein.

Unternehmen, die auf Nummer sicher gehen wollen, nutzen deshalb Services, welche die Integrität der bestellten Geräte durch geeignete Tests sicherstellen. Telefone werden dann beispielsweise geröntgt und auf Manipulationen der Hardware untersucht und erst nach erfolgter Prüfung installiert. Das in der fränkischen Provinz in der Nähe von Coburg ansässige Unternehmen Fink Secure Communication ist auf derartige Untersuchungen spezialisiert und hat eigene Röntgenverfahren entwickelt, die eine Manipulation aufdecken. Gelingt es einem Angreifer allerdings, unbemerkt eine veränderte Software aufzuspielen, so ist dies meist schwer festzustellen.

Unbedingt erwähnt werden müssen die Probleme in Verbindung mit SCADA-Systemen. Beim von Siemens dominierten Markt für industrielle Steuerungssysteme – international auch als SCADA bezeichnet (»Supervisory Control and Data Acquisition«) – gibt es manchmal Passwörter, die fest vorgegeben und überall gleich sind.[76] In diesem Fall war die technische Entwicklung der eigentliche Problemstifter: So waren derartige Steuerungen, die teilweise 20 oder mehr Jahre in Betrieb sind, bei ihrer Entwicklung nicht dafür vorgesehen, in einer vernetzten Umgebung betrieben zu werden – sie sollten stets in einer abgeschlossenen Netzumgebung oder als Einzelsystem laufen.

Die zunehmende Vernetzung unserer Welt bringt nun neue Probleme für derartige Steuerungen mit sich – nicht so sehr mit Blick auf Industriespionage, sondern mit Blick auf Sabotage. Joe Weiss, Autor des Buchs *Protecting Industrial Control Systems from Electronic Threats*,[77] berichtet, dass industrielle Kontrollsysteme primär mit dem Fokus auf Effizienz entwickelt wurden und dass IT-Sicherheit im Regelfall keine besondere Anforderung war. Er geht davon aus, dass rund die Hälfte der Anbieter von industriellen Kontrollsystemen derartig »fest verdrahtete« Passwörter in ihren Systemen verwenden. Wenn man weiß, dass auch Kraftwerksbetreiber und die Versorgungsbetriebe der Stadtwerke derartige Systeme im Einsatz haben, kann einem angst und bange werden.

Wie aber lassen sich Sicherheitslücken und Konfigurationsfehler finden? Man könnte ein eigenes Skript basteln, ein Programm, das Hunderttausende von IP-Adressen abfragt und mögliche Funde meldet. Das ist ein mühsames Unterfangen und für Laien nicht einfach zu bewerkstelligen. Wie praktisch, dass es dafür eine Suchmaschine gibt: ShodanHQ heißt die Suchseite für Sicherheitslücken im Internet.[78] Hier lassen sich auf einfache Weise Hintertüren, Konfigurationsfehler und andere Systemschwächen von mit dem Internet vernetzten Geräten wie Webcams, industriellen Steuerungen und anderen Geräten finden. »Google für Hacker« wird die Suchmaschine in IT-Security-Kreisen gerne genannt.

ShodanHQ durchforstet ähnlich wie andere Suchmaschinen das Internet und speichert die gesammelten Ergebnisse in einer Datenbank ab. Jeder Nutzer kann nun ShodanHQ durchforsten: Über den Suchbegriff »default password« beispielsweise listet diese spezielle Suchmaschine im Internet erreichbare Systeme, bei denen man sich über Standardzugänge einloggen kann, samt weiterer nützlicher Informationen. Jeder Systemadministrator kann von diesen Hinweisen profitieren, um die Sicherheitslücken zu schließen, aber ebenso können auch Angreifer diese nutzen, um eine Attacke vorzubereiten.

Mithilfe entsprechender Suchbegriffe oder einer Kombination davon lassen sich alle möglichen Geräte mit Schwachstellen im Internet ausfindig machen, zum Beispiel Webcams. Wenn man genauer hinschaut, stellt man schnell fest, dass sich allein in Deutschland Hunderttausende Webcams durch dokumentierte Sicherheitslücken leicht kapern lassen. Ein einfacher Abgleich der IP-Adressräume mit den bekannten Internetadressbereichen von bestimmten Unternehmen liefert problemlos die richtige Schnittmenge für einen gezielten Angriff.

Dabei sind Webcams natürlich nicht das einzige Angriffsziel. Der Sicherheitsforscher Sajal Verma hat in einem Forschungspapier unter dem Titel »Searching Shodan for Fun and Profit«[79] aufgelistet, welche Geräte sich tatsächlich mit ShodanHQ finden lassen: Server, Router, Netzwerk-Switchs, Drucker mit öffentlicher IP-Adresse, Webcams, VoIP-Telefone und SCADA-Systeme. In diesem Dokument liefert Verma gleichsam eine Bedienungsanleitung für ShodanHQ und beschreibt, wie man die Suchmaschine über eine vom Anbieter bereitgestellte Programmierschnittstelle mit anderen Werkzeugen zur Systemsicherheit verbindet, um Abfragen automatisiert vorzunehmen. Das Gefährliche daran? ShodanHQ macht das Aufspüren von Sicherheitslücken und die Vorbereitung zur Nutzung derselben für jeden zugänglich. Elementare Grundkenntnisse und ein kleines finanzielles Budget genügen, denn die Suchmaschine ist jenseits einiger Testfunktionen kostenpflichtig.

Attacke der Handscanner

Wer kennt sie nicht, die von Logistikunternehmen und im Lagerumfeld eingesetzten Handscanner, die dabei helfen, Sendungen zu erfassen und nachzuverfolgen. Bekannteste Anwendung ist die Sendungserfassung bei Logistikdienstleistern. Ob UPS, DHL, DPD oder Hermes: Wer einmal etwas in einem Online-Shop bestellt hat, kennt die Geräte und deren charakteristisches Piepsen, wenn der Zusteller den Barcode scannt und der Empfänger mit einem Plastikschaber so etwas Ähnliches wie eine Unterschrift auf ein Display kritzeln muss, um die Entgegennahme des Pakets zu bestätigen.

Diese Handscanner werden aber nicht nur unterwegs bei den Transporteuren, sondern auch in Lagern eingesetzt, um den Zu-

und Abgang von Waren einfach und fehlerfrei zu dokumentieren. Vielreisende kennen die Geräte vielleicht auch von großen Stationen der Autoverleiher, wo die Rückgabe eines Mietwagens nicht anders behandelt wird als die Auslieferung eines Pakets: schnelle Erfassung des Barcodes, kurze Inaugenscheinnahme des Fahrzeugs, fertig.

Was nur wenige wissen: Die Handscanner, die für all diese unterschiedlichen Einsatzzwecke genutzt werden, stammen durchweg von chinesischen Herstellern und verwenden die eine oder andere Form eines sogenannten eingebetteten Betriebssystems (»embedded system«) als Basis für die Logistiksoftware, die üblicherweise vom betreffenden Unternehmen bereitgestellt wird. Die amerikanische Cybersecurity-Firma TrapX konnte 2014 nachweisen, dass derartige Scanner genutzt wurden, um gezielte Spionageangriffe auf im Unternehmen gespeicherte Finanzdaten auszuführen.[80] In diesem Fall waren Handscanner eines bestimmten Anbieters mit Schadsoftware verseucht. Diese versuchte, im Unternehmensnetz gezielt Server mit Finanzdaten aufzuspüren und dort einen Trojaner zu installieren, der einen Fernzugriff erlaubte. Die Schadsoftware überwand hierfür interne Firewalls, welche das drahtlose Netzwerk, in dem die Scanner betrieben wurden, vom übrigen Unternehmensnetz trennen sollten. Auch andere Sicherheitsmaßnahmen wie die zertifikatsgestützte Anmeldung der Geräte boten im konkreten Fall keinen ausreichenden Schutz, denn die eingesetzten Scanner waren augenscheinlich bereits bei ihrer Auslieferung mit diesem Schadprogramm verseucht. Hinzu kam, dass auch die Support-Website des Anbieters die entsprechende Software enthielt: Ein System-Update hätte also die Ausgangslage wiederhergestellt – inklusive Schadprogramm. Wer dahintersteckte, konnte nicht ermittelt werden; jedoch führen die von TrapX ermittelten Spuren zur Lanxiang Vocational School, die Sicherheitsexperten aus anderen Angriffen bekannt ist, welche der chinesischen Volksbefreiungsarmee zugeschrieben werden.

In diesem Fall handelte es sich um Geräte, die Windows Embedded als Betriebssystem benutzen. Weniger bekannt als seine auf PC und Notebook beinahe allgegenwärtigen Varianten, ist Windows Embedded eine speziell auf die Bedürfnisse von Geräteherstellern zugeschnittene modulare Version von Windows. Derartige eingebettete Systeme laufen weitgehend unsichtbar auch an vielen anderen Stellen, ob in Blu-Ray-Playern, Set-Top-Boxen, Waschmaschinen, medizintechnischen Geräten oder in der Luftfahrt.

Da möchte man fast Mitleid empfinden, wenn ein von der Zeitschrift *Securityweek* zum konkreten Fall befragter Sicherheitsexperte empfiehlt: Man möge alle ins Unternehmen gebrachten Geräte gründlich testen, um »feindliche Aktivitäten« frühzeitig zu erkennen und zu isolieren – bevor diese Geräte in einer Produktivumgebung eingesetzt würden.[81] Eine realistische Alternative scheint das nicht, wenn man bedenkt, dass ein solcher Test vermutlich ein Vielfaches des Anschaffungspreises kosten würde. Sinnvoll ist es eher, nicht das kostengünstigste Gerät zu ordern, sondern bei einem etablierten Anbieter mit langlaufenden Erfahrungen zu kaufen. Absolute Sicherheit garantiert auch diese Vorgehensweise nicht, aber die Wahrscheinlichkeit, zum Opfer einer Attacke zu werden, wird deutlich reduziert. Hilfreich wäre darüber hinaus, Umgebungen, in denen derartige Systeme genutzt werden, von kritischen Unternehmensteilen weitestgehend zu isolieren.

Derartige Attacken stellen ein neues Risikopotenzial dar, vergleicht man die Gefährlichkeit von mit Geräten ausgelieferter Schadsoftware mit der Ausnutzung vorhandener Sicherheitslücken. Nur zur Erinnerung: Vor Kurzem machte ein Fall Schlagzeilen, bei der die Sicherheitsfirma G Data eine bei neuen Handys des chinesischen Herstellers Goohi quasi fest installierte Schadsoftware entdeckte, die es erlaubte, den Nutzer aus der Ferne auszuspionieren, inklusive Zugriff auf alle gespeicherten Daten, Mithören von Gesprächen und Fernaktivierung des Gerätemikrofons.[82] Anders als das beschriebene Handscanner-Beispiel ist die Zielrichtung in diesem Fall nicht ganz klar. Dass Unternehmen auf diese Weise gezielt ausgespäht werden sollten, ist eher unwahrscheinlich, kaufen diese doch nur selten billige No-Name-Smartphones.

Dennoch ist die Entwicklung bedenklich. Man muss kein Prophet sein, um anzunehmen, dass im Unternehmen eingesetzte technische Geräte aller Art mit eingebauter Schadsoftware der große Sicherheitsalbtraum der nächsten Jahre sein werden. Das gilt noch mehr vor dem Hintergrund, dass wir mit den Konzepten des »Internets der Dinge« und der »Industrie 4.0«, die jeweils eine Vernetzung von Nicht-PCs vorsehen, vor einer Vervielfachung solcher Geräte stehen – inklusive der Sicherheitsrisiken.

Neue Gefahrenpotenziale

In einigen genannten Beispielen ist es schon angeklungen: Alleine die verbesserte Verfügbarkeit von längst bekannten Technologien kann bereits ausreichen, neue Gefahrenpotenziale heraufzubeschwören. Vielfach hilft aber auch das allzu Menschliche den Angreifern zum Durchbruch. Wie schmal dann die Abgrenzung zwischen Spionage und Sabotage ist und wie wechselhaft die Motivlage der Angreifer, verdient eine eigene Betrachtung.

Qualitäts- und Quantitätsaspekte

Nicht nur neue Technologien und Endgeräte lassen sich zu Spionagezwecken nutzen, vielfach ermöglichen erst Qualitätsverbesserungen eine missbräuchliche Verwendung oder neue Formen der

Informationsgewinnung. Denkt man beispielsweise an Smartphone-Kameras, die mit hochauflösenden Bildsensoren selbst bei schlechten Lichtverhältnissen ohne auffälligen Blitz in Verbindung mit Autofokusobjektiven hervorragende Fotos schießen, ist der »Informationsdiebstahl zwischendurch« kein Problem mehr. Die Leistung hochwertiger Smartphone-Kameras reicht heute schon aus, um etwa in einer Flughafenlounge oder einem Kaffeehaus alle Bildschirminhalte zu erfassen: Wie weiter vorne beschrieben, können sogar schon Spiegelungen in Brillengläsern oder Augen ausreichen.

Klassische Spionagewerkzeuge wie Wanzen oder Minikameras haben in den letzten Jahren ebenfalls deutliche Fortschritte gemacht: Einerseits wurden gebrauchstaugliche Geräte kleiner und damit leichter zu verstecken, andererseits haben Topgeräte in Sachen Bildauflösung und Mikrofonempfindlichkeit deutlich zugelegt. Gleichzeitig gab es Entwicklungen wie sogenannte »passive« Elemente, die kaum zu entdecken sind, weil keine Abstrahlung sie verrät.

Zunehmende Internetbandbreiten und die allumfassende Verfügbarkeit schneller Mobilfunkverbindungen tun ihr Übriges, es Angreifern zu erleichtern, Informationen abzugreifen – bei gleichzeitiger Verringerung des Entdeckungsrisikos. Ein Abzapfen großer Datenmengen wäre vor wenigen Jahren noch aufgrund eines plötzlich steigenden Datenvolumens oder einer schlechteren Netzwerkverbindung aufgefallen. Heute darf man davon ausgehen, dass selbst umfangreiche Datenabflüsse häufig alleine deswegen unentdeckt bleiben, weil sie im Grundrauschen, also im Rahmen der üblichen Übertragungsmengen, einfach untergehen.

Speichermedien, mit denen sich Daten physisch von einem Computer ziehen lassen, sind in den letzten Jahren immer preiswerter geworden. Gleichzeitig ist das maximale Speichervolumen ebenso gewachsen wie der Datendurchsatz. USB-Sticks und SD-

Speicherkarten mit 64 oder 128 Gigabyte sind inzwischen in jedem Elektromarkt für kleines Geld zu haben und eignen sich bestens, Unmengen an intellektuellem Kapital in den Unternehmen einzusammeln und abzuziehen – ein kurzer Zugriff genügt.

Wie groß die Gefahr des Informationsabflusses durch Datenträger inzwischen ist, zeigen die zahlreichen Fälle von CDs oder DVDs mit den Kundendaten Schweizer Banken, die bei deutschen Steuerbehörden naturgemäß auf großes Interesse stoßen. Hierbei handelt es sich zwar nicht um Konkurrenzausspähung, es funktioniert aber im Rahmen von Wirtschaftsspionage genauso: Vor wenigen Jahren hätte ein Mitarbeiter kaum eine Chance gehabt, mehr als ein paar einzelne Kundendatensätze, eventuell die Kopie eines Aktenordners, zu entwenden. Die umfassende Digitalisierung bei gleichzeitiger Erhöhung des Speichervolumens und Senkungen der Speicherkosten ermöglicht heute, Zigtausende von vollständigen Kundenprofilen en bloc zu stehlen und weiterzugeben. Diese Entwicklung steigert das Gefährdungspotenzial durch Industriespionage enorm.

Risiko Social Engineering

Die Defcon ist eine der größten Hackerkonferenzen weltweit. Dort erfährt der interessierte Besucher nicht nur eine Menge über Sicherheitsfragen und kann entsprechende Ausrüstung vom Software-Tool bis zum Werkzeug für das Öffnen von Türschlössern erwerben, es finden dort auch regelmäßig Hackerwettbewerbe statt.

Die letzte Konferenz fand unter der Bezeichnung Decon21 Anfang August 2013 in Las Vegas statt – mit 15 000 Teilnehmern aus aller Welt. Diesmal war ein Ziel des sogenannten Capture-the-flag-Wettbewerbs das Erlangen von geschäftskritischen Informationen durch persönliche Ansprache. Als Ziel hatte man zehn Unternehmen aus der *Fortune*-500-Liste der größten Unternehmen ausgewählt. Das Ergebnis: Es war für die Teilnehmer des Wettbewerbs – allesamt »Techies«, die nicht einer besonders hohen Sozialkompetenz verdächtig sind – ein Leichtes, sensible Geschäftsinformationen mit einem simplen Telefonanruf herauszubekommen, indem sie sich beispielsweise als Student, als Lieferant oder als Kollege des Angerufenen ausgaben. Auf diese Weise gelangten Informationen über eingesetzte Systeme und deren Details, zu WLAN-Netzen oder zur Gebäudesicherheit in die falschen Hände.

Aus Sicht der Angreifer besonders hilfreich waren dabei die umfangreichen Profile und Aktivitäten von Mitarbeitern der Zielunternehmen bei Facebook, LinkedIn, Twitter und anderen sozialen Netzwerken. Viele interessante Erkenntnisse ließen sich vorab bereits durch eine gezielte Auswertung der entsprechenden Social-Media-Quellen erheben. Zudem halfen die dort erlangten Informationen, den passenden Einstieg für die Ansprache per Telefon zu finden, schließlich hatte man ja schon etliche Hintergrundinformationen zu der angerufenen Person zur Hand. So entstand in nicht wenigen Fällen sehr schnell eine gewisse Vertrautheit, die der Angreifer ausnutzen konnte. Was hier spielerisch ausprobiert wurde, ist eine der wesentlichen Methoden zum Erlangen von Informationen und wird als »Social Engineering« bezeichnet.

Cyberspione, die es auf Firmengeheimnisse abgesehen haben und Informationen zu neuen Produkten, Unternehmensübernahmen oder Marktentwicklungen stehlen wollen, haben es vielfach leichter, wenn sie zum Telefonhörer greifen und einfach anrufen, statt einen gezielten Angriff aufwendig mit einer speziell erstellen Schadsoftware vorzubereiten und durchzuführen. Aber natürlich wäre es ebenso möglich, eine Schadsoftware maßzuschneidern auf Grundlage der Informationen zur Systemsicherheit, die in einem persönlichen Gespräch gewonnen wurden. Social Engineering dient in solchen Fällen nur als Einstieg für eine größere Attacke.

Von Social Engineering spricht man also immer dann, wenn Angreifer normale menschliche Reaktionen nutzen, um Zugang zu für sie wertvollen Informationen zu erlangen. Erste Ansatzpunkte für Social-Engineering-Attacken sind dabei meist scheinbar »unwichtige« Mitarbeiter, aber auch Dienstleister und Lieferanten. Über diese arbeitet sich der Angreifer weiter nach vorne. Professionelle Angreifer nutzen dafür ganz normale menschliche Charaktereigenschaften wie Hilfsbereitschaft, Autoritätshörigkeit, Geltungssucht, Unsicherheit, Bequemlichkeit, Konfliktscheu oder Harmoniebedürfnis aus. Unbedarfte »Opfer« bemerken diese kommunikativen Techniken üblicherweise nicht oder erst viel zu spät, weshalb die meisten unternehmensinternen Compliance-Regeln kaum eine Hilfe sind. Juristisch sind derartige Methoden schwer bis gar nicht zu fassen.

Während im Zentrum von Social-Engineering-Attacken immer die persönliche Ansprache steht, wird im Umfeld durchaus die Technik bemüht. Ein nicht besonders geschulter Mitarbeiter wird stets davon ausgehen, dass etwa die auf dem Telefon angezeigte Nummer eines Anrufers korrekt ist, und deshalb annehmen, dass ihn ein Kollege anruft – während in Wirklichkeit ein Angreifer mit einer gefälschten Anrufer-ID diesen Eindruck erwecken will, um darauf eine persönliche Attacke aufzubauen. Eine Schulung der Mitarbeiter, die deutlich macht, wie leicht sich derartige Merkmale fälschen lassen, scheint daher ein Muss.

Angriffe über Facebook und Co.

Welche Gefahren von den sozialen Medien ausgehen können, wurde eindrucksvoll im Jahr 2010 vom Sicherheitsforscher Thomas Ryan demonstriert. Während eines auf 28 Tage angelegten Experiments, über das er im Anschluss auf der Black-Hat-Konferenz berichtete, erfand er eine fiktive Person, die nur in den sozialen Netzwerken von Facebook, Twitter und LinkedIn existierte.

Sein Bericht, der passenderweise mit »Getting in Bed with Robin Sage« überschrieben ist, offenbarte zahlreiche Details:[83] So sollte die junge, mit einem attraktiven Profilbild gesegnete Dame mit dem Namen Robin Sage angeblich bei der US-Marine als Analystin für Cybersicherheit arbeiten und Absolventin der Elitehochschule Massachusetts Institute of Technology (MIT) sein. Innerhalb von nur knapp einem Monat gelang es Ryan, mittels seiner fiktiven Person Robin Sage gut 300 hochrangige Kontakte aus Militär und Wirtschaft in den sozialen Netzwerken zu sammeln – und darüber an vertrauliche Informationen des US-Militärs zu gelangen. Robin Sage erhielt unter anderem Jobangebote von Google und dem Rüstungskonzern Lockheed Martin sowie Einladungen zum Abendessen.

Die neuen Kontakte waren zum überwiegenden Teil Männer, was vielleicht keine große Überraschung war: Das zugehörige Profilbild hatte Ryan nämlich einer Porno-Website entnommen. Ryan hatte zudem zahlreich weitere Hinweise hinterlassen, die Sicherheitsexperten beim Militär hätten stutzig werden lassen müssen: So glich der Name der fiktiven Person dem einer Übung von US-Elitetruppen, und die angegebene Adresse entsprach einer Adresse des Militärdienstleisters Blackwater.[84] Dennoch wurde kaum einer der hochrangigen Militärs und Sicherheitsexperten skeptisch. Selbst Personen, die angeblich im gleichen Gebäude tätig waren, akzeptierten Ryans Kontaktanfragen. Wenn jedoch selbst hochrangige Sicherheitsexperten des Militärs auf derartige Tricks hereinfallen: Wie kann man dann von einem gewöhnlichen Mitarbeiter in einem Unternehmen erwarten, mit Anbahnungsversuchen vorsichtig umzugehen?

Ein besonderes ergiebiges Pflaster für derartige Fake-Kontakte scheint das Business-Netzwerk LinkedIn zu sein. Auch ich wurde bereits mehrfach von »Personen« kontaktiert, die über ein scheinbar plausibles Profil mit umfangreichen Branchenkontakten verfügten, sich am Ende aber nicht als echt herausstellten. Dabei ist die Abwehr solcher Fakes relativ einfach: Bestätigen Sie keine Kontaktanfrage von einer Person, die Sie nicht bereits persönlich kennen.

Dass der Fall Robin Sage kein theoretisches Konstrukt ist, wurde Anfang 2014 deutlich, als die Sicherheitsberatungsfirma iSight aus Dallas eine ähnliche Vorgehensweise bei iranischen Hackern enthüllte.[85] Demnach waren hochrangige Militärangehörige, Botschaftsmitarbeiter und andere Offizielle unter den Opfern. Ziel der Hacker war, die Zugangsdaten zu Regierungs- und Firmennetzwerken sowie Informationen über Waffensysteme und diplomatische Verhandlungen zu erlangen. Die Angreifer gaben sich dabei sowohl als Mitarbeiter einer fiktiven News-Website, von Firmen, die für das Militär arbeiten, sowie anderer Organisationen aus. Sie erstellten dazu falsche Profile auf Facebook, LinkedIn, Google+ und Twitter samt dazugehörigen fiktiven persönlichen Inhalten. Dabei sprachen die Hacker ihre Zielpersonen nicht direkt an, sondern bauten zunächst Kontakte zu deren Verwandten-, Freundes- und Kollegenkreis auf und schafften so eine Vertrauensbasis. Auf diese Weise wurden von den 14 falschen Identitäten Kontakte zu über 2 000 Personen hergestellt.

Auch nach dieser indirekten Kontaktaufnahme agierten die Hacker zunächst sehr vorsichtig und arbeiteten weiter am Aufbau von gegenseitigem Vertrauen, indem sie etwa interessante News-Artikel versandten, die natürlich nicht mit Schadsoftware belastet waren. Erst später im Verlauf eines so sorgsam aufgebauten Kontakts wurde versucht, den Zielpersonen Links unterzuschieben, die auf mit Schadsoftware verseuchte Websites führten oder direkt auf gefälschte Webportale, wo die Opfer dazu gebracht werden sollten, ihre Zugangsdaten einzugeben.

Wirtschaftsspionage und Sabotage

Spricht man mit Sicherheitsverantwortlichen von Unternehmen, so stellt man fest, dass vor allem in Produktionsunternehmen die Angst vor der Sabotage durch Dritte fast so ausgeprägt ist wie die Wahrnehmung der Gefährdung durch Industriespionage. Als besonders besorgniserregend werden die Sicherheitslücken von sogenannten SCADA-Systemen, computerisierten Steuereinheiten für Maschinen, wahrgenommen, schließlich lässt sich eine solchermaßen gesteuerte Maschine meist nicht vollständig vom Netz nehmen. Inzwischen gibt es Sicherheitsanbieter wie die deutsche Firma Genua, die sich auf Sicherheitsmaßnahmen in der Fertigung spezialisiert haben und die – ausgehend von der Prämisse, dass alle Systeme grundsätzlich unsicher sind – Schutzeinrichtungen anbieten, die notwendige Wartungszugriffe nur temporär erlauben und die Maschinensteuerung ansonsten vollständig abschotten.

Das Risiko der Sabotage beschränkt sich aber nicht nur auf große Unternehmen und Produktionsstätten. Einfach, aber wirkungsvoll ist die Manipulation von Internetdiensten zur Schädigung von Wettbewerbern. Spätestens seitdem Unternehmen die Bedeutung von Online-Bewertungen für die Konsumentscheidungen von Endkunden erkannt haben, kommt es in einigen Branchen – allen voran in der Tourismuswirtschaft – zu erstaunlichen Effekten: Unter falscher Flagge wird das eigene Angebot hochgelobt und das der Konkurrenz niedergeschrieben. Das ist sicher keine Sabotage im eigentlichen Sinn, weist aber den Weg zu neuen perfiden Methoden, die letztlich für Unternehmen existenzbedrohend sein können.

In dem Maße, in dem sich Anwender auf Online-Dienste verlassen, werden auch Unternehmen in der Offline-Welt davon abhängig, dass die online gefundenen Angaben korrekt sind. So musste nach einem Bericht des *Wired*-Magazins ein Restaurant in Washington seine Pforten schließen, nachdem die Gäste ausgeblieben waren: Unbekannte hatten die Einträge in Google Maps manipuliert und dabei die für das Restaurant existenzwichtigen Öffnungszeiten am Wochenende einfach entfernt. Der Wirt, der mit Mitte 70 sicher nicht der talentierteste Onliner war, hatte sich schon ziemlich schnell über den außergewöhnlich starken Rückgang der Gästezahlen um bis zu 75 Prozent gewundert. Er erhielt aber erst spät Kenntnis von der Sabotageaktion – zu spät für sein Restaurant.[86]

Solche Manipulationen sind im Prinzip nur möglich, weil sich Google Maps ebenso wie andere Dienste allein auf Crowdsourcing verlässt, wo Betrüger bei der Datenerhebung leichtes Spiel haben. Einem kreativen Hacker war es bei einem Test sogar gelungen, neue Filialen von FBI und Secret Service mitsamt Telefonnummern anzulegen. Anrufe auf diese Nummern leitete er weiter an den richtigen Adressaten und konnte dabei mithören[87] – keine Sabotage, aber eine interessante Form des Spionageangriffs.

Im Prinzip sind Google Maps, Yelp und Co. heute der Ersatz für die *Gelben Seiten* und andere gedruckte Branchenverzeichnisse. Den Angaben darin wird vertraut, zumindest was Standorte, Rufnummern und Öffnungszeiten angeht. Dieses Vertrauen bringen die Anwender auch der digitalen Welt entgegen. Daraus resultiert eine praktisch ideale Ausgangsbasis für böswillige Manipulation im Sinne von Sabotage und Spionage.

Wirtschaftsspionage und Cybercrime

Betrachtet man moderne Methoden des Ausspähens von Unternehmen durch Nutzung von Informations- und Kommunikationstechnologien, so kommt man nicht ohne einen Bezug zum größeren Ganzen aus. Der Fachbegriff hierfür lautet Cybercrime. Das Bundeskriminalamt (BKA) definiert Cybercrime in seinen jährlichen Verbrechensstatistiken als »alle Straftaten, die unter Ausnutzung moderner Informations- und Kommunikationstechnik oder gegen diese begangen« werden.[88] Das BKA sortiert das Ausspähen beziehungsweise Abfangen von Daten neben Datenveränderung, Computersabotage, Betrug mit Zugangsberechtigungen, Computerbetrug und der Fälschung beweiserheblicher Daten als Cybercrime ein. Das BKA selbst gibt im *Bundeslagebild 2012* zu Protokoll:

> »Eine Einschätzung des Phänomens Cybercrime allein auf Basis statistischer Zahlen ist nicht möglich. Einzelne bzw. besonders relevante Phänomene, wie z. B. Phishing im Bereich Online-Banking, Erpressungshandlungen im Zusammenhang mit gezielten DDoS-Attacken oder auch die vielfältigen anderen Erscheinungsformen der digitalen Erpressung (z. B. die sogenannte ›Ransomware‹), werden in der PKS[89] nicht unter dem Begriff Cybercrime, sondern vielmehr unter den PKS-Schlüsseln der einzelnen Tathandlungen erfasst.«

Was hier zutage tritt, ist ein aus Sicht der Verbrechensbekämpfung sehr deutliches Abgrenzungsproblem, das nicht einfach zu lösen ist. Damit ist das BKA natürlich nicht allein, denn rund um den Globus wird dieses Thema von Fachleuten diskutiert. Im Rahmen der Konferenz Cybercrime in the World Today 2013 an der Pace University in Manhattan sprach auch der New Yorker Bezirksstaatsanwalt über das Thema Cybercrime als am schnellsten wachsender Verbrechensform der Stadt und erklärte, dass inzwischen beinahe jede Tat Cybercrime beinhalte.[90]

Eine aktuelle Untersuchung zum Thema Cybercrime stammt von der Europäischen Agentur für Netz- und Informationssicherheit (Enisa). Dort hatte man im Rahmen einer Metastudie 50 Berichte von IT-Sicherheitsunternehmen, Behörden und Computer-Emergency-Response-Teams (CERT) aus dem ersten Halbjahr 2013 analysiert und war zu folgenden Schlussfolgerungen gekommen:[91] Kriminelle nutzten verstärkt Anonymisierungstechnologien und Peer-to-Peer-Systeme, um zu verhindern, dass ihre Angriffe nachvollzogen und rückgängig gemacht werden könnten, und wendeten sich immer stärker mobilen Technologien zu. Neue Möglichkeiten für Betrug böte dabei die Kombination aus Schadsoftware, Hacking-Werkzeugen, anonymen Zahlungsmethoden und digitalen Währungen wie Bitcoins. Cyberattacken stellten einen wesentlichen Grund für den Ausfall von Telekommunikationsinfrastrukturen dar. Auch würden die Angriffsszenarien immer ausgefeilter: So nutzten Angreifer inzwischen auch Cloud-Services, um ihre Attacken zu starten. Wesentliche Bedrohungen seien laut diesem Bericht:

- *Drive-by-Exploits,* bei denen ein Rechner im »Vorbeisurfen« infiziert wird. So werden beim Betrachten einer Website Schwachstellen im Browser, in den Browser-Plug-ins und im Betriebssystem ausgenutzt, um unbemerkt Schadsoftware zu installieren.
- *Code-Injektionen,* das heißt das Hinzufügen von schädlichen Codes in beschreibbaren Websites wie Gästebüchern oder Foren, werden besonders häufig gegen weitverbreitete Content-Management-Systeme (CMS) wie Joomla und Wordpress verwendet.

Weiter nannte der Bericht folgende Bedrohungen: gezielte Attacken, Identitätsdiebstahl sowie Botnets, fernsteuerbare Computernetzwerke aus untereinander kommunizierenden Rechnern und Search-Engine-Poisoning, wo mithilfe manipulierter Suchmaschinenergebnisse Nutzer auf eine mit Schadsoftware infizierte Seite gelockt würden. Während die Verbreitung von Spam sinkt, sei Phishing unverändert aktuell. Einen steigenden Trend gebe es im Vergleich zum Vorjahr bei Denial-of-Service-Angriffen und bei der sogenannten Scareware, Schadprogramme, die Nutzer verängstigten und zu bestimmten Handlungen bewegen sollten. Wegen der hohen Überschneidungsrate mit den Werkzeugen, die bei Spionageattacken gebräuchlich sind, lohnt es sich, diese allgemeinen Trends im Bereich der Cyberkriminalität im Auge zu behalten.

Die Methoden der Cyberkriminellen sind zwar bekannt, unklar ist aber die Höhe des angerichteten Schadens. Eine Studie, die 2014 vom IT-Sicherheitsunternehmen McAfee und dem Center for Strategic and International Studies (CSIS) in Washington veröffentlicht wurde, lieferte einen Überblick über die Auswirkungen von Cybercrime auf die Weltwirtschaft: Demnach gingen jährlich etwa zwischen 0,5 und 0,8 Prozent des Weltbruttosozialproduktes verloren. Cybercrime läge danach in der Bedeutung zwischen der maritimen Piraterie (0,2 Prozent) und Produktfälschungen (0,9 Prozent). Nach Angaben der Studienautoren betrachteten viele Firmen dieses Schadensniveau als akzeptabel: »Firmen erwarten Ladendiebstahl und preisen das entsprechend ein.« Die Studie wies allerdings auch darauf hin, dass es praktisch unmöglich sei, exakte Zahlen zu ermitteln. Die meisten Firmen machten entsprechende Vorfälle nicht öffentlich – weil sie teilweise davon überhaupt nicht wissen oder aus Angst vor negativer Publicity.[92]

Man bekommt eine Ahnung, wie hoch diese Dunkelziffer sein muss, wenn man Rudolf Proschko, Leiter der Spionageabwehr im Bayerischen Landesamt für Verfassungsschutz, Glauben schenkt:

Im Frühjahr 2013 berichtete er von einem Großangriff auf 102 bayerische Unternehmen, der im Jahr 2007 stattgefunden hatte. Lediglich zwei hatten damals bemerkt, dass Fremde in ihr Firmennetz eingedrungen waren.[93]

Spricht man mit Unternehmensverantwortlichen über Spionageaktivitäten der Konkurrenz, weisen diese häufig darauf hin, dass sie Ausspähung nicht als einzige Bedrohung ansehen. Mindestens ebenso groß ist die gefühlte Bedrohung durch Sabotage von Systemen, die eine Unterbrechung des Betriebs bedeuten könnten. Man stelle sich nur vor, welcher Schaden etwa bei einem eintägigen Ausfall der Autoproduktion im VW-Stammwerk in Wolfsburg entstehen kann. Rund 3800 Fahrzeuge wurden im Jahr 2013 dort an jedem Arbeitstag gefertigt.[94] Bei einem angenommenen Durchschnittspreis von 20000 Euro wären dies rund 76 Millionen Euro an Umsatz, die dem Unternehmen entgingen, sollte es einem Angreifer gelingen, die Produktion für einen Tag zum Stillstand zu bringen.

Sie mögen derartige Attacken vielleicht in das Reich wilder Spekulation verweisen. Ausgeschlossen sind solche Angriffe aber keineswegs, auch wenn es wahrlich leichtere Ziele gibt. Von diesen soll nun die Rede sein.

Geld oder Netz

Die Glücksspielbranche ist seit jeher eine schillernde Branche, die vielfach gesetzlicher Regulierung unterliegt. Damit soll einerseits die Staatskasse aufgebessert, aber auch die Bevölkerung vor Spielsucht geschützt werden. Für Deutschland geht eine im Oktober 2013 veröffentlichte Studie von Goldmedia davon aus, dass der gesamte Bruttospielertrag – Spieleinsätze abzüglich ausgeschütteter Gewinne – bei rund 10,7 Milliarden Euro liegt.[95]

Es ist also ein Riesengeschäft, und das macht nachvollziehbar, dass derartige Erlöspotenziale auch Unternehmer anziehen, welche die Grenzen des Erlaubten austesten oder überschreiten wollen.

So war die Glücksspielbranche einer der ersten Wirtschaftszweige, der vom digitalen Wandel getroffen wurde. Bereits in den Neunzigerjahren gab es erste Online-Kasinos, die – zumeist mit Sitz in der Karibik – eine weltweite Klientel ansprachen und sich dabei nicht um nationale Verbote scherten. Besonders extrem waren die Folgen der Regulierung des Glücksspiels bei Sportwetten: Hier sind nach Analysen von Goldmedia im Jahr 2010 in Deutschland rund 94 Prozent der Wetteinsätze bei privaten Anbietern gelandet, die es zu diesem Zeitpunkt eigentlich gar nicht hätte geben dürfen.[96] Rund die Hälfte dieser Einsätze wurde dabei online abgegeben, führt der Bericht weiter aus.

Einer der bekanntesten Anbieter von Sportwetten im Internet ist Mybet.com. Dahinter steckt die Personal Exchange International Ltd., die 2003 gegründet wurde, mit einer Glücksspiellizenz aus Malta operiert und ganz selbstverständlich davon ausgeht, in Deutschland legal tätig zu sein:[97]

»Ja, denn mybet verfügt über verschiedene, in der Europäischen Union erteilte, Glücksspiellizenzen. Aufgrund der europarechtlich garantierten Dienst- und Niederlassungsfreiheit gelten diese grundsätzlich in allen Mitgliedsstaaten innerhalb der EU. Der Europäische Gerichtshof hat diesbezüglich seine Rechtsprechung im September 2010 nochmals bekräftigt und das deutsche Glücksspielmonopol für unvereinbar mit europäischem Recht erklärt. Vor diesem Hintergrund gehen wir von der Rechtmäßigkeit unserer Angebote auch für den deutschen Markt aus.«

Ob diese Ansicht hierzulande gerichtsfest ist, ist bisher nicht abschließend geklärt. Mybet und andere Anbieter agieren jedoch in einem Graubereich, der auch Kriminelle anzieht.

So war das Unternehmen sehr bald nach seiner Gründung Ziel von DDoS-Attacken, die das Geschäft durch eine Vielzahl von gleichzeitigen Zugriffen auf die Online-Wettbüros lahmlegen sollten (»Distributed Denial of Service«). Die Computerzeitschrift *c't* berichtete von einem erfolgreichen, 16 Stunden dauernden Angriff auf Mybet: Während dieser Zeit sei die Website des Unternehmens nicht erreichbar gewesen.[98] Ein Anbieter wie Mybet, der ausschließlich online tätig ist und dessen Umsätze in einem kurzen Zeitraum rund um ein Spielereignis getätigt werden, lässt sich durch eine solche Attacke empfindlich schwächen. Dem Angriff vorausgegangen war ein Erpressungsversuch, den Mybet allerdings nicht ernst genommen hatte. Medienberichten zufolge waren mindestens zwei weitere Online-Wettanbieter im gleichen Zeitraum von ähnlichen Angriffen betroffen. Durchgeführt wurde die Attacke vermutlich mittels gekaperter Rechner, die in einem Botnet ferngesteuert wurden – wovon die meisten der Computerbesitzer vermutlich nichts bemerkten.

Was damals nur als vereinzelte Attacke begann und überwiegend ein Problem einer Grauzone im Internet war, zählt inzwischen zum Mainstream – ebenso wie geeignete Schutzmaßnahmen. So suchte sich Mybet Unterstützung bei Digidefense, einer auf die Abwehr derartiger Angriffe spezialisierten Firma – eine Dienstleistung, die heute auch Internetprovider wie die Deutsche Telekom, British Telecom oder die japanische NTT anbieten.

Dass solche Bedrohungen nicht mehr nur darauf beschränken, dass »Kriminelle gegen Kriminelle« oder »Kriminelle gegen den Graumarkt« agieren, zeigen jüngste Beispiele aus dem Sommer 2014, bei denen Start-up-Unternehmen, darunter der bekannte App-Anbieter Evernote, mittels DDoS-Attacken angegriffen wurden. Evernote bietet eine Art To-do-Listen-Applikation an, deren Besonderheit es ist, dass sie über verschiedene Geräte eines Nutzers hinweg Aufgaben und Notizen automatisch aktualisieren kann. Durch den Angriff war diese zentrale Funktion über mehrere Stunden nicht verfügbar.[99] Warum dieser Angriff ausgerechnet auf Evernote erfolgte, konnte nicht geklärt werden.

Dieses Beispiel macht deutlich, wie gefährdet Unternehmen sind, die ihr Geschäftsmodell internetzentriert aufbauen. Eine Schutzstrategie samt Notfallplan ist allen Organisationen dringend anzuraten, die im Internet mehr als die obligatorische »Über-uns-Seite« betreiben. Dabei ist zu berücksichtigen, dass derartige Attacken auch dazu dienen können, vom eigentlichen Ziel der Angreifer abzulenken – dem Diebstahl von Firmeninterna oder Kundendaten.

Schutzgeld 2.0

Erfordert das Lahmlegen eines großen Internetangebots noch besonderes technisches Know-how, so ist die neue Generation der Online-Erpresser eher schlicht unterwegs, wie das folgende Beispiel zeigt. Die Betreiber von 900 Degrees Neapolitan Pizzeria in New Hampshire staunten nicht schlecht, als sie im Juni 2014 einen Brief öffneten, der erst nach einer Junkmail aussah, sich aber als waschechter Erpresserbrief entpuppte.[100] In diesem gedruckten, sehr individuell gestalteten Brief wurde der Inhaber informiert, Ziel einer Erpressung zu sein. Gefordert wurde eine Art Schutzgeld in Form der alternativen Online-Währung Bitcoin, die anonyme Zahlungen erlaubt.

Für den Fall, dass der Betreiber nicht zahlen wolle, wurden im Brief folgende Maßnahmen angekündigt: negative Online-Bewertungen, Beschwerden beim Better-Business-Büro (dem amerikanischen Äquivalent zu unserem Verbraucherschutz), Aufgabe gefälschter Bestellungen, Denial-of-Service-Attacken auf das Reservierungstelefon, Bombendrohungen, Vandalismus sowie anonyme Anzeigen bei Behörden wegen eines Verstoßes gegen Gesundheitsvorschriften, wegen Steuerhinterziehung oder wegen Geldwäsche. Nach Recherchen verschiedener Security-Experten wurden mehrere Restaurantbetreiber mit gleichlautenden, aber individualisierten Briefen bedacht.

Erpressungen von Restaurantbetreibern sind natürlich alles andere als ein neues Thema. 2010 berichtete etwa die italienische Zeitung *Il Sole 24 Ore* detailliert über das Problem in Italien und lieferte Zahlen aus einer neu erschienenen Studie:[101] Demnach waren etwa 1,3 Prozent des Bruttoinlandsprodukts von Sizilien im untersuchten Zeitraum zwischen 2002 und 2006 Schutzgeldzahlungen – ein einträgliches Geschäft mit mehr als einer Milliarde Euro pro Jahr allein in dieser Region. Es scheint, dass sich nun einige technisch versierte Verbrecher anschicken, die Schutzgelderpressung mit den Mitteln des 21. Jahrhunderts zu perfektionieren.

Angriffsziel Industrie 4.0

Nichts weniger als »die nächste industrielle Revolution« verspricht ein Modell, was unter »Industrie 4.0« in Fachkreisen viel Beachtung findet. Die Idee dabei ist, ganze Wertschöpfungsketten nicht nur zu vernetzen, sondern zu mehr oder weniger selbststeuernden Systemen zu gelangen. Teile des Konzepts sehen vor, dass »intelligente Produkte« steuernd in deren Produktion involviert sind.

Neue technische Möglichkeiten führen stets zu neuen Angriffsmustern und Attacken – so viel ist aus der Gesamtschau der gezeigten Beispiele bisher klar geworden. Die Industrie 4.0 wird davon also nicht verschont bleiben. Erfolgreiche informationstechnische Angriffe könnten hier nicht nur detaillierte Produktionsdaten stehlen, sondern auch darauf angesetzt werden, gezielte und nicht sofort bemerkte Störungen im Ablauf zu erzeugen, wenn zum Beispiel bestimmte Produktionsparameter verändert werden. Man stelle sich etwa eine Lackierstraße in einer Autofabrik vor, die mit einer gefälschten Lackmischung arbeitet, was dazu führt, dass wenige Monate nach der Auslieferung an Zigtausenden Neufahrzeugen der Lack abblättert. Der zwangsläufige Rückruf der betroffenen Fahrzeuge könnte den Automobilhersteller um Hunderte von Millionen Euro, unter Umständen gar Milliarden Euro, schädigen.

Wenn Sie derartige Szenarien als weit hergeholt betrachten, erinnern Sie sich bitte an die Stuxnet-Schadsoftware, die dazu genutzt wurde, das iranische Atomprogramm auszubremsen. Kern der Anwendung war eine veränderte Ansteuerung der betriebsnotwendigen Zentrifugen, die zunächst nicht bemerkt wurde, die Anlage aber weitgehend lahmlegte. Der vom Sicherheitsanbieter Symantec analysierte Programmcode der Schadsoftware bewirkte, »dass die Siemens-Steuerungen manipulierte Befehle an zwei bestimmte Typen sogenannter Frequenzumwandler senden, die unter anderem dazu eingesetzt werden können, die Rotationsgeschwindigkeit von Gasultrazentrifugen zur Urananreicherung zu steuern. […] Ein Befehl steigert die Geschwindigkeit über das Maß hinaus, das die Aluminium-Rotoren der Maschinen aushalten können. Ein anderer dagegen verringert die Geschwindigkeit. Dies könnte zum einen die Produktionsmenge der Anlage verringern, zum anderen Vibrationen erzeugen, die Schäden an den Zentrifugen verursachen können.«[102] Es gehört nicht allzu viel Fantasie dazu, sich ähnliche Vorgänge auch für andere technische Systeme auszudenken.

Voraussetzung für den Erfolg solch hochklassiger Angriffe ist natürlich, dass detaillierte Erkenntnisse über die anzugreifenden

Systeme und deren Funktionsweise vorliegen – ein Grund mehr, Firmeninterna sicher unter Verschluss zu halten. Möglicherweise ist die Ausspähung durch die Konkurrenz nicht das eigentliche Ziel, sondern nur der Anfang für eine möglicherweise viel größere, existenzgefährdende Bedrohung.

Technische Schwachstellen als Erpressungsziel

Welchen Wert Geschäftsgeheimnisse bei Technologiefirmen haben können, wird manchmal erst nach Jahren klar. So sah sich der Mobiltelefonhersteller Nokia Ende 2007 genötigt, Erpressern, die Zugriff auf eine nur wenige Kilobyte große Datei hatten, mehrere Millionen Euro zu bezahlen.

Nokia besaß damals, kurz bevor das iPhone den Durchbruch für Smartphones mit Touchscreen brachte, einen Marktanteil von rund 50 Prozent mit seinen Symbian-Mobiltelefonen – in vielerlei Hinsicht bereits die ersten Smartphones. Unter unklaren Umständen gestohlen und in die Hände der Erpresser gelangt, war ein sogenannter Encryption-Key für die Signierung der Anwendungen. Wäre dieser öffentlich geworden, so hätte Nokia die Kontrolle über die installierbare Software verloren – mit unabsehbaren Folgen für die Verbreitung von Schadprogrammen auf den bereits verkauften Geräten. Daher entschloss man sich zur Zahlung, unter Einschaltung der Polizei, die den Täter bei der Lösegeldübergabe jedoch nicht verhaften konnte.

Der Fall wurde erst im Sommer 2014 durch Medienberichte bekannt,[103] ist aber bis dato nicht aufgeklärt. Die Polizei tappt auch über sechs Jahre nach der Lösegeldübergabe, bei der die Täter entkamen, im Dunkeln. Wahrscheinlich handelte es sich bei diesem Fall nicht um Wirtschaftsspionage: Der Erpresser war vermutlich kein Wettbewerber von Nokia, sondern hatte eher einen ganz gewöhnlichen kriminellen Hintergrund – wenn das bei Cybercrime überhaupt vorstellbar ist.

Cybersecurity, Cyberwar und Cyberaktivismus

Sind ganze Infrastrukturen durch Angreifer in Gefahr und staatliche Akteure beteiligt, spricht man nicht mehr von Cybercrime, sondern von Cyberwar. In diversen Science-Fiction-Romanen wird dieser als Krieg der Zukunft beschworen: als unblutige, aber dennoch verlustreiche Iteration des Gedankens vom Krieg.

Es bedarf keiner großen Fantasie, sich vorzustellen, welche Folgen etwa ein mehrtägiger Stromausfall als Folge eines Cyberangriffs auf ein hoch entwickeltes Land oder auch nur eine Großstadt haben würde. Bis hin zu Plünderungen und bürgerkriegsähnlichen Zuständen nach wenigen Tagen ohne funktionsfähige Infrastruktur reichen die realitätsnahen Szenarien der Katastrophenforscher. Zahlreiche Nationen entwickeln inzwischen Konzepte für die Cyberkriegsführung und bauen eigene Abwehrzentren ebenso wie Angriffseinheiten auf. Auch die NATO ist engagiert: Zeitgleich zu einer Anfang Juni 2014 stattfindenden NATO-Cyberkriegsübung fiel die zivile Luftraumsicherung in Österreich und Teilen Süddeutschlands aus.[104] Ob ein Zusammenhang zwischen beiden Ereignissen bestand, ist unklar, die Koinzidenz jedoch erschreckend.

Das große Problem des Cyberwars ist, dass – wie bei anderen Angriffen über das Netz – nicht unbedingt festgestellt werden kann, wer die wahren Angreifer sind. Ein vermeintlicher Gegenschlag aufgrund einer Attacke kann dabei schnell den falschen Gegner treffen – eine Eskalation ist vorprogrammiert. Zudem ist zu beachten, dass Cyberwaffen anders als ABC-Waffen nicht nur Staaten, sondern auch kleinen Gruppen zugänglich sind. Es gibt daher gute Gründe anzunehmen, dass zukünftig weniger Cyberwar, sondern Cyberterrorismus eine wesentliche Rolle im Kontext von Online-Angriffen spielen wird.

Cyberaktivismus oder auch »Hacktivismus« kommen als relativ junge Phänomene hinzu. Dabei verfolgen bestimmte Gruppierungen mittels Hackerattacken politische und andere nichtmonetäre Ziele, zum Beispiel das Anprangern bestimmter Geschäftspraktiken. Die Waffe dabei sind Daten beziehungsweise die Veröffentlichung geheimer oder unternehmensinterner Informationen.[105] Denkbar ist auch, dass unter dem Deckmantel des Protests Aktionen gestartet werden, die einen Konkurrenten des eigentlichen Auftraggebers, der im Hintergrund bleibt, gezielt schädigen sollen.

5 Auf dem Weg zum »spionage-sicheren« Unternehmen

Die Beispiele aus den vorherigen Kapiteln zeigen die Entwicklung, die Spionageaktivitäten zulasten von Unternehmen aufgrund des technischen Fortschritts durchgemacht haben, und sie zeigen einen Trend: weg von klassischen Methoden wie Abhören, Diebstahl oder Kopieren von Unterlagen hin zu neuen Formen, die erst durch die umfassende Vernetzung unserer Arbeitswelt möglich wurden.

Wie sich dieser Wandel zahlenmäßig ausdrückt, bleibt durch die hohe Dunkelziffer im Ungefähren. Wir können nämlich ziemlich sicher davon ausgehen, dass der größte Teil der elektronisch durchgeführten Angriffe schlichtweg unerkannt bleibt und dass folglich jede Statistik, von wem sie auch stammen mag, viel zu geringe Fallzahlen aufweist. Die Chance, valide Angaben zu bekommen, ist mithin sehr gering. Bei der grundsätzlichen Entscheidung, das eigene Unternehmen gegen Bedrohungen von außen zu sichern, sollte daher stets berücksichtigt werden, dass die Realität möglicherweise noch viel drastischer ist, als die bekannt gewordenen Fallzahlen belegen. Das ist kein Grund, paranoid zu werden. Vorsicht und gesundes Misstrauen sind jedoch das Gebot der Stunde, wenn es um die Einschätzung der Risiken für das eigene Unternehmen geht.

Risiken erkennen

Investitionsentscheidungen in Unternehmen sind in der Regel zahlengetrieben. In Kapitel 1 habe ich bereits auf das Problem hingewiesen, einen Return on Investment (RoI) für eine Investition in Unternehmens- beziehungsweise IT-Sicherheit zu ermitteln. Auch bei der Einschätzung von Risiken dominieren naturgemäß Zahlen und Formeln.

Ganz allgemein betrachtet, ist Risiko eine Kombination von Folgen eines Gefahrenereignisses mit der damit verbundenen Wahrscheinlichkeit des Eintretens. Anders ausgedrückt: Man ermittelt einen Erwartungswert des eintretenden Schadens und stellt diesem die Kosten für die Abwehr der Bedrohung gegenüber. Sind nun die Kosten für Sicherheitsmaßnahmen geringer als die erwartete Schadenshöhe, lohnen sich die Maßnahmen – so weit die Theorie. Zahlengetriebene Analysten übersehen allerdings gerne, dass die Ausgangslage alles andere als klar ist, sprich, dass die in derartige Berechnungen einfließenden Daten alles andere als valide sind, sondern im besten Fall Näherungen an die Realität darstellen. Ebenfalls übersehen wird häufig, dass nicht nur finanzielle und zeitliche Verluste die Schadenshöhe definieren, sondern unter Umständen auch Reputationsverluste eine große Rolle spielen. Die Bewertung dieser Sekundärrisiken ist dabei äußerst problematisch.

Nehmen wir als einfaches Beispiel für die Bewertung von Risiken – losgelöst vom Spionagethema – das Dilemma eines Tankstellenbesitzers: Aus der amtlichen Polizeistatistik weiß er, dass das Risiko eines Überfalls auf seine Tankstelle bei 10 Prozent pro Jahr liegt, bei einem durchschnittlichen Schaden von 10 000 Euro pro Überfall. Ein Schutzsystem darf nun maximal 1 000 Euro pro Jahr kosten – wenn man erwarten kann, dass dieses System das Überfallrisiko auf null senkt. Sinkt dieses Risiko jedoch nur um die

Hälfte, also auf 5 Prozent, dürfen die Sicherheitsmaßnahmen jährlich nicht mehr als 500 Euro kosten, damit sie sich rechnen.

Bereits dieses extrem vereinfachte Beispiel macht deutlich, wie schwierig solche Berechnungen sind: Woher wissen wir beispielsweise, was ein Überfall tatsächlich kosten wird? Welche der möglichen Effekte beziehen wir in unsere Überlegungen ein und sind in unserer Annahme einer Schadenssumme in Höhe von 10 000 Euro enthalten? Zu berücksichtigen wären etwa folgende Punkte: geraubter Geldbetrag, gestohlene Waren, verlorene Zeit, verringerter Umsatz, erhöhter Krankenstand bei traumatisierten Mitarbeitern et cetera. Zudem sind die Nebenwirkungen der Sicherheitsmaßnahme noch nicht beziffert: Wen schrecken wir als Kunden durch die neuen Sicherheitsmaßnahmen ab, wie wirken sich diese auf die Mitarbeiter und ihr Arbeitsverhalten aus und so weiter? Gut lassen sich derartige Effekte bei Tankstellen beobachten, die als Gegenmaßnahme gegen Diebstähle und Überfälle Nachtschalter eingeführt haben, bei denen der Kunde an einer Art Sicherheitsschleuse seine Transaktion vornimmt. Die Folge sind deutlich reduzierte Umsätze im Shop – ausgerechnet dem Bereich, der eine verglichen mit dem Treibstoffverkauf hohe Umsatzrendite bringt.

Dieses Beispiel verdeutlicht bereits das grundlegende Problem. Die Bewertung der Risiken von Industriespionage, insbesondere Cyberspionage, ist noch ungleich schwerer. Wie bereits erwähnt, gibt es allen Studien zum Trotz keine wirklich validen Erkenntnisse über tatsächlich erfolgreiche Angriffe. Noch weniger Daten stehen zur Verfügung, um den Erfolg von Gegenmaßnahmen zu messen. Die Angaben der IT-Sicherheitsbranche, die sonst nicht darum verlegen ist, Gefahren aufzubauschen, sind in diesem Punkt erschreckend dürftig. Wenig überraschend: Nur die Kosten der jeweiligen Sicherheitsmaßnahmen lassen sich genau beziffern.

Die rein mathematische Betrachtungsweise stößt endgültig an ihre Grenzen, wenn wir auch die möglichen Kosten von Reputationsverlusten einberechnen wollen. Wenn ein besonders großer Schaden eintritt und zudem öffentlich wird, entstehen schnell Millionenverluste, während die Wahrscheinlichkeit dafür recht niedrig ist. Bloß wie gering ist dieses Risiko: 1 zu 1000, 1 zu 10000 oder doch eher 1 zu 100, wenn man den technischen Fortschritt bei der Bedrohungslage mitberücksichtigt? Je nachdem, welchen Prozentwert man annimmt, dürften bei einem Schaden von einer Million Euro 1000, 100 oder eben doch 10000 Euro eine angemessene Investitionssumme sein, um dieses spezifische Risiko abzuwehren. Dies bedeutet natürlich nicht, dass derartige Analysen wertlos sind. Dennoch gibt es zwei wichtige Schlussfolgerungen:

- *Fallen Sie nicht auf falsche Genauigkeit herein* bei der Berechnung von Risiken. Nutzen Sie die Ergebnisse nur als ungefähre Richtlinie, nie aber als exakten Maßstab für Ihre Entscheidungen!
- *Trauen Sie keinen Analysen,* die von Anbietern und Dienstleistern aus dem Bereich Sicherheit stammen. Diese werden die Daten so interpretieren, wie es ihnen am meisten nützt!

Außerdem sollten Sie wissen, dass noch so ausgefeilte Renditeberechnungen keinerlei Bedeutung mehr haben, sobald es um die juristische Verantwortung geht. Sie müssen also unbedingt die aktuelle Gesetzeslage berücksichtigen, wenn es um die Risikovorsorge oder die Anzeige möglicher Vorfälle geht. Wenn Mitglieder der Geschäftsführung das nicht beachten, müssen sie dafür persönlich haften.

Feinde erkennen

Jenseits der zuvor diskutierten mathematischen Fragen empfiehlt es sich, individuelle Risikofaktoren zu berücksichtigen. Diese umfassen

- *branchenspezifische Risiken*, besonders in Rüstung, Raumfahrt, Mikroelektronik, Chemie, Pharma, Gentechnik oder Finanzdienstleistungen,
- *unternehmensspezifische Risiken* unter Berücksichtigung der Wettbewerbslage und der Position am Weltmarkt,
- *individuelle Schwachstellen* bezüglich der örtlichen Situation, der Umgebung und des Zielobjekts

und können unter Umständen einzelne allgemeine Risikobewertungen obsolet werden lassen, indem sie diese überlagern. Eine Schlüsselrolle spielen dabei stets der Angreifer und dessen Motive.

Die Motive der Angreifer

Wie überall, wenn es um kriminelles Verhalten geht – und um solches handelt es sich bei der Spionage mit dem Ziel, Vorteile im Wettbewerb zu erzielen –, sollte zunächst die Frage nach dem Motiv geklärt werden, bevor man geeignete Gegenmaßnahmen diskutiert.

Dominierende Triebfeder bei den meisten Akten der Spionage zulasten von Unternehmen ist meist die Suche nach finanziellen Vorteilen. Diese lassen sich auf unterschiedliche Weise erlangen. Der direkte Konkurrent sucht möglicherweise nach Details zu neuen technischen Entwicklungen oder ganz konkret die Pläne für den Marktstart eines neu entwickelten Produkts. Das Motiv ist hierbei ganz klar die Möglichkeit, den eigenen Entwicklungsaufwand zu verringern und die eigenen Marktaktivitäten passgenau auf den Wettbewerb auszurichten. Durch die Kenntnis solcher öffentlich nicht zugänglicher Informationen lassen sich erheblich Zeit und Kosten sparen.

Die Kalkulationsmechanismen oder die Kalkulation eines konkreten Angebots können ebenfalls von großem Interesse sein, etwa wenn es um die Positionierung bei einer öffentlichen Ausschreibung geht, zum Beispiel in der Flugzeugindustrie, beim Schienenverkehr oder in der Baubranche. Finanziell erfolgreich ist, wer den Auftrag gewinnt und gleichzeitig den Preisrahmen voll ausschöpfen kann. Auch Unternehmen, die keine direkten Wettbewerber sind, können von Spionen profitieren, etwa wenn sie börsenrelevante Informationen vor der Öffentlichkeit erhalten und mit diesen quasi einen Insider-Handel betreiben.

Für Spione oder den Tippgeber aus dem Unternehmen selbst, der den Angreifer mit Informationen versorgt oder einen Zugang ermöglicht, sind finanzielle Anreize ebenfalls häufig ausschlaggebend, manchmal sogar in Kombination mit anderen persönlichen Motiven. So können fehlende berufliche Anerkennung oder das Übergehen bei einer Beförderung Rachegelüste auslösen. Diese bereiten den Nährboden für einen Informationsdiebstahl oder treiben den unzufriedenen Mitarbeiter dazu, seine Arbeitskraft samt interessanten Firmeninterna der Konkurrenz anzudienen. Oftmals bedarf es sogar keines großen finanziellen Anreizes mehr.

Das Beratungsunternehmen Gallup führt regelmäßig eine Studie zur Mitarbeiterzufriedenheit der Mitarbeiter in deutschen Unternehmen durch und ermittelt daraus den sogenannten Engagement-Index – mit teilweise erschreckenden Angaben. Nach Anfang 2014 veröffentlichten Zahlen[1] haben 16 Prozent aller Beschäftigten eine hohe emotionale Bindung an das Unternehmen, 67 Prozent eine geringe emotionale Bindung und 17 Prozent keine emotionale Bindung. Gallup unterscheidet hier noch zwischen Ost und West und ermittelt für Ostdeutschland sogar 24 Prozent als Mitarbeiter ohne emotionale Unternehmensbindung, während es im Westen nur 15 Prozent sind. Anderswo ist für diesen Zustand auch von »innerer Kündigung« die Rede – ein Zustand, der empfänglich macht für Attacken von Wettbewerbern.

Keinesfalls ausschließen darf man Verhaltensweisen, die sich mit »Thrill-Seeking« beschreiben lassen à la: »Mal sehen, ob ich damit durchkomme ...« Dies würde die manchmal lächerlich geringen Summen erklären, die für die Weitergabe von Unternehmensinterna in den wenigen bekannt gewordenen Einzelfällen bezahlt wurden. Jenseits finanzieller Motive und eines möglichen Nervenkitzels sollte man außerdem eine äußerst bedenkliche Entwicklung im Auge behalten, die offenbar immer weiter um sich greift: die Sabotage von Unternehmen beziehungsweise deren Produktions- und Lieferfähigkeit. Auch hierbei stellen unzufriedene Mitarbeiter ein besonders großes Risiko dar.

Angreifer und Angriffsformen

Wird der Täter nicht vor Ort auf frischer Tat erwischt, ist es oft schwierig, dessen Identität abschließend zu klären. Die Studie *Industriespionage 2014* von Corporate Trust versuchte dem nachzugehen und fragte Unternehmen, ob es bei entsprechenden Sicherheitsvorfällen Hinweise auf die Täter gegeben habe.[2]

Streng genommen stellt »Hacker« natürlich keine Herkunftsbezeichnung dar, sondern bezieht sich lediglich auf die Form des Angriffs. Dahinter kann ein Wettbewerber, ein Mitglied einer organisierten Bande oder auch ein neugieriger Einzeltäter stecken. Die weitere Zuordnung ist dabei ein fundamentales Problem, wie oben bereits diskutiert.

	Deutschland	Österreich
Nein, keine Hinweise	43,8 %	38,2 %
Hacker	41,5 %	32,7 %
Kunden oder Lieferanten	26,8 %	23,6 %
Eigene Mitarbeiter	22,8 %	30,9 %
Dienstleister und Berater	18,3 %	16,4 %
Organisierte Kriminalität (Banden)	15,6 %	14,6 %
Konkurrierendes Unternehmen	14,3 %	18,2 %
Ausländischer Nachrichtendienst	5,8 %	7,3 %
Sonstige	3,1 %	1,8 %
Mehrfachnennungen möglich.		

Wenn man die obigen Zahlen zu Aktivitäten mit Hinweisen auf nachrichtendienstlichen Ursprung betrachtet (5,8 Prozent in Deutschland und 7,3 Prozent in Österreich), könnte man davon ausgehen, dass die Bedrohung durch Geheimdienste nicht besonders groß ist. Die Ergebnisse dieser wie auch anderer Befragungen müssen aber mit Vorsicht betrachtet werden. Schon allein die Abgrenzung zwischen »privater« Spionage, die von Unternehmen ausgeht, und der Beteiligung staatlicher Einrichtungen ist aus technischer und organisatorischer Sicht oft unmöglich. Insbesondere in ehemaligen Ländern des Ostblocks bestehen vielfach Verflechtungen zwischen Staat und Unternehmen, die für Außenstehende nicht transparent sind. Hier kann es sein, dass es sich bei einem Geschäftskontakt scheinbar um ein normales privates Unternehmen handelt, dieses aber in Wirklichkeit einer staatlichen Organisation zurechenbar ist. In solchen Fällen bleibt man also auf Vermutungen angewiesen, die Gefahr ist jedoch real.

Die gleiche Studie von Corporate Trust erhob für Deutschland und Österreich den Status quo der Angriffsformen. Auf die Frage, welche konkrete Handlungen (vermutlich) stattfanden, gab es die folgende Antworten.[3] Die Prozentwerte summieren sich dabei auf mehr als 100 Prozent, da ein Angriff verschiedene Elemente beinhalten kann: Social Engineering etwa ist häufig nur der erste Schritt einer großen, differenzierten Attacke.

	Deutschland	Österreich
Hackerangriffe auf EDV-Systeme und Geräte (Server, Laptop, Tablet, Smartphone)	49,6 %	41,8 %
Abhören/Abfangen von elektronischer Kommunikation, zum Beispiel E-Mails, Fax et cetera	41,1 %	40,0 %
Social Engineering (geschicktes Ausfragen von Mitarbeitern am Telefon, in sozialen Netzwerken und Internetforen, im privaten Umfeld, auf Messen oder bei Veranstaltungen)	38,4 %	18,2 %
Bewusste Informations- oder Datenweitergabe sowie Datendiebstahl durch eigene Mitarbeiter	33,0 %	38,2 %
Abfluss von Daten durch externe Dritte (Zulieferer, Dienstleister oder Berater)	21,9 %	25,5 %
Diebstahl von IT- oder Telekommunikationsgeräten (PC, Laptop, Handy, Smartphone, Tablet)	17,4 %	18,2 %
Diebstahl von Dokumenten, Unterlagen, Mustern, Maschinen oder Bauteilen et cetera	15,2 %	16,4 %
Abhören von Besprechungen oder Telefonaten	7,1 %	5,5 %
Sonstiges	2,2 %	1,8 %

Mehrfachnennungen möglich.

Die Angaben bestätigen jedenfalls die These von der zunehmenden Bedeutung von Angriffen über das Netz. Cyberangriffe, wie Hackerangriffe auch bezeichnet werden, sind heute bereits die dominierende Angriffsmethode – mit der unangenehmen Aussicht auf weiteres Wachstum. In jedem Fall zeigen diese Zahlen, wie die Prioritäten bei der Implementierung von Maßnahmen zur Abwehr von Angriffen zu setzen sind.

Das zentrale Problem der Bewertung dieser Studien aber bleibt bestehen: Es werden nur die erkannten Attacken abgefragt. Wir müssen jedoch davon ausgehen, dass insbesondere im Bereich Cyberattacken die Mehrzahl der versuchten oder erfolgreichen Angriffe nicht oder erst Jahre später erkannt wird und sich somit in der Statistik nicht widerspiegelt. Wie einige der obigen Beispiele zeigen, ist es bei einem sogenannten Cyberangriff – das heißt einem Angriff über oder auf die Netzwerkinfrastruktur eines Unternehmens – relativ einfach, die eigenen Spuren zu verwischen und die Attacke gezielt einem Dritten in die Schuhe zu schieben.

Die Rolle staatlicher Angreifer

»Staaten haben keine Freunde, sondern Interessen.« Dieses Zitat wird verschiedenen Staatsmännern zugeschrieben, darunter Otto von Bismarck und Charles de Gaulle. Wer auch immer diesen Ausspruch getätigt hat: Er beschreibt das zwischenstaatliche Verhältnis präzise, allen Beteuerungen und Beschwörungen unseres politischen Führungspersonals von deutsch-französischer oder deutsch-amerikanischer Freundschaft zum Trotz, um nur die zwei der gängigsten Varianten zu nennen. Diplomatisch geschliffene Wortwahl findet sich allerorten, aber wenn es um die Rolle staatlicher Angreifer bei der Spionage zulasten von Unternehmen geht, herrscht vornehme Zurückhaltung. Hinter vorgehaltener Hand wird anders gesprochen, nur selten hört man Klartext bei Fachvorträgen oder Interviews von Experten, die bei den deutschen Geheimdiensten für den Wirtschaftsschutz zuständig sind.

Als ich mich einmal beim Verfassungsschutz Nordrhein-Westfalen nach näheren Informationen erkundigte, nachdem die damalige Behördenchefin behauptet hatte, dass 96 Prozent der Fälle von Technologiediebstahl kleine und mittelständische Unternehmen beträfen,[4] erhielt ich nicht die erwünschten Details und Hintergründe, sondern wurde mit einem lapidaren Verweis auf den Verfassungsschutzbericht und andere Publikationen abgespeist. Diese sind allerdings in der Regel wenig hilfreich und eher übervorsichtig formuliert. Im Zweifel helfen sie bei der Sicherung des eigenen Unternehmens nicht weiter, dafür bleiben sie viel zu sehr im Ungefähren. In der vom Bundesamt für Verfassungsschutz im März 2014 herausgegebenen Broschüre *Spionage: Sind auch Sie gefährdet?*, die sich an Unternehmen richtet, heißt es beispielsweise zur Frage, wer in Deutschland spioniert:[5]

»Heutzutage fällt es oft schwer, in der Welt der Nachrichtendienste zwischen ›Freunden‹ und ›Feinden‹ zu unterscheiden. Es kann davon ausgegangen werden, dass eine Vielzahl ausländischer Nachrichtendienste in Deutschland aktiv ist, um für sie relevante Informationen sammeln zu können. Wenn ein ausländischer Nachrichtendienst in Deutschland heimlich versucht, Informationen zu beschaffen, so spricht man von Spionage. Bei einem solchen Verdacht wird in jedem Fall die deutsche Spionageabwehr tätig. Dabei spielt es keine Rolle, von welchem fremden Nachrichtendienst die Spionage ausgeht.

Die Erfahrung hat allerdings gezeigt, dass die Nachrichtendienste bestimmter Staaten in besonderer Weise Spionageaktivitäten gegen unser Land entfalten. Eine herausragende Rolle spielen noch immer russische und chinesische Dienste.«

Auch auf die Frage, wie hoch die Gefahr von Wirtschaftsspionage ist, lautet die offizielle, glattgebügelte Sichtweise:

>»Die Aufgabenbeschreibung vieler Nachrichtendienste beinhaltet auch den Schutz bzw. die Förderung der einheimischen Wirtschaft. Insofern sind wirtschaftliche und wirtschaftspolitische Fragen gängige Bestandteile nachrichtendienstlicher Aufklärung. Zu unterscheiden ist hier zwischen

- Wissenschafts- und Technologiespionage (gerichtet auf ›Knowhow‹) auf der einen und
- Wirtschaftsspionage im eigentlichen Sinne (mit Zielrichtung Wirtschafts- und Unternehmenspolitik sowie Wirtschafts- und Unternehmensstrategien) auf der anderen Seite.

Obwohl in Deutschland immer wieder Fälle dieser Art bekannt werden, ist es oftmals problematisch, einen konkreten Knowhow-Abfluss – beispielsweise an ein ausländisches Unternehmen – unmittelbar auf einen fremden Nachrichtendienst zurückzuführen. Vielfach könnte es sich auch um sogenannte Konkurrenzausspähung, also die nicht staatlich gesteuerte Ausforschung durch ein konkurrierendes Unternehmen, handeln.

Die Gefahr, dass sensible Informationen aus einem Betrieb in die falschen Hände gelangen, ist in beiden Fällen real. Besonders innovative mittelständische Unternehmen sollten ihr Potential daher ausreichend schützen.«

Die folgenden Angaben sind, soweit öffentliche Stellen als Quellen dienen, seltene Glücksfälle, bei denen staatliche Vertreter ihr Wissen durchblicken ließen und ein paar konkrete Angaben machten.

In den meisten Fällen dominieren jedoch diplomatische Vorsicht und politische Schönfärberei die Aussagen. Immerhin wurden nach Bekanntwerden der Enthüllungen von Edward Snowden die öffentlichen Statements etwas deutlicher – bis hin zu signifikanten Verwerfungen im deutsch-amerikanischen Verhältnis.

Bei aller Empörung sollten wir uns aber an eines erinnern: Staaten waren schon immer aktiv, wenn es um die Sicherung wirtschaftlicher Vorteile auch durch unlautere Mittel ging. Zahlreiche Beispiele in diesem Buch zeigen, dass das nicht nur toleriert, sondern aktiv betrieben wurde und wird. Manchmal sind die staatlichen Einwirkungen allerdings sehr subtil, etwa wenn es um Indiens fehlende Anerkennung des internationalen Patentwesens geht – das Ergebnis ist im Prinzip das gleiche. Die folgende Aufzählung schafft deshalb einen exemplarischen Überblick über die bekannt gewordenen Aktivitäten einiger wichtiger Länder, ohne einen Anspruch auf Vollständigkeit zu erheben. Hinsichtlich der hier nicht weiter genannten Staaten darf man getrost davon ausgehen, dass nicht wenige Energie darauf verwenden, zu den technologisch und wirtschaftlich führenden Nationen aufzuschließen.

China

Seit Jahren wird besonders China mit staatlich betriebener und wirtschaftlich motivierter Spionage assoziiert, und inzwischen wird dieses Thema von offizieller Seite recht deutlich artikuliert. So fand Verfassungsschutzpräsident Hans-Georg Maaßen im Sommer 2014 ungewohnt klare Worte:[6]

>»Viele mittelständische deutsche Unternehmen sind leichte Beute. Sie können oft nur schlecht einschätzen, was ihre Kronjuwelen sind, wofür sich die Gegenseite interessiert […]

Sie treten gegen einen übermächtigen Gegner an [...] Allein der chinesische technische Nachrichtendienst hat über 100 000 Mitarbeiter.«

In anderen halboffiziellen Aussagen ist auch schon mal von mehreren Hunderttausend oder gar einer Million willfähriger Mitarbeiter die Rede, die für das wirtschaftliche Wohl Chinas spionieren. Kein Wunder, dass viele Firmen überfordert sind, sich ausreichend zu schützen.

In diesem Kontext taucht immer wieder die Einheit 61398 auf, eine mutmaßliche Spionageeinheit der chinesischen Volksbefreiungsarmee. Eine 2013 erschienene Studie der Sicherheitsfirma Mandiant machte die Gruppe für Angriffe auf 141 Organisationen, davon 115 aus den USA, in 20 Branchen seit 2006 verantwortlich. Nach Angaben des Unternehmens ist die mehrere Hundert bis mehrere Tausend Mann starke Gruppe technisch bestens ausgestattet und verfügt über eine eigene Glasfaseranbindung der staatseigenen China Telecom. Nach Einschätzungen von Mandiant ist die Einheit 61398 nur eine von mehr als 20 ähnlichen Angreifergruppen in China.[7]

Dr. Jörg Treffke von der Abteilung Verfassungsschutz im brandenburgischen Innenministerium differenzierte in einem Vortrag beim Brandenburger Dienstleistungstag am 6. September 2011 zwischen folgenden chinesischen Diensten und Zuständigkeiten mit insgesamt mehr als einer Million Mitarbeiter:

- *Ministry for State Security (MSS):* ziviler In- und Auslandsdienst
- *Military Intelligence Department (MID)* im Generalstab der Volksbefreiungsarmee: militärischer In- und Auslandsdienst
- *Electronic Interception Department (3. VBA)* im Generalstab der Volksbefreiungsarmee: elektronische Aufklärung
- *Ministry of Public Security (MPS):* nationale Polizeibehörde

Ähnliche Bewertungen zu chinesischen Spionageaktivitäten kommen auch aus den USA. Im Mai 2013 ließ das Office of the Secretary of Defence offiziell wissen, dass China mithilfe von Investments in anderen Ländern, über sogenannte Joint Ventures also, durch den Einsatz chinesischer Gaststudenten und -forscher sowie durch staatlich betriebene Industrie- und Technologiespionage die eigene Technologiekompetenz und -expertise hebe.[8] Tom Donilion, Obamas nationaler Sicherheitsberater, sah in einer Rede vor der Asia Society in New York aus dem März 2013 insbesondere die »chinesische Cyberspionage als wachsende Herausforderung für die wirtschaftlichen Beziehungen zu China«. Donilion forderte Peking auf, diese Aktivitäten zu untersuchen und einzustellen.[9]

Zunehmend werden solche Aussagen konkret und manchmal sogar öffentlich sichtbar. So beschuldigten die USA China des Hackens des Unternehmens Westinghouse im Mai 2014.[10] Und erstmals wurden 2014 fünf chinesische Staatsbürger wegen Cyberspionage angeklagt,[11] doch die Chance, auch nur eine dieser Personen tatsächlich vor Gericht zu stellen, dürfte gering sein. Dennoch gilt die Anklage als ein wichtiges politisches Signal ebenso wie die Ankündigung, chinesische Teilnehmer von der weltweit bedeutenden Hackerkonferenz Defcon auszuschließen, indem man ihnen keine Visa mehr erteilt.[12] Ob das Aussperren von Events, die vielfach live online übertragen werden, eine sinnvolle Maßnahme ist, Spionage einzudämmen, darf bezweifelt werden.

Erwartungsgemäß sind Deutschland und die USA nicht die einzigen Ziele der wirtschaftlichen Neugierde Chinas. So wird auch von Angriffen auf russische Spitzenforscher berichtet,[13] aber auch Japan ist ein wichtiges Ziel. Dort ergab im Jahr 2007 eine Umfrage unter 625 Industrieunternehmen, dass mehr als 35 Prozent Datenverluste zu beklagen hatten, wovon über 60 Prozent auf das Konto Chinas gingen.[14]

Wer sich auf die Bedrohung durch China einstellen will, muss also nicht vollständig im Dunkeln tappen. Es gibt nämlich klare Indizien, welche Branchen derzeit das besondere Interesse chinesischer Geheimoperationen finden. Dazu ist ein Blick in den aktuellen chinesischen Fünfjahresplan hilfreich, der von der Wirtschaftsprüfungsgesellschaft KPMG im Frühjahr 2011 beschrieben und dokumentiert wurde.[15] Als Schwerpunkte wurden darin benannt: neue Energien (Atomkraft, Wind- und Solarenergie), Energieeinsparung und Umweltschutz, Biotechnologie, neue Materialien (seltene Erden und hochwertige Halbleiter), neue IT (Breitbandnetzwerke, Internet-Security-Infrastruktur und Netzwerkkonvergenz), hochwertige Fertigung (Luftfahrt und Telekommunikation) und innovative Fahrzeuge (die mit sauberer Energie betrieben werden).

Russland

Das Bundesgesetz Nummer 5 der Russischen Föderation vom 10. Januar 1996 mit dem Titel »Über die Auslandsaufklärung« deklariert unmissverständlich als eines der Ziele der Nachrichtenbeschaffung, »die wirtschaftliche Entwicklung und den wissenschaftlich-technischen Fortschritt des Landes zu unterstützen«. Die Mühe eines Dementis oder einer Verschleierung der Absichten hinter diplomatischer Schönfärberei macht man sich in Russland nicht. Bis zu 400 000 Agenten sollen für Russland tätig sein, ohne dass es dafür eine Bestätigung gibt.

Auch wenn die Erfolge russischer Industrieunternehmen – Spionage hin oder her – sehr überschaubar sind, ist Arroganz völlig fehl am Platz. Besonders zu berücksichtigen ist nämlich, dass russische Informatiker in vielen Fällen eine hervorragende Ausbildung genießen und – bei noch immer der westlichen Welt hinterherhinkenden Bezahlung im legalen Gewerbe – vielfach der Versuchung erliegen, sich im cyberkriminellen Umfeld zu betätigen. In Verbindung mit den in Russland von ehemaligen Geheimdienstlern ganz offen angebotenen »Informationsbeschaffungsdiensten« ergibt dies eine potenziell gefährliche Mischung an der Grenze zwischen staatlicher und privatwirtschaftlicher Spionage.

USA

Die Enthüllungen der NSA-Aktivitäten durch Edward Snowden führten zu Verwerfungen im Verhältnis zwischen Deutschland und den USA. Stein des Anstoßes war das Abhören des Mobiltelefons von Bundeskanzlerin Angela Merkel. Weniger in der Diskussion waren und sind Spionageakte, die gegen Wirtschaftsunternehmen gerichtet sind. Einer der seltenen offenen Statements dazu ist bereits mehr als zehn Jahre alt: »Natürlich spionieren wir euch aus, weil ihr dauernd bestecht und wir nie.« James Woolsey, der ehemalige CIA-Chef wird mit diesen Worten in der *Frankfurter Allgemeinen Zeitung* vom 4. Februar 2001 zitiert. Auch andere öffentliche Äußerungen von US-Verantwortlichen legen nahe, dass man zwar Unternehmen ausspioniert – aber angeblich nur, um gegen Korruption vorzugehen.

Zur Erinnerung: Bestechungszahlungen im Ausland waren bis vor wenigen Jahren in weiten Teilen der Europäischen Union legal und teilweise sogar steuerlich absetzbar. Jeder, der im Nahen Osten, in Afrika und Russland Geschäfte gemacht hat, kann bestätigen, dass es zumindest Nachfrage nach Bestechungszahlungen gibt und dass ohne solche in vielen Fällen keine Transaktion zustande kommt. Hier die eigenen Vorstellungen von Moral und Anstand exportieren zu wollen, führt in vielen Fällen nicht zum Ziel eines erfolgreichen Vertragsabschlusses. Dennoch ist die Ansicht, nur saubere Geschäfte tätigen zu wollen, egal wo auf der Welt, natürlich nicht nur ein Thema der Amerikaner, sondern inzwischen Konsens in der gesamten westlichen Welt.

Dass sich die amerikanische Spionage gegen Unternehmen nicht notwendigerweise auf die Bekämpfung von Korruption beschränkt, zeigen einige Medienberichte, so etwa der Fall von Ferrostaal, der einen Vorgang aus dem Jahr 2003 aus Nigeria aufgreift. Dabei ging es um einen Großauftrag für Funküberwachungssysteme in Nigeria; schärfster Konkurrent war ein US-Unternehmen. Wie aus Veröffentlichungen von NSA-Unterlagen durch Edward Snowden bekannt wurde, wurde das deutsche Angebot in wesentlichen Details wie Preis, Kredithöhe, Zinssätze und Laufzeit vom amerikanischen Geheimdienst »abgefischt«. Der Auftrag ging schließlich in die USA, und Ferrostaal verlor 34 Millionen US-Dollar Umsatz.[16]

Aber nicht nur deutsche Unternehmen sind von den Aktivitäten der amerikanischen Geheimdienste bedroht. Die *New York Times* berichtete von Aktivitäten zulasten japanischer Unternehmen:[17]

»Als die Clinton-Regierung in den 1990er Jahren in hochrangigen Verhandlungen über eine Übereinkunft mit Japan steckte, verwanzte sie die Limousine des japanischen Chefunterhändlers. Zu dieser Zeit waren die Hauptprofiteure die drei großen US-Autofirmen und ein bisschen auch die Zulieferer gewesen.«

Auch Brasilien scheint von gegen Unternehmen gerichteten Spionageaktivitäten betroffen zu sein, wie die Staatspräsidentin Dilma Rousseff im September 2013 öffentlich machte.[18]

Gräbt man etwas tiefer, findet man sogar offizielle Quellen, welche die amerikanische Spionage zulasten von Unternehmen dokumentieren, zum Beispiel schon 2001 im »Bericht über die Existenz eines globalen Abhörsystems für private und wirtschaftliche Kommunikation« des Europäischen Parlaments, bei dem es um das Überwachungsnetz Echelon ging.[19] Schon damals hieß es zum Thema Wirtschaftsspionage:

»[…] in der Erwägung, dass die Nachrichtendienste der USA nicht nur allgemeine wirtschaftliche Sachverhalte aufklären, sondern Kommunikation von Unternehmen gerade bei Auftragsvergabe auch im Detail abhören und dies mit der Bekämpfung von Bestechungsversuchen begründen; dass bei detailliertem Abhören das Risiko besteht, dass die Informationen nicht zur Bekämpfung der Bestechung, sondern zur Konkurrenzspionage verwendet werden, auch wenn die USA und das Vereinigte Königreich erklären, dass sie das nicht tun […].«

Das Echelon-Programm gilt zwar als beendet, und außerdem beteuert die NSA, keine Wirtschaftsspionage zu betreiben, aber selbst wenn man den Angaben der US-Offiziellen Glauben schenken mag, steht eine Frage im Raum: Was ist mit Sublieferanten des Geheimdiensts? Denn wir erinnern uns: Auch Edward Snowden war einst Mitarbeiter einer privaten Firma, die im Auftrag der NSA tätig war, und kam relativ einfach an streng geheime Unterlagen heran. Es wäre weltfremd anzunehmen, dass nicht auch andere Mitarbeiter privater Firmen über ähnliche Zugriffsrechte verfügen, die sie auch nutzen könnten, um Erkenntnisse über Geschäftsinterna von Unternehmen aus dem Ausland ihren inländischen Klienten zukommen zu lassen. Bei der Vielzahl externer Mitarbeiter, die im Auftrag der US-Geheimdienste unterwegs sind, ist das nicht nur denkbar, sondern sogar recht wahrscheinlich. Das Problem ist einmal mehr wie sonst auch in der Informationsverarbeitung: Daten, die einmal gesammelt und gespeichert wurden, führen zu neuen Begehrlichkeiten und unter Umständen auch zu unerwünschten neuen Verwendungsformen.

Und in der Tat gibt es auch ehemalige Offizielle, die angesichts der Snowden-Enthüllungen Klartext sprechen: William Binney, der frühere Technikchef der NSA, hält die Gefahr der

Industriespionage durch den US-Geheimdienst für durchaus realistisch. Die von der NSA gesammelten Daten würden teilweise auch amerikanischen Firmen zur Verfügung gestellt, behauptete er auf einem Datenschutzkongress.[20] Edward Snowden selbst gab in einer Befragung durch das europäische Parlament Hinweise auf die wirtschaftsbezogenen Aktivitäten der NSA, ohne allerdings konkret zu werden: »Ja, globale Überwachungskapazitäten werden täglich zum Zwecke der Wirtschaftsspionage genutzt. Dass ein Hauptziel der US-Geheimdienste ist, Wirtschaftsspionage zu betreiben, ist das am schlechtesten gehütete Geheimnis in Washington.«[21]

Großbritannien

Großbritannien kooperiert eng mit der NSA und ist über seine Geheimdienste MI 6 und GCHQ ebenfalls im Sektor der Wirtschafts- und Industriespionage tätig. Medien mit Zugriff auf die von Edward Snowden bereitgestellten Dokumente berichteten von einem klaren Auftrag der englischen Geheimdienste, zum »Wohle der britischen Wirtschaft« zu spionieren. Scheinbar besteht eine Art Arbeitsteilung mit den Amerikanern, und so spionieren die Briten etwa gezielt Italien aus und teilen ihre Erkenntnisse mit den USA.[22]

Eine besondere Kompetenz scheint für die Überwachung von Social-Media-Plattformen vorhanden zu sein: Hier ist der britische Geheimdienst wohl in der Lage, das Geschehen in Echtzeit zu verfolgen und entsprechende Rückschlüsse zu ziehen.[23] Anderen Quellen zufolge sollen auch Manipulationen von Social-Media-Inhalten sowie Attacken auf Websites durch Generierung einer Vielzahl von gleichzeitigen Zugriffen, sogenannte DDoS-Angriffe (»Distributed Denial of Service«), zum Repertoire gehören[24] – ein Werkzeugkasten, der ebenfalls dazu dienen könnte, Unternehmen gezielt zu schädigen.

Bekannt wurde 2014 beispielsweise ein Fall, bei dem mehrere Telekommunikationsfirmen vom GCHQ ausgekundschaftet wurden. Wem die Angriffe genau gegolten hatten, wurde nicht öffentlich. Man geht aber davon aus, dass die Kunden des Unternehmens das eigentliche Ziel waren.[25] Die offizielle Sicht ist natürlich eine ganz andere: Nach eigenen Angaben beschränkt sich der GCHQ – ausweislich der eigenen Website – auf die Sicherung Großbritanniens vor externen Bedrohungen.[26]

Frankreich

Es gibt starke Indizien dafür, dass Frankreich Spionage mit dem Ziel betreibt, auch Unternehmen in »befreundeten« Staaten auszuspähen. Klaus-Henning Glitza schrieb bereits im Juni 2006 in einem Beitrag für *Sicherheitsmelder.de*:[27]

> »Als bei weitem aktivste und aggressivste Nachrichtendienst-Organisation in Deutschland (aber auch in den USA und Großbritannien) gilt die dem französischen Verteidigungsministerium zugeordnete, zirka 3 500 zivile und militärische Mitarbeiter umfassende Direction Générale de la Sécurité Extérieure (DGSE), die Generaldirektion für äußere Sicherheit. Der für die Nachrichtenbeschaffung im Ausland zuständige Dienst betreibt Aufklärung mit klassischen nachrichtendienstlichen Methoden, aber auch mit einer effektiven, NSA-ähnlichen fernmelde- und elektronischen Aufklärung mit einem globalen Netz von etwa 17 Bodenstationen (offiziell dem »outgesourcten« Dienst DRM unterstehend).«

Zu den Hintergründen dieses weltweiten Überwachungssystems, in Fachkreisen »French Echelon« genannt, schrieb das französische Wochenmagazin *Le Point*:

»Die Ergebnisse dieses Abfangens – es ist keinen internationalen Gesetzen unterworfen – werden den Vorstandsvorsitzenden einiger Dutzend Unternehmen als vertrauliche Nachricht überlassen.«

Auch andere Autoren haben Hinweise auf Spionageaktivitäten von offizieller Seite gefunden:[28]

»1990 eröffnete die DGSE die neue ›Spezialabteilung Nr. 7‹, die Abteilung ›Großaufträge für andere Staaten‹. In dieser Abteilung sind mehr als 20 Fachleute der DGSE damit beschäftigt, über die rund tausend wichtigsten Industriebosse der Welt so viele Informationen wie möglich zu bekommen, mit denen man bei Auftragsvergaben entweder Eindruck schinden kann oder notfalls auch den Hebel im Hinblick auf eine Erpressung ansetzen könnte. Persönliche Vorlieben, Einkommensverhältnisse und Hobbys werden von ihnen ebenso gesammelt wie die Namen und Adressen ihrer Geliebten.«

Es gibt nur wenige Primärquellen, und vieles von dem, was berichtet wird, bleibt im Düsteren bloßer Vermutungen. Gegenstand vielfacher Berichterstattung ist jedoch ein Kuriosum: eine Fortbildungseinrichtung für Wirtschaftsspione beziehungsweise Spionageschule oder École de guerre économique (Schule für den Wirtschaftskrieg). Geheim ist diese allerdings nicht: Die École betreibt eine offizielle Website unter www.ege.fr, die seit Kurzem sogar mehrsprachig angelegt ist. Dort ist die Rede von einer Competitive-Intelligence-Ausbildung, die allerdings über traditionelle Methoden hinausgeht. Möge sich jeder selbst ein Bild von dieser Einrichtung machen.

Deutschland

Sie mögen sich vielleicht fragen, was Deutschland in dieser Aufzählung zu suchen hat. Offiziell ist die Linie klar: Deutsche Geheimdienste betreiben keine »Aufklärung« in Diensten der Wirtschaft – so stellt sich unisono das Bild dar, das in der Öffentlichkeit gepflegt wird. Der deutsche Michel, so wird vielfach von Kommentatoren in den Medien beklagt, sei einfach zu »treudoof«, um genauso skrupellos auf den Vorteil der eigenen Nation bedacht zu agieren wie der Rest der Welt.[29] Andere Stimmen erkennen hierin eher eine unausgesprochene Weltsicht, die davon ausgeht, dass man in vielen Kernbranchen technologisch ohnehin weiter sei als der Rest der Welt und daher auf eine aktive Spionage verzichten könne.

International gibt es allerdings auch ganz andere Ansichten zu den deutschen Spionageaktivitäten. So erschien 2005 ein Buch mit dem vielsagenden Titel *Spies Among Us. How to Stop the Spies, Terrorists, Hackers, and Criminals You Don't Even Know You Encounter Every Day*, verfasst vom ehemaligen NSA-Analytiker Ira Winkler. Dort heißt es:[30]

> »Obwohl es die US-Regierung in der Regel nicht offen sagt, ist Deutschland weithin bekannt dafür, zu den aktivsten Ausspähern der Welt zu gehören. Deutschland betreibt einen sehr großen Geheimdienst, genannt Bundesnachrichtendienst (BND). Obwohl dessen Hauptaugenmerk der Ostblock war, hat der BND schon immer signifikanten Aufwand für Industriespionage betrieben. Nach dem Zerfall des Ostblocks verlagerte er die meisten seiner Ressourcen aus dem Kalten Krieg hin zu wirtschaftlichen Anstrengungen.«

Im Buch wurde weiterhin behauptet, dass sich der BND sehr aktiv um Informationen bemühe, die deutschen Unternehmen nützlich sein könnten. Siemens werde beispielsweise unterstützt, indem man Hightech-Unternehmen auf der ganzen Welt infiltriere. Laut Winker verfüge der BND ähnlich wie der französische DGSE[31] über einen starken Computer-Hacking-Bereich mit dem Ziel, sich in Computernetze zu hacken und Systeme der weltweiten IT-Infrastruktur zu kompromittieren. Angeblich existiere dieser Bereich, der auch als »Projekt Rahab« bekannt sein soll, seit den Neunzigerjahren. Außerdem behauptete Winkler, dass der BND das internationale SWIFT-Zahlungssystem infiltriert habe und seine Kapazitäten wahrscheinlich auch verwende, um Informationen von privaten Unternehmen zu stehlen.

Inwieweit diese Einschätzung valide ist, muss an dieser Stelle offenbleiben, handelt es sich doch um eine mehr oder weniger singuläre Meinung. Gut denkbar, dass politische Gründe bei der Veröffentlichung dieses Texts eine Rolle gespielt haben. Wie dem auch sei: Eine Einschätzung des Aktivitätsgrads und der Professionalität der deutschen Geheimdienste verbietet sich aufgrund der löchrigen Faktenlage.

Kooperationen

Wenig transparent ist ein anderer wichtiger Bereich der Geheimdienstarbeit: die Kooperation der Dienste untereinander. Dabei spielt in Deutschland der Bundesnachrichtendienst eine exponierte Rolle. So wurde 2014 bekannt, dass der BND mindestens zwischen 2004 und 2007 Daten an die NSA weitergab, die er am Frankfurter Internetknoten abgefangen hatte.[32] Versucht man jedoch die Tätigkeiten der staatlichen Spione nachzuvollziehen, hat man es häufig mit Aussagen zu tun, bei denen jedes Wort auf die Goldwaage gelegt wurde.

So erklärte im Sommer 2013 der Geschäftsführer der Betriebsgesellschaft des Frankfurter Internetknotens DE-CIX – des nach eigenen Angaben zweitwichtigsten Internetknotens der Welt – im Gespräch mit der *Leipziger Volkszeitung* rundheraus: »Wir können ausschließen, dass ausländische Geheimdienste an unsere Infrastruktur angeschlossen sind und Daten abzapfen.«[33] Internetknoten wie der DE-CIX sind deswegen so wichtig, weil die Provider dort untereinander Daten austauschen, das heißt, das sogenannte Peering durchführen. Aus Sicht einer Organisation, welche den Datenverkehr im Internet breitestmöglich abhören will, sind derartige Knotenpunkte ideale Stellen zum Mitlauschen.

Ob es tatsächlich erforderlich war, den BND dabei um Hilfe zu bitten, oder eher doppelt gemoppelt, ist umstritten. Denn viele der am DE-CIX vertretenen internationalen Provider wie Level 3, Verizon, BT, Vodafone, Global Crossing, Viatel und Interoute unterstützten ohnehin den britischen Geheimdienst GCHQ beim Ausspähen ihrer Kunden.[34] Und dass der GCHQ ein besonders inniges Verhältnis zur NSA pflegt, ist spätestens seit den Snowden-Enthüllungen hinreichend bekannt.

Zurechenbarkeit von Attacken

Wer war es wirklich? Wer trägt die Verantwortung für einen Angriff? Die Antwort fällt dann leicht, wenn sich beweisen lässt, wo die gewonnenen Informationen verwendet werden, oder wenn ein Dieb auf frischer Tat ertappt wird. Bei elektronischen Angriffen über das Internet fällt die Antwort jedoch oft schwer oder ist gar unmöglich. Wird also ein Angriff entdeckt, ist es Aufgabe von IT-Forensikern, entsprechende Spuren zu sichern. Aber selbst wenn zahlreiche Indizien auf eine bestimmte Herkunft deuten, etwa die IP-Adresse, die Sprache des Quellcodes oder die Uhrzeit der Attacke, ist noch längst nicht ausgemacht, woher die Angriffe tatsächlich kommen. Geschickte Angreifer können beinahe beliebig falsche Fährten legen und einen Angriff aus China oder Russland vortäuschen, tatsächlich aber von Grönland oder Südafrika operieren. Der *Christian Science Monitor* widmete sich bereits 2010 diesem Problem anlässlich massiver Angriffe auf die amerikanische Ölindustrie, die scheinbar China als Ausgangspunkt hatten:[35]

>»Der Durst nach Öl ist noch kein Beweis, dass ein Land Unternehmen ausspioniert. Selbst die Erkenntnis, dass Daten […] nach China geflossen sind, ist kein Beweis, sondern kann auch durch die Spionageeinheit eines Drittlands veranlasst sein, das chinesische Server benutzt, um die eigenen Spuren zu verwischen. […] Es wird schwierig bis unmöglich sein, jemals festzustellen, wer tatsächlich hinter den Angriffen steckt.«

Zu einer vergleichbaren Einschätzung der Lage kommen Experten auch in anderen Fällen, in denen über das Internet spioniert wurde. Beispielhaft seien an dieser Stelle die massiven Cyberangriffe auf das Deutsche Zentrum für Luft- und Raumfahrt (DLR) erwähnt, bei denen Trojaner für verschiedene Betriebssysteme zum Einsatz kamen:[36]

>»IT-Forensiker des Bundesamts für Sicherheit in der Informationstechnik (BSI) entdeckten im Code einiger Trojaner chinesische Schriftzeichen und wiederkehrende Tippfehler, die auf Angreifer aus Fernost hindeuten.«

Dennoch hatte man nicht mehr als Indizien, und mit dem Fall vertraute Experten halten Angriffe aus den USA für ebenso denkbar.

Gefahren erkennen, aber wie?

Die in den vorherigen Kapiteln geschilderten Beispiele zeigen die Vielfalt von Angriffsmustern. In vielen Fällen ist es aber meist schon zu spät, wenn ein Angriff auffällt: Ein Großauftrag ist dann vielleicht schon längst an einen Wettbewerber gegangen. Es gibt jedoch zahlreiche Warnsignale, die zwar nicht garantieren, dass eine Gefahr rechtzeitig erkannt wird, aber in vielen Fällen liefern sie die richtigen Hinweise. Typische Warnsignale sind zum Beispiel:

- *Verlorene Aufträge:* Das Unternehmen beteiligt sich an einer Vielzahl von Ausschreibungen und bemerkt eine rückläufige Zuschlagsquote.
- *Ungeklärte Einbrüche:* In die Firmenzentrale, eine Filiale oder ein Home-Office wurde eingebrochen, es wurde aber anscheinend nichts entwendet.
- *Unangefordertes Servicepersonal:* Wartungstechniker, Handwerker oder Servicemitarbeiter kommen auf das Firmengelände, ohne angefordert zu sein.
- *Bohrstaub:* Es findet sich Staub, wie er beispielsweise beim Bohren in Wänden, Decken oder Böden entsteht, aber es ist unklar, woher dieser stammt.
- *Unaufgeräumtes Werkzeug:* Service- oder Reparaturwerkzeuge liegen in den Büros wichtiger Mitarbeiter auffällig lange herum.
- *Parkende Fahrzeuge:* Neutrale Lieferfahrzeuge und Vans parken ungewöhnlich lange in unmittelbarer Nähe des Betriebsgeländes oder eines Wohngebäudes von Geschäftsleitung oder wichtigen Mitarbeitern.
- *Unerwartete Geschenke und Gewinne:* Mitarbeiter erhalten unerwartet Geschenke, die entweder für den Betrieb am PC vorgesehen sind, zum Beispiel eine Computermaus, ein USB-Hub oder eine Webcam, oder die einen Stromanschluss benötigen, zum

Beispiel einen Radiowecker oder eine Steckdosenleiste. Gleiches gilt für angebliche Gewinne in Preisausschreiben, an denen niemand teilgenommen hat.

- *Überraschende Funde:* Mitarbeiter finden USB-Sticks auf dem Parkplatz oder anderswo.

- *Offene Geheimnisse:* Unternehmensinterna und Entwicklungsaktivitäten werden Dritten bekannt, die davon keine Kenntnis haben sollten.

- *Überraschende Gäste:* Bei geheimen Verhandlungen in abgelegenen Hotels oder an anderen Treffpunkten finden sich unerwartet fremde Personen ein.

- *Verschwundene Geräte:* Laptop, Smartphone oder Tablet finden sich nach kurzer Abwesenheit, insbesondere auf Reisen, nicht mehr am exakt gleichen Platz wieder oder sind temporär verschwunden.

- *Leere Akkus:* Der Akku eines Mobilgeräts entleert sich schneller als üblich.

- *Langsame Computer:* Ein Computer reagiert langsamer als erwartet auf Tastatureingaben oder Programmaufrufe.

- *Merkwürdige Dateianhänge:* Mitarbeiter erhalten von einem vermeintlich bekannten Kontakt eine E-Mail mit einem Anhang. Beim Öffnen dieses Anhangs tut sich scheinbar nichts, das vermeintliche Dokument wird nicht angezeigt oder enthält nicht das Versprochene.

- *Offene Türen:* Das Türschloss fühlt sich anders an als gewöhnlich oder ist unverschlossen, auch wenn es vor Verlassen des Raums ganz sicher abgeschlossen wurde.

Jede Änderung der Umgebung in kleinen, aber wichtigen Details kann auf Attacken auf Ihr Unternehmen hindeuten. Aber nicht immer gibt es dabei eindeutige Warnsignale, siehe insbesondere das Beispiel von Nortel (s. Seite 109).

Risiko Mitarbeiter

Mitarbeiter – ob als Drahtzieher oder Handlanger von Dritten – sind an einem signifikanten Teil aller Spionagevorfälle beteiligt, manche Untersuchungen gehen sogar von bis zu 70 Prozent aller Vorfälle aus, während andere »nur« von 20 Prozent sprechen. Diese Tatsache sollten Sie bei Ihren Sicherheitsmaßnahmen unbedingt berücksichtigen.

Das Landesamt für Verfassungsschutz Bayern (LfV) hat drei Kategorien von Mitarbeitern klassifiziert, die ein besonders hohes Risiko für Unternehmen darstellen: Praktikanten, frustrierte Mitarbeiter sowie gekündigte Mitarbeiter, die während der Kündigungsfrist im Unternehmen bleiben.[37]

Die erste Gruppe sind Praktikanten, die sensible Daten sammeln, während sie ihr Praktikum ableisten, und die diese Daten gleichsam als Mitgift zu einem Mitbewerber mitnehmen, bei dem sie sich um eine Festanstellung bemühen. Das LfV empfiehlt deshalb, nur streng begrenzte Zugriffsrechte auf Unternehmensdaten zu erteilen und den Zugang zu wichtigen Daten nur unter Aufsicht zuzulassen. Die zweite Gruppe betrifft Mitarbeiter, die sich bei der Arbeit übergangen fühlen oder unzufrieden sind. Nach LfV-Angaben ist oft zu beobachten, dass diese sensible Daten mitnehmen, um damit bei einem Konkurrenzunternehmen anzuheuern. Hier greifen nur grundlegende Maßnahmen der Mitarbeiterführung.

Eine letzte als problematisch identifizierte Gruppe sind gekündigte Mitarbeiter, die während der Kündigungsfrist noch im Unternehmen verweilen. Auch hier werden immer wieder Zugriffsrechte ausgenutzt, um wichtige Daten als »Mitbringsel« zum nächsten Arbeitgeber mitzunehmen. Das LfV empfiehlt aus diesem Grund, im Falle einer Kündigung die Zugriffsrechte sofort zu beschränken beziehungsweise aufzuheben und den Mitarbeiter notfalls sogar ganz von seiner Arbeit freizustellen. Alternativ sollte man ihn in einem Bereich einsetzen, wo er keinen Zugriff auf sensible Unternehmensdaten hat. In amerikanischen Filmen ist es oft zu sehen: Gekündigte Mitarbeiter haben, gar unter Aufsicht des Sicherheitsdiensts, nur wenige Minuten Zeit, ihre privaten Sachen zu packen und das Gelände zu verlassen. Dies ist eine Praxis, die unter Umständen gute Gründe hat und die hierzulande im Einzelfall, insbesondere in sicherheitsrelevanten Bereichen, sinnvoll sein kann.

Risiko Internationalität

Informationssicherheit darf nicht an Firmen- oder Landesgrenzen haltmachen. Insbesondere international tätige Unternehmen müssen sich bewusst machen, dass Informationsverluste bei ausländischen Niederlassungen, Konzerngesellschaften oder Geschäftspartnern nicht nur denkbar sind, sondern oft genug vorkommen – schlicht, weil eine vergleichbar hohe Mitarbeiter- und Partnerloyalität nicht vorausgesetzt werden kann.

Aber auch Unternehmen, die ausschließlich in ihrem Heimatland tätig sind, sollten sich ihre Dienstleister unter dem Gesichtspunkt eines möglichen Informationsabflusses genau ansehen. Das gilt bei der Auswahl von Rechts- und Steuerberatungskanzleien ebenso wie bei der Auswahl von IT-Dienstleistern und IT-Services wie Cloud-Computing.

Risiko zielgerichteter Attacken

Analysiert man Sicherheitsvorfälle, bei denen es zu Cyberspionage kam, so stößt man zunehmend auf ein Muster, das Sicherheitsforscher als APT (»advanced persistant threat«) bezeichnen. Hiermit sind Angriffsmuster gemeint, die sich gezielt an einzelne Personen oder Mitarbeitergruppen richten und diese beispielsweise in einer E-Mail auffordern, auf einen Anhang zu klicken oder eine bestimmte Website anzusurfen. Im Unterschied zu den gängigen Spammails, die gefälschte Telefonrechnungen oder andere Lästigkeiten mitbringen, kommen derartig individualisierte Bedrohungen scheinbar von direkten Kontakten und haben meist auch einen persönlichen Bezug. Die Interessenlage des Opfers wurde dabei zuvor ausgespäht – nicht selten anhand ihrer Social-Media-Aktivitäten.

Der Sicherheitsanbieter Fireeye beschreibt das Risiko in seinem *Fireeye Advanced Threat Report*:[38] Demnach steigt die Zahl derartiger Schadsoftware, die herkömmliche Sicherheitssysteme umgeht, stark an. Die Angriffsvolumina unterscheiden sich dabei substanziell je nach Branche, mit den höchsten Zuwächsen in den Bereichen Gesundheitstechnologie und Energie. Um traditionelle Sicherheitsmaßnahmen zu überlisten, werden zunehmend »Limited-Use-Domains« verwendet, das heißt, dass der Angriff auf einen nur temporär genutzten Server geleitet wird, von dem die Schadsoftware heruntergeladen wird. Besonders bedenklich ist das Wachstum der Infektionen: Vom ersten Halbjahr 2011 zum ersten Halbjahr 2012 verzeichnete Fireeye einen Anstieg von fast 400 Prozent.

Know-how schützen

Welche Informationen sind wirklich wichtig für Ihr Unternehmen, und welche dürfen keinesfalls in die Hände eines Wettbewerbers fallen? Mögliche Beispiele sind Kundenlisten, Produktionsprozesse, Konstruktionspläne, Entwicklungsunterlagen, Marketingpläne, Personalakten, Finanzdaten, Kalkulationsschemata, vertrauliche Finanzdaten, Rechnungsdaten et cetera. Ein wesentliches, dennoch oft übersehenes Anliegen bei der Absicherung von Unternehmensinterna gegenüber dem unbefugten Zugriff Dritter sollte die Festlegung des tatsächlichen Schutzbedarfs sein. Konkret bedeutet das: Die Informationen, deren Verfügbarkeit, Vertraulichkeit und Integrität (Unveränderlichkeit) geschäftskritisch sind, müssen separat behandelt werden.

Dies ist eine Vorstellung, die zunächst herkömmlichen Vorstellungen von Unternehmenssicherheit zuwiderläuft. Traditionelle Modelle unterscheiden zwischen innen und außen und versuchen, diese Grenze technisch abzusichern. In der Fachwelt spricht man auch von »Perimeter-Security«. Bei der klassischen »Campus-Security« gehören Türen, Mauern und Zäune zu den wesentlichen Elementen der Perimeter-Security, im Bereich der IT-Sicherheit versucht man mittels Firewalls und Antivirensoftware, die Kontrolle über die Grenze zu behalten. Es ist ein Kampf, der mit herkömmlichen Mitteln zumindest im Bereich der IT-Sicherheit kaum noch zu gewinnen ist.

Das hat auch mit der zunehmenden räumlichen Zerfaserung von Unternehmen zu tun: Immer mehr Mitarbeiter arbeiten nicht mehr an einem einzigen festen Standort, sondern in einer Filiale, zu Hause oder unterwegs. Zugleich wird mit vielfältigen Geräten auf Unternehmensdaten zugegriffen, die nicht mehr allein der Kontrolle des Unternehmens unterliegen, sondern oft auch privat genutzt werden. Darüber hinaus erhalten Dienstleister oder externe Mitarbeiter immer häufiger Zugriff auf bestimmte Unternehmensdaten. Auch bestimmte Dienste, etwa Cloud-Computing, bedingen eine zumindest teilweise Öffnung nach außen. De facto wird es damit fast unmöglich, überhaupt noch irgendeine sinnvolle Außengrenze zu definieren, die es zu verteidigen gilt.

Die Bedrohungslage wird somit immer kritischer, zumal selbst die Anbieter von Sicherheitssoftware inzwischen öffentlich Zweifel an der Leistungsfähigkeit ihrer eigenen Systeme hegen. Besonders deutlich wird das, wenn selbst eine Branchengröße wie Symantec öffentlich eine Aussage trifft, die noch vor Kurzem völlig unvorstellbar war: »Antivirus is dead« – Antivirensoftware ist tot und hat ihre Existenzberechtigung verloren. Was steckt dahinter? Es ist die simple Erkenntnis, dass herkömmliche Antivirensoftware es nicht mehr schafft, in immer kürzeren Zeiträumen immer neue Varianten von Computerviren abzuwehren.

Der Sicherheitsexperte Brian Krebs beschreibt in seinem Blog Details einer inzwischen hoch arbeitsteiligen Cybercrime-Branche, in der ein automatisiertes Testen von neu erstellter Schadsoftware gegen gängige Antivirensoftware üblich ist und in der so lange am »Produkt« optimiert wird, bis dieses unerkannt sein Unwesen treiben kann.[39] Das Nachsehen haben die Anbieter von Antivirensoftware und besonders deren Kunden, die mit stark zurückgehenden Erkennungsraten und immer höheren Risiken rechnen müssen.

Die Mitarbeiter selbst sind dabei keine große Hilfe, lehrt doch die Erfahrung, dass diese willfährig gerne auf E-Mail-Anhänge klicken, allen Warnungen vor gefälschten Mails zum Trotz. Anders gesagt: Ein Sicherheitsexperte im Unternehmen ist gut beraten, wenn er sich auf diese Situation einstellt und davon ausgeht, dass sich Angriffe nicht zuverlässig an der Grenze abwehren lassen.

Technisch hilfreich können Systeme sein, welche den internen Netzwerkverkehr überwachen und bei Abweichungen von den üblichen Mustern Alarm schlagen. Einige Beispiele in diesem Buch deuten darauf hin, dass man damit in vielen Fällen Datenabflüsse, wenn schon nicht vorab verhindern, so doch erkennen und stoppen kann. Eine zufriedenstellende Antwort auf die Frage nach dem Schutzbedarf ist das jedoch nicht, und deshalb brauchen wir einen vollkommen neuen Angang des Problems. Es gilt zunächst zu akzeptieren, dass IT-Sicherheit vor dem Hintergrund der universellen Vernetzung und der Entwicklung von Schadsoftware mit immer neuen Angriffsmustern nicht hundertprozentig gewährleistet werden kann.

Da aber beinahe jedes Unternehmen über vertrauliche Interna verfügt, die es unter allen Umständen zu schützen gilt, kann die Antwort nur lauten, diese aus dem unternehmensüblichen Umgang mit Daten herauszulösen und separat zu behandeln. In der Praxis betrifft das rund 3 bis 5 Prozent aller Dokumente, Materialien und Informationen.

Für ein Bauunternehmen kann es beispielsweise die Kalkulationsbasis sein, die besonders schützenswert ist, während die Verfahren, Maschinen und Personalressourcen in ähnlicher Weise ohnehin der Konkurrenz zur Verfügung stehen und keine Differenzierung erlauben. Diese Kalkulation kann man nun auf separaten Rechnersystemen, die weder direkt noch indirekt mit dem Internet verbunden sind, laufen lassen. Die Kalkulationsergebnisse – die erstellten Angebote und Listen – lassen sich dann lokal ausdrucken und per Boten im versiegelten Umschlag persönlich an den Adressaten ausliefern. Eine derartige Vorgehensweise erhöht das Sicherheitsniveau für diesen unternehmenskritischen Bereich enorm – zu vertretbaren Kosten, wenn man typische Projektgrößen im Baugewerbe in Relation setzt. Vergleichbare Modelle lassen sich auch für andere Branchen beziehungsweise Unternehmen und deren individuellen Schutzbedarf vorsehen.

Zuverlässiger Schutz entsteht aber nicht allein durch technische Maßnahmen, die de facto auf eine Netz- oder Systemtrennung hinauslaufen. Ebenso wichtig ist es, Mitarbeitern in sensiblen Bereichen nur Zugriff auf solche Informationen zu erlauben, die sie zur Erfüllung ihrer Aufgaben unbedingt brauchen. Die Verteilung des Wissens auf mehrere Köpfe, ohne dass Einzelpersonen einen vollständigen Überblick über alles erhalten, und das Begrenzen der Zugriffsmöglichkeiten auf das erforderliche Maß sind wesentlich, zum Beispiel bei sensiblen Forschungsvorhaben und Patententwicklungen. Es versteht sich dabei von selbst, dass alle Mitarbeiter, die in sicherheitskritischen Bereichen arbeiten, nur nach einer genauen Sicherheitsüberprüfung tätig werden dürfen.

In gewisser Weise laufen diese Empfehlungen dem zuwider, was in den letzten Jahren im Rahmen von Social Media propagiert wurde: Dort war und ist stets von Öffnung die Rede: mehr internem Zugriff, mehr Dialog, mehr Offenheit und mehr Transparenz. Eine vernünftige Social-Media-Strategie sollte aber in jedem Fall das Schutzbedürfnis des Unternehmens aufgreifen und differenziert behandeln. Erfreulicherweise widmen sich inzwischen zahlreiche Social-Media-Richtlinien diesem notwendigen innerbetrieblichen Spannungsfeld. Ich habe mehr als 50 Social-Media-Guidelines renommierter Unternehmen analysiert und dabei verschiedene Modelle für unterschiedliche Schutzbedürfnisse aufgestellt.[40] Die Erkenntnis daraus: Es ist möglich, mehr Sicherheit im Kern-Know-how herzustellen und zugleich offener im Gesamtkontext zu sein. Voraussetzung dafür ist eine enge Zusammenarbeit von IT-Sicherheitsbeauftragten und Social-Media-Verantwortlichen.

Standortbezogene Schutzmaßnahmen

Bei allen begründeten Befürchtungen und daraus resultierenden Schutzmaßnahmen rund um die Netzwerksicherheit darf die klassische Sicherung des Betriebsgeländes keineswegs vernachlässigt werden. Darunter fallen im Wesentlichen:

- *Bauliche Zugangssicherung:* Zäune, Tore, Türen und Schlösser
- *Autorisierung für Zugänge:* Wachdienst und Empfang

- *Gebäude und Geländeüberwachung:* Videokameras und Wachdienste
- *Abfallbeseitigung:* hochwertiger Aktenvernichter für Papierabfälle, dauerhafte Vernichtung von Datenträgern et cetera
- *Schaffung und Betreuung besonders gesicherter Einrichtungen:* abhörsichere Konferenzräume

Diese Maßnahmen sollten eigentlich selbstverständlich sein, denn ohne sie nützen auch die besten IT-Sicherheitsmaßnahmen wenig.

Organisatorische Schutzmaßnahmen

Organisatorische Maßnahmen betreffen alle Vorgaben, die seitens der Unternehmensleitung zum Schutz vor Spionage getroffen werden. Ein wichtiger Aspekt sind dabei Besucherregelungen. Dabei sind verschiedene Abstufungen und Kombinationen denkbar.

Grundsätzlich empfehlenswert ist, Besucher nie unbeaufsichtigt auf das Firmengelände oder in das Gebäude zu lassen. Sinnvoll ist darüber hinaus ein grundsätzliches Verbot, Besucher in die Büros vorzulassen: Diese sollten sich nur in bestimmten Besprechungsräumen und abgetrennten Gebäudeteilen bewegen dürfen. Denn auch ein Besucher, der in einem Büro nur ganz kurz unbeaufsichtigt ist, kann erheblichen Schaden stiften, wenn er die Gelegenheit nutzt, auf möglicherweise herumliegende Unterlagen zuzugreifen, IT-Systeme zu attackieren oder eine Wanze zu installieren. In gleicher Weise sollten auch Fremdarbeiten auf dem Gelände beaufsichtigt werden. Wenig praktikabel ist es allerdings, das Reinigungspersonal zu begleiten; doch zumindest in Hochsicherheitsbereichen sollte der Werksschutz die Reinigungsarbeiten überwachen. Ergänzen lassen sich die Vorgaben noch mit Sicherheitshinweisen beziehungsweise vertraglichen

Vereinbarungen gegenüber Lieferanten und Dienstleistern: Selbst wenn nur in den seltensten Fällen ein direkter Durchgriff möglich ist, so ist alleine die Abstimmung einer derartigen Vereinbarung ein wichtiges Signal an das Gegenüber.

Für Besucher wie für Mitarbeiter sollten differenzierte Zutrittsregelungen für gefährdete Unternehmensbereiche gelten. Ebenso ist es dringend notwendig, Mitarbeiter in besonders schützenswerten Bereichen nur nach dem Grundsatz von »Need-to-know« Zugriff auf Informationen zu gewähren. Eigene Richtlinien sind darüber hinaus für Marketing und Vertrieb notwendig, da diese Gruppen besonders häufig frühzeitig mit neuen Entwicklungen in Berührung kommen, aber meist weniger sensibel für Gefahren sind als Mitarbeiter der Entwicklungsabteilung.

Eine weitere Sicherheitsmaßnahme kann der Verzicht auf die Annahme von Werbe- und Gastgeschenken und Dekorationselemente sein. Auch das Mitbringen und Verwenden von privaten elektronischen Geräten, insbesondere Kameras und Smartphones, bedarf einer Regelung. Darüber hinaus empfiehlt es sich, für Geschäftsreisen zu regeln, wie mit Telefonaten und der Nutzung von Notebooks oder Tablets im öffentlichen Raum umzugehen ist. Hier gilt im Zweifel: Gespräche in Zug, Flugzeug, Lounge und anderen (halb)öffentlichen Bereichen mit zahlreichen Anwesenden sind unbedingt zu vermeiden, und vertrauliche Inhalte auf dem Computer dürfen nicht in der Öffentlichkeit gezeigt werden, auch nicht beim Einsatz von sogenannten Screenfiltern. Vorsicht ist zudem geboten bei Taxis und Mietwagenfahrten: Möglicherweise ist das bestellte Fahrzeug präpariert oder der Fahrer von der Konkurrenz entsprechend instruiert.

Insbesondere bei Auslandsreisen sollten zusätzliche Vorsichtsmaßnahmen erwogen werden und beispielsweise nur das Nötigste an Datenbeständen mitgenommen werden. Ich nutze bei meinen Reisen ins Nicht-EU-Ausland ein separates Notebook, das neben den üblichen Office-Anwendungen und einem VPN-Client keinerlei Software installiert sowie keinerlei Unternehmens- und Kundendaten gespeichert hat. Für die Reise erforderliche Daten speichere ich auf Datenträgern, die ich nicht aus der Hand gebe und auch nicht in einem Hotelsafe oder anderswo lagere. Man mag das als übervorsichtig empfinden, aber ich kenne Berichte von Mitarbeitern großer Unternehmen, denen Notebooks aus dem Hotelzimmer entwendet wurden oder bei deren Mobiltelefon die Standardbatterie gegen einen Akku mit integrierter Abhöreinrichtung ausgetauscht wurde.

Personenbezogene Schutzmaßnahmen

Maßnahmen mit Mitarbeiterbezug beginnen bei der Personalakquise. Eine weitgehende Überprüfung der Angaben eines Bewerbers (Background-Check) sollte auch aus anderen Gründen selbstverständlich sein. Allerdings setzt das Arbeitsrecht hierbei enge Grenzen.

Äußerst sinnvoll sind Mitarbeiterschulungen, die für mögliche Gefahren sensibilisieren. Diese auch als »Security-Awareness-Trainings« bezeichneten Fortbildungen sollten dabei nicht nur IT-Sicherheitsthemen beinhalten, sondern die Mitarbeiter auch für das Erkennen und die Abwehr von Social-Engineering-Attacken vorbereiten. Außerdem sollte man eine Vertrauensperson etablieren, an die sich die Mitarbeiter wenden können, wenn sie beispielsweise eine verdächtige Beobachtung machen oder glauben, Ziel eines Social-Engineering-Angriffs zu sein.

Für Mitarbeiter, die das Unternehmen verlassen, empfiehlt sich eine detaillierte Exit-Planung. Diese sollte insbesondere die Zugangsberechtigungen für unternehmenseigene IT-Systeme und Mobilgeräte beinhalten, aber auch für Räumlichkeiten, den Zugriff auf Fahrzeuge und andere Services. In manchen Fällen kann es darüber hinaus sinnvoll sein, Mitarbeiter sofort freizustellen, sie zur Mitnahme privater Gegenstände aufzufordern, sie persönlich hinauszubegleiten und gleichzeitig sämtliche Zugangsberechtigungen zu widerrufen.

Bei allen Maßnahmen ist eines besonders wichtig: eine enge Zusammenarbeit zwischen Personalabteilung und Unternehmenssicherheit.

Technische Schutzmaßnahmen

Wissen Sie, welche Geräte mit Ihrem Netzwerk verbunden sind? Wissen Sie, welche Dienste und Anwendungen über Ihre Netzwerke laufen oder dies gerade versuchen? Wissen Sie, wer in Ihrem Unternehmen über die Administratorrechte verfügt, diese Einstellungen zu ändern oder zu umgehen? Sind die gewählten Einstellungen sicher? Sind Ihre Systeme stets mit den aktuellsten Updates ausgestattet und die Signaturen Ihrer Antivirensoftware aktuell? Werden Mobilgeräte durch ein »Mobile-Device-Management-System« zentral verwaltet, oder installieren Ihre Mitarbeiter, was sie wollen? Haben Sie ein System für die laufende Überwachung Ihrer Netzwerkaktivitäten? Sind alle genutzten Programme von einer zuverlässigen Quelle regulär erworben, oder werden vereinzelt Programme und Softwarewerkzeuge unklarer Herkunft eingesetzt? Nutzen Sie Systeme, die nicht mehr vom Hersteller gepflegt werden, zum Beispiel bei Windows XP? Das sind nur einige der Fragen, die Sie sich in Sachen technischer Sicherheit stellen müssen.

Während eine aktuelle Firewall- und Virenschutztechnologie fast immer zur Grundausstattung gehört, gibt es weitere wichtige Empfehlungen, die noch nicht überall angekommen sind. Dazu zählen die sichere Abschirmung besonders gefährdeter Räume oder der Verzicht auf kritische Funkübertragungen, zum Beispiel über Funktastaturen und andere drahtlose Geräte. Selbstverständlich sein sollte auch die Nutzung hochwertiger Verschlüsselungsverfahren für alle sensiblen Anwendungen wie Telefon, Telefax, E-Mail und andere. Dabei ist unbedingt zu beachten, dass eine Kommunikationsverbindung nur dann sicher ist, wenn alle Seiten das gleiche Equipment beziehungsweise die gleiche Software nutzen, beispielsweise bei der E-Mail-Verschlüsselung oder beim Telefonieren per Kryptohandy. Doch das dürfte in der Praxis nur selten der Fall sein, da sich die Kommunikationsverschlüsselung jenseits spezieller Anwendungsbereiche bisher nicht durchgesetzt hat. Zu guter Letzt sollte ein System zur Netzwerküberwachung etabliert werden, das Anomalien im Netzwerkverkehr oder Auffälligkeiten bei Zugriffen von Mitarbeitern signalisiert. Diese finden sich üblicherweise unter den Bezeichnungen »Intrusion-Detection-System«, »Intrusion-Prevention-System«, »Content-Security« oder »Data-Loss-Prevention« am Markt.

Das Problem bei der hier skizzierten Herangehensweise ist simpel: Ein auch nur grundlegender Schutz ist damit kaum zu erzielen, Systemlücken sind praktisch vorprogrammiert. Erfreulicherweise gibt es Abhilfe.

IT-Grundschutz

Das Bundesamt für Sicherheit in der Informationstechnik (BSI) bietet seit Jahren eine regelmäßig weiterentwickelte Methode an, um alle Informationen in einem Unternehmen zu schützen. Der vom BSI herausgegebene *IT-Grundschutz-Katalog* beschreibt im Detail Standardsicherheitsmaßnahmen für typische Geschäftsprozesse, Anwendungen und IT-Systeme mit normalem Schutzbedarf, eine Darstellung der Gefährdungslage sowie ausführliche

Umsetzungshilfen.[41] Die gesamte Methodik ist im Internet unter www.bsi.bund.de/de/themen/itgrundschutz/itgrundschutz_ node.html frei zugänglich. Auf dieser Basis kann auch eine Zertifizierung nach der Norm ISO 27001 erfolgen, die in manchen Geschäftsbeziehungen vorausgesetzt wird.

Die IT-Grundschutz-Methode arbeitet mit standardisierten Risikoannahmen, ist also für die hier diskutierten Herausforderungen nur bedingt geeignet. Sie liefert jedoch das Rüstzeug für eine systematische individuelle Risikoanalyse. Insgesamt handelt es sich um einen nützlichen Werkzeugkasten für alle Unternehmen, welche die richtigen Schlussfolgerungen aus den Erkenntnissen über die Risiken zunehmender Vernetzung ziehen wollen.

Netztrennung als Lösungskonzept

Eher kurios und in der Praxis untauglich sind Versuche, die technische Entwicklung zurückzudrehen. »Geheimwaffe Schreibmaschine: Die Angst vor der Schnüffelei sorgt für das überraschende Comeback einer Totgeglaubten« titelte die Schweizer Zeitung *Tagesanzeiger* im Juli 2014 in ihrem Digitalressort[42] und spielte damit auf Überlegungen an, die beim russischen Geheimdienst und dem deutschen NSA-Untersuchungsausschuss ihren Ausgang genommen hatten. Dabei ging es um die Anschaffung von Schreibmaschinen zum Schutz vor Überwachungsmaßnahmen.[43] Prompt zogen sich die Beteiligten für ihre Vorschläge den Spott der Medien zu. In der Tat dürfte es wenig sinnvoll sein, gerade die Texterstellung aus den vielfältigen Kommunikationsprozessen herauszulösen und auf diese Weise abzusichern – zumal spätestens bei der notwendigen Vervielfältigung und der absehbaren Verteilung elektronische Hilfsmittel samt potenziellem Abhörrisiko wieder Verwendung finden werden.

Vom amerikanischen Autor George R. R. Martin, bekannt für *Game of Thrones*, wird beispielsweise berichtet, dass er seine Geschichten auf einem alten DOS-Rechner mit Wordstar 4.0 verfasst. Er selbst betrachtet diese Vorgehensweise als sicheren Schutz vor Computerviren. So schrullig das wirken mag: Die Idee, wichtige Informationsverarbeitungsprozesse vom Rest des Unternehmens komplett zu trennen, ist ein sinnvoller Gedanke, der durchaus Platz in Überlegungen zum Umgang mit hochsensiblen Firmendaten haben sollte.

Hacking als Abwehrmaßnahme

Sollten Unternehmen Hacker engagieren? So lautet eine vielfach diskutierte Frage im Bereich Unternehmensschutz. Der Gedanke dahinter: Wenn man attackiert würde, könnte man sich wehren und mithilfe eines eigenen Hackers zum Gegenangriff übergehen. Schließlich hat jeder schon von »White-Hat-Hackern« gehört, die im Unterschied zu »Black-Hat-Hackern« auf der richtigen Seite stehen. Die Vorstellung ist ebenso naheliegend wie in der Praxis unbrauchbar: Neben rechtlichen Risiken besteht ganz akut die Gefahr, den Falschen zu verfolgen und möglicherweise Unbeteiligte anzugreifen. Zudem dürfte es in der Praxis schwierig sein, genau im passenden Augenblick zu reagieren.

Eine Berechtigung hat das Hacken aber dennoch, wenn es um das Testen von Sicherheitsmaßnahmen geht. Hier ist weniger ein einzelner Hacker gefragt, der vielleicht Spezialist auf einem Teilgebiet der Informationssicherheit ist, sondern vielmehr ein Team von Leuten, das mithilfe von »Penetration-Tests« systematisch die Sicherheitsmaßnahmen auf ihre Tauglichkeit und richtige Konfiguration überprüft. Ergänzen sollte man derartige Tests stets mit Social-Engineering-Attacken, die nach Art des Mystery-Shoppings die eigene Organisation auf die Probe stellen.

Cyberversicherungen

Spricht man mit Unternehmensverantwortlichen über die von ihnen getroffenen Maßnahmen zur Abwehr von Informationsabflüssen, so spielen spezielle Versicherungen kaum eine Rolle. Das ist eigentlich ein Wunder, denn in zahlreichen anderen Unternehmensbereichen sind Versicherungen inzwischen Standard, etwa bei der persönlichen Haftung von Vorstand beziehungsweise Geschäftsleitung, wo eine sogenannte Directors-and-Officers-Versicherung derartige Risiken abdeckt.

Eine Cyberversicherung soll entsprechend finanzielle Risiken von Datenverlusten abdecken, ist jedoch noch weithin unbekannt. Die Corporate-Trust-Studie *Industriespionage 2014* stellte dazu ernüchternd fest:

»Nicht einmal jedes zwanzigste Unternehmen hat die finanziellen Risiken eines Datenverlustes vernünftig abgesichert: Nur 3,6 Prozent der deutschen und 3,4 Prozent der österreichischen Firmen verfügen über eine entsprechende Cyber-Versicherung. 24,2 Prozent (Deutschland) bzw. 22,0 Prozent (Österreich) wollen sich dies zumindest für die Zukunft überlegen. Allerdings gaben auch nur 28,9 Prozent der deutschen und 36,4 Prozent der österreichischen Firmen an, ausreichend über die am Markt verfügbaren Versicherungslösungen informiert zu sein.

Unternehmen unterschätzen den Wert von Cyber-Versicherungen für den Risikotransfer. Auf die Frage, wie wichtig Cyber-Versicherungen zukünftig für sie seien, gaben zumindest 74,3 Prozent (Deutschland) bzw. 72,0 Prozent (Österreich) der Unternehmen an, dass sie dies für optional hielten. Etwa jedes zehnte Unternehmen (Deutschland: 10,1 Prozent; Österreich: 8,5 Prozent) hält sie leider für unnötig.«

Cyberversicherungen haben ein grundsätzliches Problem: Wie kommt man zur Bewertung des aktuellen Sicherheitsniveaus als Basis der Versicherungseinstufung? Während die mögliche Schadenshöhe relativ einfach zu beziffern ist, lässt sich die Schadenseintrittswahrscheinlichkeit – als zweite wesentliche Messgröße für die Ermittlung der Versicherungsprämie – nicht ohne Weiteres errechnen, zu groß ist der Einfluss der eigenen Sicherheitsmaßnahmen. Während etwa bei der Versicherung eines Lastkraftwagens die Zahl der versicherungsmathematisch relevanten Merkmale überschaubar ist – für die technische Sicherheit sorgt schließlich die Hauptuntersuchung –, ist dies bei einer Cyberversicherung nicht der Fall.

Im besten Fall erfolgt die Bemessung der Versicherungsprämie anhand eines – in der Regel teuren – Gutachtens durch Experten, die auf Sicherheitsüberprüfungen spezialisiert sind. Eine Zertifizierungsstelle, die nach Art des TÜV die Tauglichkeit einer IT-Infrastruktur zur sicheren Teilnahme am Internetverkehr überprüft, ist nicht in Sicht und aufgrund der Komplexität und Vielfältigkeit der am Markt angebotenen Sicherheitslösungen und deren Kombinationsmöglichkeiten nicht ohne Weiteres zu etablieren. Denkbar wäre jedoch, dass eine Versicherungsgesellschaft in Absprache mit führenden Unternehmen der IT-Branche Standards entwirft. Derartigen Modellen aus standardisierter Technik und passgenauem Versicherungsschutz wird die Zukunft gehören – allein schon, weil die Haftungsrisiken für die Geschäftsleitung infolge von Datenabflüssen immer unbeherrschbarer werden.

Social Media und Co.

Eines der umstrittensten Themen beim Schutz des eigenen Unternehmens vor Informationsabfluss ist der gewünschte Grad an Offenheit nach außen. Insbesondere die Diskussion um die Nutzung von Social Media propagiert eine weitgehende Öffnung und Transparenz, die im Marketing und bei der Personalgewinnung zweifellos positiv zu sehen ist, Firmen jedoch gleichzeitig gegenüber Social-Engineering-Attacken verwundbar macht.

Inwieweit Mitarbeiter in Schlüsselpositionen von Forschung und Entwicklung mit entsprechenden Social-Media-Aktivitäten vertreten sein sollten, ist umstritten. Klar ist, dass es jeder Auftritt und jede Äußerung einer solchen Person in öffentlichen Netzwerken Angreifern erleichtert, das Unternehmen und seine Strukturen zu erschließen und zu infiltrieren. Dabei stellt nicht nur Industriespionage eine Gefahr für Unternehmen dar: Manchmal ist es »nur« ein Headhunter, der auf der Suche nach Personen mit bestimmten Fähigkeiten ist und der auf diese Weise ein Unternehmen schädigt – ganz ohne Spionagebezug, aber möglicherweise ähnlich effektiv.

Keineswegs soll hier einer Paranoia das Wort geredet werden, lässt sich doch im Zeitalter von Facebook, Xing, LinkedIn und anderen sozialen Netzwerken kaum noch etwas über interne Personalstrukturen geheim halten. Wenn eine kritische Debatte aber dabei hilft, schützenswertes Know-how in den Köpfen der Mitarbeiter zu erkennen und zu sichern, dann ist dies in jedem Fall für Fortbestand und Markterfolg eines Unternehmens wichtig. Manchmal wird in diesem Zusammenhang vorgeschlagen, nicht nur auf Social Media, sondern sogar vollständig auf Visitenkarten mit Titeln und E-Mail-Adressen zu verzichten – keine kluge Idee. Einen motivierten Angreifer dürften solche »Sicherheitsmaßnahmen« kaum aufhalten, dafür den Umgang mit legitimen Geschäftspartnern erschweren.

Für den Umgang mit Social Media gibt es in Zeiten der Bedrohung durch Wirtschafts- und Industriespionage keine eindeutigen Empfehlungen. Wichtig ist in jedem Fall, dass Mitarbeiter klare Richtlinien im Umgang mit den sozialen Medien erhalten. Die in

vielen Unternehmen eingeführten Regularien in Form von sogenannten Social-Media-Guidelines sollten in jedem Fall die individuelle Situation des Unternehmens widerspiegeln, beispielsweise
die Relevanz von Forschungs- und Entwicklungsarbeiten für den
Unternehmenserfolg oder die konkrete Bedrohungslage aufgrund
der Zugehörigkeit zu einer bestimmten Branche.[44]

Das Bayerische Landesamt für Verfassungsschutz hat zusammen mit der Hochschule Augsburg im Sommer 2012 eine Broschüre herausgegeben, die unter dem Titel *Soziale Netzwerke und
ihre Auswirkungen auf die Unternehmenssicherheit* hilfreiche Tipps
für Unternehmens- und Sicherheitsverantwortliche versammelt.[45]
Die Darstellungen sind dabei teilweise recht simpel, aber dennoch
wesentlich für die Sicherheit. So sollte stets das Prinzip gelten: Ge-
heimes bleibt geheim, und Internes bleibt intern. Wichtig ist, die
Mitarbeiter darauf hinzuweisen, welche Informationen offen und
welche vertraulich beziehungsweise streng vertraulich zu behandeln sind.

Die Broschüre hebt die Bedeutung von schriftlich fixierten Mit-
arbeiterrichtlinien für soziale Medien hervor. Zu den wichtigsten
Regeln zähle beispielsweise, niemals das Firmenpasswort für den
Zugang zu einem sozialen Netzwerk zu nutzen – eigentlich eine
Selbstverständlichkeit. Auch solle man den Inhalten von Anfragen
und Nachrichten, insbesondere von Freundschaftsanfragen von
unbekannten oder vermeintlich bekannten Personen, nicht einfach vertrauen, sondern sie stets mit Vorsicht betrachten. Das Gleiche gelte für Nachrichten mit ungewöhnlichen Inhalten: Sie dürften keinesfalls dazu führen, blind auf Links zu klicken oder
irgendwelche Anhänge zu öffnen.

Am besten sei es ohnehin, auf den Social-Media-Kanälen keine
allzu privaten oder gar intimen Details oder Bilder zu posten, um
sich so nicht angreifbar zu machen. Entsprechend sollten auch die
Privatsphäre-Einstellungen so gewählt werden, dass möglichst

wenig Informationen unbekannten Dritten zugänglich seien. Zur Überprüfung schlagen die Autoren zudem vor, sich regelmäßig selbst zu googeln – per Suchmaschine nach dem eigenen Namen und dem eigenen Auftreten im Netz zu suchen. So ließe sich sicherstellen, keine allzu leichte Beute für potenzielle Angreifer zu werden. Diese Hinweise der Hochschule Augsburg gehen zwar über das eigentliche Kernproblem hinaus, indem sie auch den grundlegenden Umgang mit Social Media zu regeln versuchen, sind aber dennoch hilfreich, Mitarbeiter wie Verantwortliche ohne weitergehende Vorkenntnisse für die Problematik zu sensibilisieren.

Unternehmen, die überwiegend mit jungen Mitarbeitern arbeiten, wähnen sich dabei oft auf der sicheren Seite, gehen diese doch einfach davon aus, dass jemand, der mit digitalen Medien aufgewachsen ist, automatisch eine hohe Kompetenz im Umgang mit den Risiken entwickelt hat. Diese Einschätzung ist falsch, so zeigt es zumindest ein Forschungsbericht des Mailänder Forschungszentrums Tech and Law Center. In dieser interdisziplinären Einrichtung werden digitale Technologien und ihr Bezug zu Recht und Gesellschaft untersucht. Im Forschungsbericht *Security of Digital Natives* wurde das Verantwortungsbewusstsein der »Generation Internet« für Sicherheit im Netz untersucht.[46] Der lesenswerte Cybercrime-Blog der Fachhochschule der Polizei Brandenburg fasst die Forschungsergebnisse prägnant zusammen:[47]

»Eine wichtige Erkenntnis des Projektes ist es, dass sich ein Sicherheits- und Verantwortungsbewußtsein bei jungen Menschen auch dann nicht quasi von selbst einstellt, wenn sie mit digitalen Medien aufgewachsen sind. So verzeichnen die Wissenschaftler bei vielen befragten Studenten einen gravierenden Mangel an Wissen über die Anwendung von Schutzmöglichkeiten, ebenso wie einen mangelnden Willen bekannte Möglichkeiten zu nutzen, insofern die Schutzlösungen nicht technisch besonders einfach gehalten sind.«

Wenn Sie sich im Kontext mit Unternehmenssicherheit mit dem Thema Social Media beschäftigen, empfiehlt es sich, die klassischen Medien nicht zu vergessen. Ob die Lokalzeitung beispielsweise unbedingt die Rangliste des Unternehmenskegelturniers abdrucken muss, aus der sich mehr oder weniger leicht ein Organigramm ableiten lässt, darf durchaus bezweifelt werden. Vorsicht gilt deshalb auch im Umgang mit Medienvertretern – und mit solchen, die sich dafür ausgeben. Denn Letzteres ist ein schon lange bewährter Angriffsweg von Competitive-Intelligence-Profis und Industriespionen.

Vorsicht vor Rückschlagseffekten

Wer kennt nicht die selbst gemachten Sicherheitslücken? Ob Post-it-Zettel mit dem Zugangspasswort am Bildschirmrand oder unter der Tastatur, ob Keil unter der Tür des Nebenausgangs, der für die Raucherpause genutzt wird: Viele Schwachstellen sind hausgemacht – und unnötig. Ein Passwortmanagement, das lange und komplizierte Passwörter ebenso verlangt wie deren regelmäßige Änderung, nötigt Mitarbeiter geradezu, sich »Merkhilfen« zu basteln. Auch die Praxis, Raucher vor das Gebäude zu schicken, führt regelmäßig dazu, dass man es sich einfach macht und Türen einfach mit einem Keil oder anderen Gegenständen offen hält. Kommt noch hinzu, dass die Firma so groß ist, dass nicht jeder jeden kennt, dann wird einem Eindringling unter Umständen sogar freundlich die Tür aufgehalten.

Ähnliche Ausweichstrategien machen sich auch dort breit, wo Zugangskontrollsysteme den Anforderungen der Praxis nicht genügen, das heißt aus Sicht der Mitarbeiter zu langsam sind. Das ist nicht selten bei biometrischen Systemen der Fall, wo etwa eine Identifikation per Fingerabdruck mehrere Sekunden dauern kann und Mitarbeiter das Gefühl haben, in ihrer Arbeit behindert zu werden. Vom gelegentlichen Aufhalten der Tür bis zur Sabotage des Türmechanismus durch die eigenen Angestellten ist es dann nicht mehr allzu weit. Aus diesem Grund gelang es einem Reporterteam, unter Umgehung aller Sicherheitsmaßnahmen auf das Rollfeld des Flughafens Tegel, des viertgrößten deutschen Airports, zu kommen.[48]

Mindestens ebenso problematisch ist die Obrigkeitshörigkeit in vielen Unternehmen, schließlich will man ja nicht gerade den Vorstand aussperren. Hier gilt wie seit Hunderten von Jahren: Kleider machen Leute. Diese Erfahrung habe ich mehrfach machen dürfen. Ein Fall betraf die Niederlassung eines großen Technologiekonzerns, wo ich vor einigen Jahren in unregelmäßigen Abständen zu Gast war. War ich sommerlich bekleidet mit Jeans und Polohemd, wurde regelmäßig der mit dem Betrieb der Pforte beauftragte externe Sicherheitsdienst aufmerksam, und ich musste darauf warten, von meinem Gesprächspartner abgeholt zu werden. Wenn ich aber mit Anzug und Krawatte auftauchte, wurde ohne weitere Nachfrage beim Betreten des Gebäudes bereits die Zugangsschleuse per Knopfdruck geöffnet: Man scheute sich wohl, einen scheinbar wichtigen Manager zu vergraulen.

Im Behördenumfeld funktioniert das unter Umständen ähnlich. So wurde ich in einer deutschen Großstadt beim Besuch des dortigen Landesverfassungsschutzes das eine Mal bereits vor dem Tor abgefangen und kam das andere Mal problemlos an Schranke und Zugangssperre vorbei – mitsamt Kraftfahrzeug. Der Unterschied: In der einen Woche war ich mit meinem Privatauto unterwegs, einem wenig repräsentativen Kompaktwagen, in der anderen Woche fuhr ich einen schwarzen E-Klasse-Wagen von Mercedes mit einem unauffälligen Kennzeichen aus eben dieser Landeshauptstadt, beide Male aber im dunklen Anzug und mit Krawatte. Zur Ehrenrettung des Landesverfassungsschutzes sei gesagt: Ich konnte nur das Gelände befahren, für den Zutritt zum Gebäude entsprachen in beiden Fällen Identifikation und Abwicklung exakt den üblichen Standards.

Diese mehr oder weniger zufälligen Erfahrungen zeigen ganz deutlich, dass die alte Redensart »Kleider machen Leute« immer noch gilt – gerade in Situationen, in denen es um die Unternehmenssicherheit geht. Es besteht kein Zweifel, dass auch potenzielle Angreifer nicht nur zufällig zu derartigen Erkenntnissen gelangen, sondern ihr Handeln darauf abstellen. Eine unternehmensinterne Sicherheitsvorgabe sollte daher solche Themen aktiv adressieren.

Spionageabwehr in der Praxis

Was ist zu tun, wenn absehbar ist, dass die Unternehmenssicherheit akut gefährdet ist oder ein Angriff möglicherweise bereits stattgefunden hat? Jenseits technischer und organisatorischer Schritte klassischer Art sind einige weitere Maßnahmen eine genauere Betrachtung wert.

Desinformation als strategische Option

Zu den erfolgreichsten Abwehrmaßnahmen bei konkreter Gefährdung zählt die Desinformation. Dabei geht es darum, einem Angreifer das Gefühl zu vermitteln, er hätte sein Ziel bereits erreicht. Nach Art einer Honigfalle (»Honeypot«) legt man Spuren aus, die zu einem falschen Dokumentenbestand führen sollen. Plumpe Fälschungen führen dabei jedoch nicht zum Ziel – um erfolgreich zu sein, bedarf es einer detaillierten Vorbereitung. Deshalb ist der

Aufwand für eine erfolgreiche Desinformationskampagne meist erheblich und erfordert signifikante Ressourcen, gegebenenfalls auch den Einsatz externer Experten.

Thomas Alva Edison, der Erfinder der Glühbirne, kokettierte damit, zahlreiche Wege gefunden zu haben, die Glühbirne *nicht* zu erfinden. Diese charmante Beschreibung seiner Fehlversuche weist den Weg für erfolgreiche Desinformation in forschungsorientierten Bereichen. Hier existieren fast immer irgendwelche Fehlversuche, die ausführlich dokumentiert und als Futter für eine Desinformationskampagne geeignet sind. Ebenso eignen sich Konstruktionsunterlagen, die in geeigneter Weise mit fehlerhaften Angaben präpariert sind. Genauso lassen sich falsche Informationen über Preisstrategien oder die Planung von Produkteinführungen einsetzen – gezielt gefälschte Dokumente machen es möglich.

Der angestrebte Effekt: Der Angreifer glaubt sich am Ziel, nutzt die präparierten Unterlagen und gerät selbst in eine Sackgasse. Es kostet ihn Zeit und Geld und schwächt seine Position im Wettbewerb.

Professionelle Hilfe

Eine Vielzahl von Dienstleistern bemüht sich um Unternehmenssicherheit. Jenseits der klassischen IT-Sicherheitsanbieter, von denen einige auch sogenannte gemanagte Lösungen anbieten, die das Netz absichern, Anomalien erkennen und rechtzeitig Alarm schlagen sollen, haben sich einige Dienstleister auf die Aufklärung von Sicherheitsvorfällen spezialisiert. Dazu zählen Privatermittler und große Detekteien, die sich nach Aussage des Sprechers des Bunds internationaler Detektive (BID) für 1 000 bis 3 000 Euro pro Tag um derartige Probleme kümmern – mit einer Aufklärungsquote von angeblich 90 Prozent.[49]

Während Detekteien typischerweise auf Menschen – eigene Mitarbeiter oder fremde Spione – angesetzt werden, sind andere Dienstleister auf die technische Überprüfung von Infrastrukturen und Systemen sowie auf die forensische Untersuchung von Vorfällen spezialisiert. Hierbei können aufgrund des hohen technischen Aufwands erhebliche Kosten anfallen, denn die Dienstleister müssen teures Equipment vorhalten, zum Beispiel Röntgengeräte, mit denen sich Hardwarekomponenten zerstörungsfrei auf Manipulationen untersuchen lassen. Nur wenige Firmen in Europa können das überhaupt leisten.

Staatliche Hilfsangebote

Unternehmen, die befürchten, ausgespäht worden zu sein, können sich in vielen Ländern an staatliche Stellen wenden. In Deutschland ist bei Verdacht auf Spionage durch einen fremden Geheimdienst der Verfassungsschutz die erste Anlaufstelle, der sowohl auf Bundes- als auch auf Landesebene organisiert ist. Das Bundesamt für Verfassungsschutz veröffentlicht ab und zu Publikationen, welche die Gefahrenlage einzuschätzen helfen. Konkrete Hilfsangebote sind allerdings eher von den Landesämtern für Verfassungsschutz zu erwarten. Die regional zuständigen Behörden finden sich auf der Seite www.verfassungsschutz.de/de/landesbehoerden.

Der Bereich Wirtschaftsschutz ist bei den Verfassungsschutzämtern zuständig, wenn eine Gefahr oder eine Attacke einen geheimdienstlichen Ursprung hat oder vermuten lässt. Die Abwehr fremder Geheimdienste gehört dabei zu den Kernaufgaben der Verfassungsschutzbehörden, nicht aber Spionageaktivitäten, die von anderen Unternehmen ausgehen. Das ist zwar nachvollziehbar, aber im konkreten Einzelfall nicht besonders hilfreich. Denn Angreifer lassen sich nicht von Landesgrenzen aufhalten, schon gar nicht von denen zwischen einzelnen Bundesländern, und außerdem ist nicht immer klar, ob ein Angriff staatlicherseits oder privatwirtschaftlich betrieben wird. Insbesondere technisch ausgefeilte Attacken, wie sie auch in diesem Buch beschrieben wurden, lassen häufig kaum Rückschlüsse auf deren Herkunft zu. Um es an dieser Stelle nochmals deutlich zu sagen: Nur weil ein Hackerangriff von einem Rechner im Iran, in China oder in Brasilien erfolgt, bedeutet das noch lange nicht, dass die Angreifer Perser, Chinesen oder Brasilianer sind. Genauso gut können diese Rechner lediglich als Relaisstation für Angriffe dienen, die vielleicht sogar aus dem Nachbarort kommen.

In Österreich ist das Bundesamt für Verfassungsschutz und Terrorismusbekämpfung (BVT) für die Abwehr von Spionageaktivitäten zuständig. Die Aufgabenbeschreibung liest sich so:[50]

»Insbesondere die Wirtschafts- und Industriespionage (WIS) stellt eine potentielle Gefährdung für die Attraktivität und Reputation des Wirtschaftsstandortes Österreich dar. Für die Gewährleistung der Sicherheit der Unternehmens- und Forschungslandschaft in Österreich bedarf es der Vernetzung des BVT als zuständige Sicherheitsbehörde mit Partnern aus der Wirtschaft und dem universitären Bereich. Die Möglichkeit der direkten Kommunikation, die Bereitstellung von relevanten und aktuellen Informationen sowie das gemeinsame Schaffen von Wissen sind die Basis erfolgreicher Prävention von Wirtschafts- und Industriespionage.«

Auf der Website des österreichischen Verfassungsschutzes steht das Handbuch *Wirtschafts- und Industriespionage. Handbuch Know-How-Schutz für die österreichische Wirtschaft* zur Verfügung,[51] das zwar bereits 2011 veröffentlicht wurde, aber zahlreiche nützliche Hinweise zur Spionageabwehr enthält.

Für die Schweiz fällt die Zuständigkeit für den Wirtschaftsschutz in den Verantwortungsbereich des Nachrichtendienstes des Bundes (NDB). Eine Aufgabe der Organisation ist »die Beratung von Unternehmen, Hochschulen und Technologiezentren über mögliche Präventivmaßnahmen zur Verhinderung illegaler Aktivitäten in den Bereichen der Spionage und Proliferation«. Auf der Website des schweizerischen Nachrichtendiensts steht eine Broschüre zum Präventions- und Sensibilisierungsprogramm »Prophylax« aus dem Jahr 2010 bereit.[52] Diese soll Unternehmen darüber aufklären, wie Gefahren und illegale Geschäfte erkannt und verhindert werden.

Insgesamt zeigt sich: Die rechtliche Situation und die staatlichen Hilfen sind für Unternehmen mehr als unbefriedigend. Der Jurist Dirk Fromm beschreibt in seinem Beitrag »Wie Sie sich vor Wirtschafts- und Industriespionage richtig schützen« im Sammelwerk *Information Security Management* die rechtliche Lage in Deutschland ernüchternd:[53]

»Selbstverständlich kann ein Unternehmen sich rechtlich gegen Angriffe wehren. Würde ein Täter überführt, könnte er gem. § 242 StGB wegen Diebstahls belangt werden. In dem Fall muss aber eine ›Sache‹ gestohlen werden und kein geistiges Eigentum. Handelt es sich um geistiges Eigentum, könnte der Täter sich gem. §§ 17 ff. UWG wegen Verrats von Geschäfts- und Betriebsgeheimnissen strafbar gemacht haben, müsste dann aber Beschäftigter des betroffenen Unternehmens sein. Auch könnte gem. § 123 StGB der Tatbestand des Hausfriedensbruchs in Betracht kommen. Daneben besteht natürlich immer die Möglichkeit, den Verursacher zivilrechtlich zu verklagen, um Schadensersatz gegebenenfalls in Millionenhöhe einzufordern.«

Ein weiteres Hindernis liegt nach Fromm darin, dass die wahren Täter zumeist aus dem Ausland operierten und daher nur schwer greifbar seien – und hier müsste man sich nicht nur mit einem fremden Justizsystem auseinandersetzen, sondern vor allem gerichtsfeste Beweise vorlegen können. In der Praxis führe das dazu, dass es meist nur die Handlanger treffe, und wenn es doch einmal zu einer Verurteilung käme, die wahren Hintermänner weder straf- noch zivilrechtlich zur Verantwortung gezogen würden. Eine juristische Behandlung sei damit im Schadensfall immer nur eine Ultima Ratio.

Deutlich offensiver agieren andere Länder. Die USA etwa haben 1996 mit dem Economic Espionage Act ein Gesetz erlassen, das auf die Verhinderung des Diebstahls von geistigem Eigentum durch ausländische Firmen und Regierungen zielt. Der Kauf oder Besitz von Firmengeheimnissen, die ohne Zustimmung des Eigentümers erlangt werden, werden dadurch zum Verbrechen, das mit zehn Jahren Gefängnis oder 250 000 US-Dollar Strafe für jede Person oder 5 Millionen US-Dollar für jedes Unternehmen geahndet wird. Auch hier gibt es natürlich das Problem der Zurechenbarkeit ebenso wie die Schwierigkeit, der Täter überhaupt habhaft zu werden, soweit diese aus dem Ausland agieren.

Erste Hilfe

Was sollten Sie tun, wenn etwas passiert ist und Sie oder Ihr Unternehmen Opfer eines Angriffs geworden sind? Die wichtigste Empfehlung lautet: möglichst sofort Beweise sichern, gegebenenfalls Spezialisten hinzuziehen und staatliche Stellen einschalten. Nicht ganz so einfach ist es, die Hauptfragen zu beantworten, die sich in einer solchen Situation stellen: Was ist wirklich passiert? Wie hoch ist der Schaden? Wer war das? Was ist zu tun?

Was wirklich passiert ist und welche Tragweite ein Vorfall haben kann, ist nicht immer auf den ersten Blick ersichtlich. Das Beispiel des Netzwerkausrüsters Nortel zeigt das deutlich: Nachdem das

Unternehmen ausgespäht worden war, änderte man lediglich die Passwörter und ging zur Tagesordnung über. Insofern ist es extrem unglaubwürdig, wenn sich Firmen nach einem Sicherheitsvorfall mit der Beteuerung, dass Kundendaten nicht betroffen seien, oder ähnlichen Äußerungen allzu sehr beeilen. Ein solches Statement ist unmittelbar nach der Aufdeckung eines sicherheitsrelevanten Vorfalls kaum zu rechtfertigen und muss als »PR-Notlüge« gewertet werden. Nicht selten müssen Unternehmen Wochen später dann doch die ganze Tragweite eines Vorfalls einräumen und die voreilig getroffenen Aussagen revidieren.

Hinzu kommt, dass Profis zunehmend dazu übergehen, ihre Spuren zu verwischen. So fiel nach einem Cyberspionageangriff auf die Konstruktionspläne eines Kampfflugzeugs auf, dass die Täter ein Programm installiert hatten, welches die Daten bei der Extraktion verschlüsselte. So konnten die Experten, die den Vorfall untersuchten, nicht exakt feststellen, welche Daten überhaupt gestohlen worden waren. Es war sogar davon die Rede, die Hacker hätten »gründlich hinter sich aufgeräumt«[54]. Je professioneller der Angreifer ist, umso mehr kann man eine derartige Vorgehensweise erwarten. Das gilt sogar für den am besten finanzierten Geheimdienst der Welt: Die NSA weiß nach Medienberichten selbst nicht genau, welche Unterlagen der Whistleblower Edward Snowden entwendet hat. So sagte der ehemalige Chef der NSA und der US-Cyberkommandantur im Interview mit der *Australian Financial Review*, dass weder die Zahl der entwendeten Dokumente bekannt sei noch welche Dokumente überhaupt entwendet wurden.[55]

Wie hoch der Schaden ist, lässt sich aus den bereits genannten Gründen oft kaum feststellen – vor allem, wenn nicht klar ist, was überhaupt entwendet wurde. Zudem ist bei Spionageaktivitäten ein Schaden meist erst dann bezifferbar, wenn der profitierende Wettbewerber die gestohlenen Unterlagen verwendet, also etwa ein Konkurrenzprodukt auf den Markt bringt oder eine Ausschreibung überraschend gewinnt. Auch das Problem der schwierigen Zurechenbarkeit wurde in diesem Buch bereits mehrfach diskutiert. So lässt sich die Frage nach den Tätern nicht immer eindeutig beantworten.

Bleibt zum Schluss die Frage: Was nun? Eine sinnvolle Antwort sollte darauf abzielen, adäquate Maßnahmen zu definieren, die einerseits bestehende Sicherheitslücken schließen und andererseits verhindern, dass die Spione oder deren Auftraggeber die erbeuteten Informationen verwenden können. Hierzu sollten staatliche Stellen eingeschaltet und unter Umständen auch private Ermittler beauftragt werden.

Säulen des Unternehmensschutzes

Sicherheit gegenüber dem Abfluss von wichtigen Informationen als rein technisches Problem zu sehen greift zu kurz. Die hier genannten Beispiele zeigen überdeutlich, dass IT-Sicherheit im Kopf anfängt – im Kopf jedes einzelnen Mitarbeiters. Da bereits die Entscheidung, einen Mailanhang zu öffnen, eine Kontaktanfrage in einem sozialen Netzwerk zu akzeptieren oder eine bestimmte App auf dem Smartphone zu installieren, gravierende Auswirkungen auf die Unternehmenssicherheit haben kann, ist es entscheidend, die Mitarbeiter für mögliche Gefahren zu sensibilisieren.

Technische und organisatorische Maßnahmen helfen dabei nur begrenzt. Natürlich müssen organisatorische Vorgaben risikoadäquates Verhalten stützen. Das kann die Etablierung eines Ansprechpartners einschließen, an dem sich ein Mitarbeiter im Zweifel schnell und unbürokratisch wenden kann. Und Unternehmenssicherheit braucht ebenso eine Installation von Schutzsystemen nach dem aktuellen Stand der Technik wie deren professionelle Pflege inklusive laufender Updates und gegebenenfalls der Außerbetriebsetzung von nicht weiter gewarteten oder nicht mehr genutzten Software- und Systemumgebungen. Dies alles kann jedoch nur so gut sein wie jeder einzelne Mitarbeiter. Denn nichts zeigen die Beispiele deutlicher als die Bedeutung der individuellen Entscheidung für die Sicherheit der Gesamtorganisation.

Aber gibt es das überhaupt: das vorbildliche Unternehmen, dessen Mitarbeiter stets aufmerksam und bedacht handeln, dessen Regeln umfassend und verständlich gestaltet sind und dessen IT-Sicherheit in jeder Hinsicht auf dem neuesten Stand ist? In der Praxis wohl kaum. Womöglich würde es auch nicht viel helfen, denn sogenannte Zero-Day-Sicherheitslücken, die so neu sind, dass sie selbst den betroffenen IT-Anbietern und Sicherheitsfirmen noch nicht bekannt sind, könnten beispielsweise weiterhin ausgenutzt werden. Sicher: Der eine oder andere Standardangriff wäre damit obsolet, aber eine hundertprozentige Sicherheit lässt sich in unserer vernetzten Welt leider nicht herstellen.

Uns bleibt nur übrig, uns mit den technischen Unzulänglichkeiten dieser unserer vernetzten Welt zu arrangieren, so viel wie wirtschaftlich sinnvoll in Vorsorgemaßnahmen zu investieren und für einen möglichen Bruch in unserer Sicherheitskette gerüstet zu sein – sei es mit der Abtrennung besonders wichtiger Bereiche oder mit dem Abschluss einer Versicherung. Damit ließen sich im Falle eines Falles wenigstens negative wirtschaftliche Folgen für Unternehmen, Kunden und Aktionäre begrenzen. Aber am Ende ist immer noch der informierte, wachsame und sich mit dem Unternehmen identifizierende Mitarbeiter die beste Versicherung.

Die Zukunft der Wirtschafts- und Industriespionage

Die Entwicklung von Internet und Mobilkommunikation hin zu einer umfassenden Vernetzung unserer Lebens- und Arbeitswelt bietet nicht nur neue Chancen, sondern birgt auch neue Risiken. Und diese können sogar zum geschäftlichen Ruin führen: Bei Unternehmen der Onlinebranche reicht unter Umständen eine gezielt ausgeführte und lang andauernde DDoS-Attacke aus, um das Geschäftsmodell und damit das Unternehmen kollabieren zu lassen. Wenngleich derartige Abhängigkeiten nur einzelne Firmen in bestimmten Branchen betreffen, verschärft sich die Bedrohungslage auch für alle anderen. Insbesondere das Risiko, zum Opfer böswilliger Cyberkrimineller und skrupelloser Konkurrenten zu werden, ist in den letzten Jahren drastisch gewachsen. Um sich gegen die neuen Gefahren zu behaupten, ist aber ein neues Bewusstsein für die Risiken erforderlich.

Die Potsdamer Konferenz für nationale Cybersicherheit[1] wies im Frühsommer 2014 dazu in vielen Fällen in die Zukunft. Dort wurde schonungslos und offen über den in diesem Buch diskutierten Sachstand gesprochen, man war ja unter sich. Stellvertretend seien zwei Statements herausgegriffen. Professor Holger Mey von Airbus berichtete davon, dass er grundsätzlich davon ausgehe, dass Hardware und Systemsoftware kompromittiert seien. Er sehe die Risiken insbesondere im rein kostengetriebenen Einkaufsverhalten der Unternehmen und erwarte, dass die Entwicklung eines vernünftigen Sicherheitsbewusstseins noch Zeit brauche. Eindrucksvoll war sein Vergleich zwischen der Sicherheit von Unternehmen und von Automobilen: In der Automobilbranche habe es Jahrzehnte gedauert, bis die Sicherheit des Produkts einen hohen Stellenwert erhielt. Unternehmen und deren Informationstechnologie seien, so seine Einschätzung, erst auf dem Weg dorthin.[2]

Der Vizepräsident des Bundesamts für Sicherheit in der Informationstechnik (BSI) Andreas Könen wies darauf hin, dass Angriffe gegen konkurrierende Unternehmen nur für wenige Hundert Euro zu haben seien – zum richtigen Zeitpunkt, etwa während eines Produktstarts, aber dennoch erheblichen Schaden anrichten könnten. Er stellte außerdem fest, dass 80 Prozent der Angriffe durch die richtige Konfiguration bestehender Sicherheitstechnologien abwendbar seien.[3] Einfache Lösungen hatte übrigens keiner der Anwesenden beizusteuern – und sind wohl auch anderswo nicht in Sicht. Allen Versprechungen der IT-Sicherheitsbranche zum Trotz hat die Systemsicherheit in den letzten Jahren kontinuierlich abgenommen. Dies illustrieren die Beispiele in diesem Buch in aller Deutlichkeit.

Immerhin ist August 2014 ein IT-Sicherheitsgesetz im Kontext mit der bereits genannten »Digitalen Agenda 2014–2017« in greifbare Nähe gerückt. Demnach sollen Betreiber von kritischen Infrastrukturen (KRITIS) eine Meldepflicht für Cyberangriffe auferlegt bekommen. Auch wenn die Meldung vielfach nur anonym erfolgen soll, erhält das BSI Informationen, die ein besseres Lagebild als bisher ergeben und die es ermöglichen, gefährdete Unternehmen vor drohenden Angriffen zu warnen. Zudem sollen KRITIS-Unternehmen zwei Jahre Zeit erhalten, um Mindeststandards für die IT-Sicherheit ihrer jeweiligen Branche zu definieren, die vom BSI abgenommen und regelmäßig überprüft werden sollen.

Das Bundeskriminalamt (BKA) soll dabei zusätzliche Verantwortung bekommen: Die Zuständigkeit für die polizeilichen Aufgaben auf dem Gebiet der Strafverfolgung wird über Computersabotage (Paragraf 303 b des Strafgesetzbuchs) hinaus ausgedehnt. Dies betrifft im Einzelnen das Vorbereiten und Durchführen des Ausspähens und Abfangens von elektronischen Daten (Paragrafen 202 a bis c), Computerbetrug (Paragraf 263 a) und Datenveränderung (Paragraf 303 a) – allerdings auch hier mit der Einschränkung, dass sicherheitsrelevante Einrichtungen betroffen sind.[4] Kritische Infrastrukturen sind entsprechend definiert als »Einrichtungen, Anlagen oder Teile davon in den Sektoren Energie, Informationstechnik und Telekommunikation, Transport und Verkehr, Gesundheit, Wasser, Ernährung sowie Finanz- und Versicherungswesen, die von hoher Bedeutung für das Funktionieren des Gemeinwesens sind und durch deren Ausfall oder Beeinträchtigung nachhaltig wirkende Versorgungsengpässe oder erhebliche Störungen der öffentlichen Sicherheit eintreten würden«. Trotz aller Einschränkungen ist das ein Schritt in die richtige Richtung und möglicherweise auch ein Vorbild für andere Branchen. Dennoch gibt es keine Atempause.

Betrachtet man die grundsätzliche Entwicklung ganz nüchtern, so lässt sich festhalten, dass wir mitten in der Internetrevolution stecken, möglicherweise sogar noch ziemlich am Anfang stehen. Marktforscher wie Internetanbieter erwarten ein weiterhin starkes Wachstum der Internetnutzung: 2018 soll sich der Datenverkehr im weltweiten Internet gegenüber 2005 vervierundsechzigfacht haben. Man rechnet dort mit einem Datentraffic von 1,6 Zettabyte pro Jahr – eine unvorstellbar große Zahl.[5] Ein immer größerer Teil wird dabei ohne menschliche Interaktion auf online angebundene Geräte entfallen. Und damit kommen neue, schwer beherrschbare, aber von potenziellen Angreifern leicht ausnutzbare Lücken in den Steuerungen für Haustechnik, Kraftfahrzeuge und anderen Gegenständen unseres Berufs- und Privatlebens. Dieses »Internet der Dinge« wird neue Sicherheitsrisiken für Unternehmensinterna mit sich bringen.

Einige dieser neuen Gefahren haben wir bereits kennengelernt; die Suchmaschine ShodanHQ, die in Kapitel 4 beschrieben wurde, weist den Weg. Erste Beispiele dieser neuen Welt gibt es bereits. So berichtete die Zeitschrift *Computerworld* über LEDs, die »zuhören können«, das heißt Gespräche mitlauschen und übertragen.[6] Die Wanze der Zukunft kommt dann möglicherweise zusammen mit der schönen neuen energiesparenden LED-Lampe oder ist Bestandteil einer »smarten« Haustechniksteuerung. Das ist eine beängstigende Vorstellung – und erst ein Vorbote einer neuen Welle von Technologien, deren genaue und kritische Betrachtung notwendig ist. Denn selbst drastische Sicherheitsmaßnahmen können in Zukunft ihre Wirkung verfehlen: Auch eine Netztrennung, die als Lösung für wichtige Geheimaufgaben bereits diskutiert wurde, würde im Falle einer solchen Entwicklung, die den »Air-Gap« überspringt, also die bewusst gelassene Lücke zwischen den Systemwelten, nichts nützen.

Allen Träumern sei gesagt: Es führt kein Weg zurück in die Vor-Internet-Ära. Auch ist nicht absehbar, dass die allgegenwärtige Internettechnologie und die weit genutzten Betriebssysteme von Windows und Mac bis iOS und Android durch sichere Netzwerkverbindungen und Software abgelöst werden können. Zu stark ist die Verbreitung des Internets, zu unreformierbar sind die zugrundeliegenden Kommunikationsprotokolle und zu komplex die vom Menschen erdachten, aber vom Menschen längst nicht mehr im Detail verstandenen Softwaresysteme. Ein neues »Clean-Slate-Internet« wird auf absehbare Zeit ein Theoriemodell der akademischen Welt bleiben. Wir werden mit dem auskommen müssen, was wir momentan haben – mit allen Unsicherheiten und Risiken. Die einzig sinnvolle Reaktion auf diese weitgehend determinierte Entwicklung heißt, immer am Ball zu bleiben: aktiv die technologische Entwicklung zu verfolgen, die relevanten Schlussfolgerungen für das eigene Unternehmen zu ziehen und die geeigneten Maßnahmen technischer, organisatorischer und personeller Art zu veranlassen.

Die Welt der wirtschaftlich motivierten Spionage hat sich geändert – in der Wahl der Mittel und Methoden, nicht jedoch in ihren Zielen. Das Wissen um die nächste Produktentwicklung eines Wettbewerbers, um seinen Angebotspreis bei der nächsten Ausschreibung oder um andere sensible Daten, die im Konkurrenzkampf einen geldwerten Vorteil versprechen, wird weiterhin eine starke Triebfeder bleiben für das Ausspähen eines anderen Unternehmens – ob unter dem Deckmantel von Competitive Intelligence oder als offene Wirtschafts- beziehungsweise Industriespionage. Der Zweck heiligt leider auch hier die Mittel. Die Versuchung ist groß, und so wird die Entwicklung der Konkurrenzausspähung voranschreiten – egal, ob wir das wollen oder nicht. Es ist also besser, darauf vorbereitet zu sein.

Anmerkungen

Alle Internetquellen sind zwischen Mai und August 2014 zugänglich gewesen.

1 Spionage: ein unterschätztes Thema

1 http://www.flmnh.ufl.edu/fish/sharks/statistics/species3.htm.
2 Das weist die amtliche Statistik aus. Zitiert nach: http://www.spiegel.de/spiegel/print/d-70701753.html.
3 http://www.dartmouth.edu/~chance/chance_news/recent_news/chance_news_1204.html.
4 http://www.ard-zdf-onlinestudie.de/index.php?id=439.
5 http://www.handelsblatt.com/unternehmen/it-medien/neuer-rekord-zahl-der-mobilfunkanschluesse-waechst-weiter/9632192.html.
6 https://www.openssl.org/news/secadv_20140407.txt.
7 http://news.netcraft.com/archives/2014/04/08/half-a-million-widely-trusted-websites-vulnerable-to-heartbleed-bug.html.
8 Für die jungen Leser: Disketten sind kleine Magnetscheiben in rechteckigen Plastikgehäusen, mit denen man vor Erfindung des UBS-Sticks Daten sichern oder von einem Rechner zum anderen transportieren konnte.
9 http://www.lockpicking.org.
10 http://www.wired.com/2014/07/keyme-let-me-break-in.
11 http://blogs.wsj.com/numbers/about-those-hundreds-of-thousands-of-lost-laptops-at-airports-413.
12 http://www.eweek.com/news/Intel-Study-Stolen-Laptop-Cost-to-Businesses-$50000.
13 http://www.theregister.co.uk/2005/01/25/taxi_survey.
14 *Studie: Industriespionage 2012*, http://www.corporate-trust.de/studie/studie-2012.html.
15 www.bka.de/DE/Publikationen/PolizeilicheKriminalstatistik/pks__node.html.

16 http://corporate-trust.de/pdf/CT-Studie-2014_DE.pdf.

17 http://www.focus.de/finanzen/news/ingenieursverband-schlaegt-alarm-wirtschaftsspionage-kostet-unternehmen-100-milliarden-euro_id_3586652.html.

18 *Focus*, 31. Mai 2014.

19 http://www.bitkom.org/de/themen/54746_79755.aspx.

2 Vom Wettbewerb zum Wirtschaftskrieg

1 http://opus.bsz-bw.de/hdms/volltexte/2004/408.

2 Zitiert nach: http://www.strategienet.de/kunst.html.

3 http://opus.bsz-bw.de/hdms/volltexte/2004/408.

4 http://opus.bsz-bw.de/hdms/volltexte/2004/408.

5 Zitiert nach http://www.verfassungsschutz.bayern.de/service/spionage.

6 http://www.verfassungsschutz.bayern.de/service/spionage/02410/index.php.

7 http://www.verfassungsschutz.de/de/oeffentlichkeitsarbeit/publikationen/verfassungsschutzberichte, Seite 325 f.

8 Johannes Deltl: *Strategische Wettbewerbsbeobachtung*, Gabler, 2011.

9 Michael E. Porter: *Competitive Strategy. Techniques for Analyzing Industries and Competitors*, Free Press, 1980.

10 Die Originalstudie ist nicht mehr über die Website von Fuld & Company abrufbar, liegt dem Autor aber vor.

11 Dietmar Pfaff: *Competitive Intelligence in der Praxis. Mit Informationen über Ihre Wettbewerber auf der Überholspur*, Campus, 2005.

12 Dan Ariely, Ximena Garcia-Rada, Lars Hornuf, Heather Mann: »The (True) Legacy of Two Really Existing Economic Systems«, *Munich Discussion Papers* 2014-26.

13 Rudolf Proschko, Leiter Spionageabwehr beim Bayerischen Landesamt für Verfassungsschutz, zitiert nach: http://www.augsburger-allgemeine.de/wirtschaft/Wirtschafts-Spionage-vom-Sofa-aus-id6917026.html.

14 http://www.ovb-online.de/muehldorf/spionage-handwerksbetrieben-2810594.html.

15 Ergebnisse der WIK-/ASW-Sicherheitsenquete 2012/2013: www.vds.de/fileadmin/bilder/presse_downloads/Enquete2013.pdf.

3 Von der Old-School-Spionage zu modernen Angriffsmethoden

1 http://www.die-seide.de/geschichte-der-seide.

2 http://www.nuernberginfos.de/bedeutende-nuernberger/ulman-stromer.html.

3 http://www.smithsonianmag.com/history/the-great-british-tea-heist-9866709/?page=1.

4 http://mobile.businessweek.com/slideshows/20110919/famous-cases-of-corporate-espionage?slide=2.

5 John Merson: *Straßen nach Xanadu. China und Europa und die Entstehung der modernen Welt*, Hoffmann und Campe, 1989.

6 http://www.sachsen-anhalt-wiki.de/index.php/Dampfmaschine_von_Hettstedt.

7 http://www.thyssenkrupp.com/de/konzern/geschichte_chronik_k1811.html.

8 Harold James: *Krupp. Deutsche Legende und globales Unternehmen*, Beck, 2011.

9 Udo Ulfkotte: *Wirtschaftsspionage. Wie deutsche Unternehmen von ausländischen Geheimdiensten ausgeplündert und ruiniert werden*, Goldmann, 2001.

10 Übersetzung nach: http://www.brandeins.de/archiv/2013/zeitgeist/alles-nur-geklaut.html.

11 http://www.howtogeek.com/trivia/cameras-hidden-in-what-office-equipment-helped-the-u.s.-gain-access-to-soviet-secrets.

12 Zitiert nach: http://en.wikipedia.org/wiki/Concorde#cite_note-BBC_Concorde_Grounded-5.

13 http://www.imdb.com/title/tt1398276.

14 Nach dem Transkript zur Sendung, Übersetzung durch den Autor: http://www.pbs.org/wgbh/nova/transcripts/2503supersonic.html.

15 http://www.tupolev.ru/en/aircrafts/tu-144.

16 http://news.bbc.co.uk/2/hi/uk_news/2934257.stm.

17 http://www.economist.com/node/1842124.

18 http://www.ovb-online.de/rosenheim/spion-china-kolbermoor-460092.html.

19 http://taz.de/Schutz-vor-Industriespionage/!121275.

20 http://www.manager-magazin.de/magazin/artikel/a-586223.html.

21 http://www.oz-online.de/-news/artikel/116349/Reichste-Deutsche-Wobben-auf-Platz-16.

22 http://www.lexology.com/library/detail.aspx?g=c06d91c6-1d63-4fb0-a1a7-d803bf90ef60.

23 http://www.bloomberg.com/news/2014-02-19/china-supreme-court-ruling-favors-amsc-in-two-sinovel-suits-1-.html.

24 http://www.nbcnews.com/news/other/chinese-firm-paid-insider-kill-my-company-american-ceo-says-f6C10858966.

25 http://www.eenews.net/stories/1059984847.

26 https://www.hsdl.org/?view&did=27451.

27 http://www.augsburger-allgemeine.de/donauwoerth/Eurocopter-Spionage-hat-Firma-nicht-geschadet-id3826001.html.

28 *Spiegel* 39/1993.

29 Zum Beispiel: http://wirtschaftsblatt.at/home/957497/index.

30 http://www.manager-magazin.de/finanzen/artikel/a-77815.html.

31 http://www.detroitnews.com/article/20140725/AUTO0102/30725 0039.

32 http://www.meetings-conventions.com/News/Hotels-and-Resorts/Star wood-Charges-That-Top-Hilton-Execs-Abetted-Espionage.

33 http://dealbook.nytimes.com/2012/08/09/ex-goldman-programmer-is-arrested-again.

34 http://crime.about.com/od/Crime_101/f/What-Is-Wire-Fraud.htm.

35 http://mobile.businessweek.com/slideshows/20110919/famous-cases-of-corporate-espionage?slide=4.

36 http://www.manager-magazin.de/finanzen/artikel/a-83223.html.

37 http://www.manager-magazin.de/finanzen/artikel/a-83614.html.

38 Die Originalquelle *Fortune* liegt dem Autor vor, ist aber online nicht mehr zugänglich, hier zitiert nach: http://www.icmrindia.org/casestudies/ca talogue/Business%20Ethics/Procter%20&%20Gamble%20vs%20Unile ver%20-%20A%20Case%20of%20Corporate%20Espionage.htm.

39 http://www.nytimes.com/2001/09/07/business/p-g-said-to-agree-to-pay-unilever-10-million-in-spying-case.html.

40 http://www.theguardian.com/sport/2003/nov/03/motorracing.formu laone2003.

41 http://www.welt.de/sport/article1183387/Die-Chronologie.html.

42 http://www.welt.de/sport/formel1/article13103926/Vettel-Team-Red-Bull-wirft-McLaren-Spionage-vor.html.

43 http://www.yacht.de/sport/americas_cup/strafe-gegen-us-team-we gen-spionage/a76897.html.

44 http://nakedsecurity.sophos.com/2011/10/25/tour-de-france-cheat-faces-suspended-sentence-in-malware-case.

45 http://www.nytimes.com/2010/02/16/sports/cycling/16landis.html?_ r=0.

46 http://nakedsecurity.sophos.com/2011/10/25/tour-de-france-cheat-faces-suspended-sentence-in-malware-case.

47 http://www.rp-online.de/sport/andere/spionage-verdacht-bei-den-pat riots-aid-1 1652494.

48 http://www.augsburger-allgemeine.de/sport/Daeninnen-sauer-ueber-chinesische-Spionage-id2968961.html.

49 http://www.saz-aktuell.com/Sport/Spionage-bei-Barca-Diebe-klauen-Prasi-Notebook/9426.html.

50 http://www.hs.fi/english/article/Nokia+begins+to+examine+confisc ated+mobile+phones/1135219272663.

51 http://www.heise.de/newsticker/meldung/Diebe-stahlen-geheime-Testkomponenten-fuer-Handys-113993.html.

52 http://www.berliner-zeitung.de/archiv/mit-infrarotkamera-neue-auto-modelle-fotografiert---weiterleitung-der-bilder-per-satellit-vw-auf-eige-ner-teststrecke-ausspioniert,10810590,9170940.html.

53 http://www.stern.de/wirtschaft/news/industriespionage-porsche-chef-mit-babyfon-bespitzelt-618535.html.

54 http://www.sueddeutsche.de/wirtschaft/babyfon-affaere-lockvogel-wiedeking-1211563.

55 Zitiert nach: http://www.faz.net/aktuell/wirtschaft/unternehmen/ba byfon-abhoeraffaere-porsche-chef-wiedeking-spielte-den-lockvogel-1538767.html.

56 Unter anderem: http://www.history.com/this-day-in-history/auto-sa fety-crusader-ralph-nader-testifies-before-congress.

57 http://arstechnica.com/security/2013/12/card-sharks-infect-professio nal-poker-players-laptop-with-a-dirty-rat.

58 http://www.f-secure.com/weblog/archives/00002647.html.

59 http://www.theregister.co.uk/2013/10/29/dont_brew_that_cuppa_your_kettle_could_be_a_spambot.

4 Wirtschafts- und Industriespionage im digitalen Zeitalter

1 http://www.computerwoche.de/a/datenbankeinsatz-im-sap-umfeld,2369870.

2 http://www.experton-group.de/research/ict-news-dach/news/article/datenbanken-und-sap-systeme-neue-alte-wege.html.

3 http://www.handelsblatt.com/unternehmen/it-medien/softwareunter nehmen-sap-fordert-oracle-mit-neuer-datenbank-software-her aus/7614652.html.

4 http://www.golem.de/0707/53240.html.

5 http://www.spiegel.de/wirtschaft/unternehmen/rekord-entschaedi gung-sap-muss-oracle-1-3-milliarden-dollar-zahlen-a-730830.html.

6 http://www.golem.de/news/tomorrownow-sap-zahlt-oracle-306-millio nen-us-dollar-1208-93617.html.

7 http://www.washingtonpost.com/wp-dyn/content/article/2005/05/30/AR2005053000486_pf.html.

8 http://www.n-tv.de/politik/dossier/Umfassender-Spionage-Skandal-ar ticle151160.html.

9 http://www.heise.de/tp/artikel/22/22194/1.html.

10 http://www.heise.de/tp/artikel/22/22194/1.html.

11 http://www.globes.co.il/en/article-918528.

12 http://www.china-intern.de/page/wirtschaft/1115198982.html.

13 http://www.ft.com/cms/s/0/2834d598-bc39-11d9-817e-00000e251 1c8.html.

14 http://www.tagesspiegel.de/wirtschaft/frankreich-chinesin-nach-spio nagevorwurf-verurteilt/1124632.html und http://www.lemonde.fr/soci ete/article/2007/12/18/soupconnee-d-espionnage-industriel-une-etu diante-chinoise-est-finalement-condamnee-pour-abus-de-confiance_991 249_3224.html.

15 https://www.ihk-nuernberg.de/de/IHK-Magazin-WiM/WiM-Archiv/ WIM-Daten/2007-09/Berichte-und-Analysen/Firma-Horch-Guck.jsp.

16 http://www.china-intern.de/page/wirtschaft/1115198982.html.

17 http://www.theepochtimes.com/news/7-7-2/57195.html.

18 http://blogs.mcafee.com/business/global-energy-industry-hit-in-night-dragon-attacks.

19 http://www.mcafee.com/us/resources/white-papers/wp-global-energy-cyberattacks-night-dragon.pdf.

20 Übersetzung durch den Autor.

21 http://www.foreignpolicy.com/articles/2014/05/27/exclusive_inside_ the_fbi_s_fight_against_chinese_cyber_espionage.

22 http://www.wiwo.de/unternehmen/mittelstand/technologieklau-ge fahr-durch-schadsoftware/5752142.html.

23 http://www.thelocal.se/20050309/1076.

24 http://www.heise.de/newsticker/meldung/Drei-Jahre-Haft-fuer-Erics son-Hacker-150539.html.

25 http://www.cnet.com/news/nortel-hacked-for-years-but-failed-to-pro tect-itself-report-says.

26 Übersetzung durch den Autor: https://www.linkedin.com/pub/brian-shields/8/b43/981.

27 http://online.wsj.com/article/SB1000142405297020336350457718750 2201577054.html.

28 http://www.newsinenglish.no/2013/03/17/telenor-reports-industrial-espionage.

29 http://securitywatch.pcmag.com/none/299493-industrial-espionage-worm-steals-autocad-designs-sends-to-china.

30 http://www.welivesecurity.com/2012/06/21/acadmedre-10000s-of-au tocad-files-leaked-in-suspected-industrial-espionage.

31 http://googleblog.blogspot.de/2010/01/new-approach-to-china.html.

32 http://www.darkreading.com/attacks-breaches/more-victims-of-chi nese-hacking-attacks-come-forward/d/d-id/1132773.

33 http://www.wired.com/2010/01/google-hack-attack.

34 http://www.nytimes.com/2010/04/20/technology/20google.html.

35 http://arstechnica.com/security/2010/01/researchers-identify-com mand-servers-behind-google-attack.

36 http://www.nytimes.com/2010/02/19/technology/19china.html.

37 http://engineering.columbia.edu/can-you-trust-your-printer.

38 http://www.extremetech.com/computing/106945-tens-of-millions-of-hp-laserjet-printers-vulnerable-to-hacking.
39 http://www.theregister.co.uk/2004/09/03/old_pcs_not_wiped.
40 http://www.handelsblatt.com/unternehmen/industrie/elektro-carsha ring-bmw-hat-eine-spionage-affaere-in-paris/8768720.html und http:// www.telegraph.co.uk/motoring/news/10299447/BMW-accused-of-spy ing-on-low-cost-electric-car-Autolib.html.
41 http://krebsonsecurity.com/2011/08/beware-of-juice-jacking.
42 http://www.zdziarski.com/blog/?p=2307#more-2307.
43 http://www.cbc.ca/news/politics/csec-used-airport-wi-fi-to-track-cana dian-travellers-edward-snowden-documents-12517881.
44 http://de.wikipedia.org/wiki/Boeing_Condor.
45 http://www.amazon.com/b?ref_=tsm_1_tw_s_amzn_mx3eqp&node= 8037720011.
46 http://www.welt.de/wirtschaft/article122747484/DHL-testet-erstmals-Paketlieferung-per-Drohne.html.
47 http://microdrones.com/company/media-relations/press-releases/mi crodrone-md4-1000-ueberquert-die-Alpen.php.
48 http://ardrone2.parrot.com/ardrone-2/specifications.
49 http://www.gizmodo.de/2014/06/22/personal-drone-detection-sys tem-alarmanlage-gegen-drohnen.html.
50 http://www.apotelyt.com/photo-camera/james-bond-camera.
51 http://www.connect.de/ratgeber/10-jahre-kamera-handys-von-0-1-auf-42-megapixel-1288254.html.
52 http://www.digitalkamera.de/Meldung/41-Megapixel-Smartphone_ Nokia_Lumia_1020_im_Test_bei_digitalkamera_de/8356.aspx
53 http://www.heise.de/security/meldung/Smartphones-Passwoerter-und-Fingerabdruecke-mittels-eingebauter-Kamera-ausspioniert-22437 15.html.
54 http://www.flexi-mobile.de/?gclid=CLO6oYG4nL8CFa2WtAod3y8Acg.
55 http://www.flexispy.com/en/aboutus.htm
56 http://www.mspy.com.de.
57 http://www.mspy.com.de.
58 http://www.hackingteam.it/images/stories/galileo.pdf.
59 https://citizenlab.org/2014/06/backdoor-hacking-teams-tradecraft-an droid-implant.
60 https://citizenlab.org/2014/06/backdoor-hacking-teams-tradecraft-an droid-implant.
61 http://www.heise.de/newsticker/meldung/Google-Glass-Update-Unbe merkt-knipsen-per-Zwinkern-2068429.html.
62 »The ability to outsource our brain to a device like this will just make us so much better«, zitiert nach: http://www.businessinsider.com/google-glass-inventor-it-could-outsource-our-brains-2014-7.

63 http://money.cnn.com/2014/07/07/technology/security/google-glass-password-hack/index.html.

64 http://www.luxottica.com/en/luxottica-google-glass.

65 https://github.com/elvanderb/TCP-32764.

66 http://www.heise.de/security/meldung/Mysterioese-Backdoor-in-diversen-Router-Modellen-2074394.html.

67 http://tools.cisco.com/security/center/content/CiscoSecurityAdvisory/cisco-sa-20140110-sbd.

68 http://www.tweakpc.de/news/28720/backdoors-in-zahlreichen-webcams-entdeckt.

69 https://media.blackhat.com/us-13/US-13-Heffner-Exploiting-Network-Surveillance-Cameras-Like-A-Hollywood-Hacker-Slides.pdf.

70 http://www.cbc.ca/newsblogs/yourcommunity/2014/06/winnipeg-atm-hacked-by-14-year-olds-using-manual-found-online.html.

71 http://www.heise.de/security/meldung/Allied-Telesis-plappert-geheime-Hintertuer-aus-1251418.html.

72 http://www.heise.de/security/meldung/Allied-Telesis-Keine-Backdoor-in-Geraeten-1256609.html.

73 http://www.forbes.com/sites/bruceupbin/2014/06/06/red-button-flaw-exposes-major-vulnerability-in-millions-of-smart-tvs.

74 http://iss.oy.ne.ro/Aether.

75 http://www.infoworld.com/d/the-industry-standard/snowden-the-nsa-planted-backdoors-in-cisco-products-242534.

76 http://www.wired.com/2010/07/siemens-scada.

77 Joe Weiss: *Protecting Industrial Control Systems from Electronic Threats*, Momentum, 2010.

78 http://www.shodanhq.com.

79 http://t.co/d77H0L83rY.

80 http://www.trapx.com/the-anatomy-of-the-attack.

81 http://www.securityweek.com/hackers-attack-shipping-and-logistics-firms-using-malware-laden-handheld-scanners.

82 http://www.heise.de/security/meldung/Vorinstallierte-Spionagesoftware-auf-China-Smartphones-2221792.html.

83 http://media.blackhat.com/bh-us-10/whitepapers/Ryan/BlackHat-USA-2010-Ryan-Getting-In-Bed-With-Robin-Sage-v10.pdf.

84 http://www.darkreading.com/risk/robin-sage-profile-duped-military-intelligence-it-security-pros/-/d/d-id/1133926.

85 http://www.reuters.com/article/2014/05/29/us-iran-hackers-idUSKBN0E90A220140529.

86 http://www.wired.com/2014/07/hacking-google-maps.

87 http://valleywag.gawker.com/how-a-hacker-intercepted-fbi-and-secret-service-calls-w-1531334747.

88 http://www.bka.de/nn_224082/SharedDocs/Downloads/DE/Publikati
onen/JahresberichteUndLagebilder/Cybercrime/cybercrimeBundeslage
bild2012,templateId=raw,property=publicationFile.pdf/cybercrime
Bundeslagebild2012.pdf.

89 PKS: Polizeiliche Kriminalstatistik.

90 http://www.theepochtimes.com/n2/united-states/nearly-every-nyc-
crime-involves-cyber-says-manhattan-da-355692.html.

91 Zitiert in Anlehnung an: http://www.vdi-nachrichten.com/Technik-Ge
sellschaft/Angriffe-im-Netz-intelligenter.

92 http://blogs.wsj.com/digits/2014/06/09/hacking-worse-than-piracy-
not-as-bad-as-counterfeiting.

93 Zitiert nach: http://www.ovb-online.de/muehldorf/spionage-handwerks
betrieben-2810594.html.

94 http://www.braunschweiger-zeitung.de/nachrichten/Deutschland/
golf-produktion-in-wolfsburg-wird-ausgeweitet-id1004375.html.

95 http://www.goldmedia.com/uploads/media/131014-Gluecksspiel
markt-Deutschland-2012_-Brutto-Spielertraege_Web_1.jpg.

96 http://www.welt.de/finanzen/verbraucher/article9128586/Die-meis
ten-Sportwetten-im-Internet-sind-illegal.html.

97 https://help.mybet.com/content/2/21/de/ist-online-wetten-legal.html.

98 http://www.heise.de/ct/artikel/Geld-oder-Netz-289426.html.

99 http://www.theinquirer.net/inquirer/news/2349403/evernote-and-
deezer-fess-up-to-ddos-attacks.

100 Zitiert nach: http://krebsonsecurity.com/2014/06/2014-the-year-extor
tion-went-mainstream.

101 Zitiert nach: http://www.sueddeutsche.de/panorama/mafia-auf-sizi
lien-eine-milliarde-euro-schutzgeld-1320992.

102 http://www.sueddeutsche.de/politik/virus-stuxnet-und-irans-atompro
gramm-zentrifugen-die-sich-zu-schnell-drehen-11047249.

103 http://www.mtv.fi/uutiset/rikos/artikkeli/nokia-paid-millions-of-euros-
in-ransom/3448918.

104 http://derstandard.at/2000001862681/Oesterreichs-Luftsicherung-am-
Donnerstag-lahmgelegt.

105 https://netzpolitik.org/2014/datenmarathon-flashhacks-macht-10-mil
lionen-firmendatensaetze-in-10-tagen-zugaenglich.

5 Auf dem Weg zum »spionagesicheren« Unternehmen

1 http://www.gallup.com/strategicconsulting/168167/gallup-engage
ment-index-2013.aspx.

2 http://corporate-trust.de/pdf/CT-Studie-2014_DE.pdf.

3 http://corporate-trust.de/pdf/CT-Studie-2014_DE.pdf.

4 Geäußert in einem Interview in der *Wirtschaftswoche*: http://www.wiwo. de/unternehmen/mittelstand/technologieklau-technologiediebstahl-be trifft-auch-kleine-unternehmen/5752142-2.html.

5 http://www.verfassungsschutz.de/de/download-manager/_broschuere-2014-03-spionage-sind-auch-sie-gefaehrdet.pdf.

6 http://www.welt.de/newsticker/dpa_nt/infoline_nt/wirtschaft_nt/ar ticle129841253/Verfassungsschutz-warnt-Wirtschaft-vor-Spionage-aus-China.html.

7 http://edition.cnn.com/2014/05/20/world/asia/china-unit-61398.

8 http://www.defense.gov/pubs/2013_china_report_final.pdf.

9 http://www.foreignpolicy.com/articles/2014/05/27/exclusive_inside_the_fbi_s_fight_against_chinese_cyber_espionage.

10 http://www.usatoday.com/story/news/nation/2014/05/19/us-accuses-china-of-cyber-espionage/9273019.

11 http://www.zdnet.de/88193594/us-justiz-verklagt-chinesische-militaer hacker-wegen-cyberspionage.

12 http://www.reuters.com/article/2014/05/24/us-cybercrime-usa-china-idUSBREA4N07D20140524.

13 http://krebsonsecurity.com/2012/12/chinese-espionage-attacks-against-ruskies.

14 Zitiert nach: http://www.defensenews.com/article/20111106/DEFSECT 04/111060302/Chinese-Cyber-Espionage-Growing-U-S-Report.

15 http://www.kpmg.com/CN/en/IssuesAndInsights/ArticlesPublications/ Publicationseries/5-years-plan/Documents/China-12th-Five-Year-Plan-Overview-201104.pdf.

16 http://www.derwesten.de/staedte/essen/nsa-spaehte-auch-essener-firma-ferrostaal-aus-id8895036.html#plx2030987862.

17 Übersetzung durch den Autor, http://www.nytimes.com/2014/05/20/ us/us-treads-fine-line-in-fighting-chinese-espionage.html.

18 http://news.slashdot.org/story/13/09/25/030252/president-of-brazil-lashes-out-at-nsa-espionage-programs-in-speech-to-un.

19 http://www.europarl.europa.eu/sides/getDoc.do?type=REPORT& reference=A5-2001-0264&language=DE.

20 Zitiert nach: http://futurezone.at/netzpolitik/ex-nsa-technikchef-schliesst-us-industriespionage-nicht-aus/65 385 282.

21 Übersetzung durch den Autor, http://s3.documentcloud.org/documen ts/1061534/snowden-testimony-to-european-parliament.pdf und https: //www.techdirt.com/articles/20140307/05485226476/snowden-gives-testimony-to-european-parliament-inquiry-into-mass-surveillance-asks-eu-asylum.shtml.

22 http://www.spiegel.de/politik/ausland/briten-geheimdienst-gchq-be trieb-wirtschaftsspionage-in-italien-a-929995.html.

23 http://www.truthersonly.com/2014/02/25/new-leaks-show-gchqs-espi onage-on-social-media.

24 http://www.theguardian.com/uk-news/2014/jul/14/gchq-tools-mani pulate-online-information-leak.

25 http://www.spiegel.de/spiegel/print/d-126267965.html.

26 http://www.gchq.gov.uk/what_we_do/Pages/index.aspx.

27 http://sicherheitsmelder.de/xhtml/articleview.jsf?id=4602A6C00AA8. htm.

28 Udo Ulfkotte: *Der Krieg im Dunkeln*, Eichborn, 2006, Seite 242.

29 http://www.welt.de/wirtschaft/article117785327/Die-anderen-schnuef feln-Deutschland-schaut-nur-zu.html.

30 Zitiert nach: https://netzpolitik.org/2014/schon-2005-behauptet-der-bnd-hackt-computer-hat-swift-infiltriert-und-betreibt-industriespionage.

31 DGSE: Generaldirektion für äußere Sicherheit, der französische Auslandsnachrichtendienst.

32 http://www.tagesschau.de/inland/bnd-nsa-100.html.

33 http://www.presseportal.de/pm/6351/2504650/lvz-internetknoten-punkt-de-cix-keine-dienste-an-unserer-infrastruktur-angeschlossen.

34 http://www.golem.de/news/snowden-dokumente-grosse-backbone-be treiber-helfen-geheimdiensten-1308-100753.html.

35 Übersetzung durch den Autor, http://www.csmonitor.com/USA/2010/0125/US-oil-industry-hit-by-cyberattacks-Was-China-involved.

36 http://www.spiegel.de/netzwelt/web/dlr-mit-trojanern-von-geheim dienst-ausgespaeht-a-964099.html.

37 Zitiert nach *Franken Manager* 3–4/13, Seite 72.

38 https://www2.fireeye.com/advanced-threat-report-2013.html.

39 http://krebsonsecurity.com/2014/05/antivirus-is-dead-long-live-antivi rus.

40 Thomas R. Köhler: *Social-Media-Management. Chancen der Neuen Medien nutzen – Risiken für Unternehmen vermeiden*, IDG, 2011.

41 https://www.bsi.bund.de/DE/Themen/ITGrundschutz/ITGrundschutz Kataloge/Inhalt/_content/allgemein/einstieg/01001.html.

42 http://www.tagesanzeiger.ch/digital/internet/Geheimwaffe-Schreib maschine/story/14125341.

43 http://www.heise.de/newsticker/meldung/NSA-Ausschuss-will-Schreibmaschinen-zum-Schutz-vor-Spionage-2260159.html und http://themoscownews.com/russia/20130711/191758523/Russian-security-agency-to-buy-typewriters-to-avoid-surveillance.html.

44 Grundlegende Hinweise zur Ausgestaltung von *Social-Media-Guidelines: Social-Media-Management. Chancen der Neuen Medien nutzen – Risiken für Unternehmen vermeiden*, IDG, 2011. BITKOM: *Leitfaden Social Media*, http://www.bitkom.org/de/publikationen/38337_73802.aspx.

45 https://www.hs-augsburg.de/medium/download/oeffentlichkeitsar
    beit/publikationen/2012_07_03/soziale_netzwerke.pdf.
46 http://www.techandlaw.net/homepage/security-digital-natives.html.
47 http://cybercrimeblog.fhpolbb.de/sichtenweisen-zu-sicherheit-bei-digi
    tal-natives.
48 http://www.focus.de/reisen/flug/sicherheitsluecken-am-flughafen-ber
    lin-tegel-focus-reporter-dringt-auf-das-rollfeld-vor_aid_858016.html.
49 Zitiert nach: http://www.welt.de/welt_print/article871010/Industriespi
    one-schlagen-immer-oefter-zu.html.
50 http://www.bmi.gv.at/cms/BMI_Verfassungsschutz/wis/start.aspx.
51 http://www.bmi.gv.at/cms/BMI_Verfassungsschutz/wis/files/Hand
    buch_WIS.pdf.
52 http://www.vbs.admin.ch/internet/vbs/de/home/departement/organi
    sation/ndb.html.
53 Dieter Burgartz, Ralf Röhrig (Hg.): *Information Security Management.
    Praxishandbuch für Aufbau, Zertifizierung und Betrieb*, TÜV Media, 2003.
54 http://online.wsj.com/article/SB124027491029837401.html.
55 http://www.afr.com/p/technology/interview_transcript_former_
    head_51yP0Cu1AQGUCs7WAC9ZVN.

Die Zukunft der Wirtschafts- und Industriespionage

1 http://www.potsdamer-sicherheitskonferenz.de/agenda.html.
2 Persönliche Mitschrift.
3 Persönliche Mitschrift.
4 https://www.bmi.bund.de/SharedDocs/Downloads/DE/Gesetzestexte/
   Entwuerfe/Entwurf_it-sicherheitsgesetz.pdf.
5 http://www.theregister.co.uk/2014/06/13/cisco_you_think_the_inter
   net_is_clogged_with_video_now_just_wait_until_2018.
6 http://blogs.computerworld.com/19447/yes_virginia_even_the_led_
   lights_might_be_listening.

Stichwortverzeichnis